Priscila Vieira-Souza

Marcus V. A. B. de Matos

SÉRIE EXCELÊNCIA EM JORNALISMO

Imagens da
América Latina

mídia, cultura e

direitos humanos

inter
saberes

inter saberes

Rua Clara Vendramin, 58 . Mossunguê
CEP 81200-170 . Curitiba . PR . Brasil
Fone: (41) 2106-4170
www.intersaberes.com
editora@intersaberes.com

Conselho editorial
Dr. Alexandre Coutinho Pagliarini
Dr.ª Elena Godoy
Dr. Neri dos Santos
Dr. Ulf Gregor Baranow

Editora-chefe
Lindsay Azambuja

Gerente editorial
Ariadne Nunes Wenger

Assistente editorial
Daniela Viroli Pereira Pinto

Preparação de originais
Palavra Arteira Edição e Revisão
de Textos

Edição de texto
Arte e Texto Edição e Revisão
de Textos
Caroline Rabelo Gomes

Capa e projeto gráfico
Charles L. da Silva

Diagramação
Fabio Vinicius da Silva

Equipe de design
Charles L. da Silva
Luana Machado Amaro

Iconografia
Sandra Lopis da Silveira
Regina Claudia Cruz Prestes

Dados Internacionais de Catalogação na Publicação (CIP)
(Câmara Brasileira do Livro, SP, Brasil)

Vieira-Souza, Priscila
   Imagens da América Latina: mídia, cultura e direitos
humanos/Priscila Vieira-Souza, Marcus V. A. B. de Matos.
Curitiba: InterSaberes, 2021. (Série Excelência em Jornalismo)

   Bibliografia.
   ISBN 978-65-5517-836-4

   1. América Latina – Civilização 2. América Latina – Cultura
3. Comunicação 4. Direitos humanos 5. Mídia – Aspectos sociais
I. De Matos, Marcus V. A. B. II. Título III. Série.

20-47823   CDD-302.2

Índices para catálogo sistemático:
1. Comunicação: Aspectos sociais   302.2

Maria Alice Ferreira – Bibliotecária – CRB-8/7964

1ª edição, 2021.

Foi feito o depósito legal.

Sumário

Dedicamos este livro à Marielle Franco, que encarna em seu rosto, sua voz e sua trajetória as lutas tantas, diversas e tamanhas que se prolongam em nosso continente. Marielle é simultaneamente parte da história e sua trágica repetição; integra as faces da força e da beleza que resistem até as últimas consequências. Dedicamos, assim, esta obra às vozes que os Estados e os detentores do poder brutalmente tentam calar pela América Latina afora: povos nativos (inteiros, inclusive), intelectuais, jornalistas, defensores de direitos humanos; pessoas sem títulos que, quando muito, engrossam estatísticas e são silenciadas pelas mãos da violência, da miséria, do descaso, do racismo, do machismo e dos preconceitos que se multiplicam. Essas vozes sofrem diretamente as inúmeras tentativas de silenciar, de forma violenta, a formação de uma memória sempre interditada. Os rastros dessa história, no entanto, podem e devem ser traçados; eles resistem, nós resistimos na existência que não se cala.

E dedicamos ainda este livro à vida que (re)nasce, no olhar de uma criança em busca – de alimento, de afeto, de colo, de vida a se viver. Após a hora mais escura da noite, surgem os primeiros indícios da luz. Chamamos a esse momento *Aurora*. A ela, por nos trazer esperança de dias melhores e nos fortalecer para lutar por eles.

A produção intelectual é perpassada por instituições e pessoas. Assim, no primeiro grupo, agradecemos a Capes (Coordenação de Aperfeiçoamento de Pessoal de Nível Superior), mantenedora de nossas bolsas de estudo e pesquisa no exterior (pós-doutorado – Priscila; doutorado pleno – Marcus). A experiência fora do Brasil redimensionou a nossa própria identidade e especialmente nossas afinidades com os demais países da América do Sul. Voltamos mais latinos. Agradecemos ao CNPq (Conselho Nacional de Desenvolvimento Científico e Tecnológico) e, novamente, à Capes, que nos proporcionaram bolsas de pós-doutorado no retorno ao Brasil – boa parte da escrita e da revisão desta obra se deu nesse período. Cabe destacar que o presente trabalho também foi realizado com apoio do CNPq (n. 150385/2020-0).

Ainda no que se refere às instituições, temos muito a agradecer a duas grandes universidades: a Universidade Federal do Rio de Janeiro (UFRJ), a quem devemos grande parte de nossa formação, na Comunicação e no Direito; e ao Birkbeck College, que acolheu os autores deste livro em experiências diversas. Agradecemos também a Uninter e à Editora Intersaberes, pela proposição de temas necessários, com a coragem de acolher perspectivas reflexivas e críticas.

Queremos iniciar nosso segundo conjunto de agradecimentos trazendo aqueles a quem decidimos dedicar grande parte das nossas vidas e do nosso trabalho: alunas e alunos com quem partilhamos nossos conhecimentos. O encontro mágico da sala de aula foi uma presença constante na forma da redação, nos caminhos escolhidos para abordar os temas aqui tratados.

Nossa gratidão aos professores e pesquisadores que influenciaram nossas perspectivas, abriram caminhos para o pensamento e inspirações: Marcio Tavares d'Amaral; Mauricio Lissovsky; Luciana Martins; Costas Douzinas; e Juliana Neuenschwander Magalhães.

Ao Guilherme Gonçalvez Carvalho, pela inovação no tema proposto e por promover o encontro da demanda por este livro com os autores.

Agradecemos aos nossos dois colaboradores, Marília Alves Gonçalves e André Macedo, pela amizade, pela dedicação e pela paciência. O texto está mais rico e completo com as trocas, partilhas e participações desses dois jovens profissionais e pesquisadores engajados em pensar e produzir comunicação ética com qualidade e seriedade.

Por fim, agradecemos aos que nos deram amor traduzido em ações práticas: boa parte dos textos foi redigida nas casas de nossos pais – com apoio em relação à logística, estrutura e, especialmente, aos cuidados com a pequena Aurora. Ronaldo e Roseana Matos; Moises e Ligimar Souza: nossa gratidão está além das palavras. Tê-los por perto nos motiva e inspira a trabalhar com dedicação e amorosidade.

"Tiraram a vida de uma de nossas lideranças, mas nós, mulheres, temos o poder de gerar outras." (Marta Guarani, em 1998, na ocasião do assassinato do líder Xicão Xukuru, em Pernambuco). (Conami, 2006)

"E se a América Latina dominasse o mundo? Para começo de conversa, o sentido de 'dominar' seria alterado. Por muito tempo, esse termo foi identificado com o 'hard power' e o uso da força, de maneira unilateral, para defender os interesses econômicos e políticos dos poderosos. É pouco provável que o papel dos que ameaçam os outros desapareça do cenário das relações internacionais, mas pelo menos já podemos dizer que é cada vez mais difícil que uma única nação ou ator – por exemplo, os Estados Unidos ou a União Europeia – exerçam esse papel sem causar seu próprio isolamento e consequências drásticas. Nesse sentido, temos testemunhado um relativo declínio das capacidades do 'hard power' vis-à-vis os 'soft powers'. Foi o Brasil, ao invés de um dos P5 da UNSC, quem conseguiu trazer o Irã de volta para a mesa de negociações. E seja lá qual for o resultado dessa tentativa, mesmo aos olhos daqueles que clamam pelo reestabelecimento das desgastadas sanções àquele país, a Declaração de Teerã, de Maio de 2010, continuará sendo um diagrama para desenhar o futuro". (Guardiola-Rivera, 2010, p. 14-15, tradução nossa)

Prefácio

Pelas veias da América Latina

"Os fantasmas de todas as revoluções estranguladas ou traídas, ao longo da torturada história latino-americana, emergem nas novas experiências, assim como os tempos presentes, pressentidos e engendrados pelas contradições do passado. A história é um profeta com o olhar voltado para trás: pelo que foi e contra o que foi, anuncia o que será". (Galeano, 2010, p. 10)

A obra *Imagens da América Latina: mídia, cultura e direitos humanos* tem, dentre suas muitas qualidades, duas que julgo fundamentais. Em primeiro lugar, considero original e muito feliz a abordagem multi e interdisciplinar a que os autores, Priscila Vieira-Souza e Marcus Vinícius Araújo Batista de Matos, se propõem. Tal fato decorre, em grande medida, de suas diferentes formações acadêmicas. Priscila, que atualmente é pesquisadora em pós-doutorado na Escola de Comunicação da Universidade Federal do Paraná (UFRJ), é doutora e mestre em Comunicação, com estágio pós-doutoral no Centre for Iberian and Latin American Visual Studies (Cilavs), no Birkbeck College da Universidade de Londres. Tem experiência de pesquisa nas áreas de comunicação, história da mídia, cultura e religião, em interfaces com imagem, técnica/tecnologia e estética. Já Marcus Vinicius tem formação jurídica, é bacharel e mestre em

Direito pela UFRJ (na linha de pesquisa Sociedade, Direitos Humanos e Arte) e é doutor também pelo Birkbeck College, onde estudou com Costas Douzinas. Tem se ocupado de temas como direito e imagem, direito e cinema, direitos humanos e Estado de exceção. O presente livro é resultado dessas distintas trajetórias no que elas têm de diferente, mas também no que elas têm em comum: a opção pela multi e interdisciplinaridade como campo de pesquisa.

O livro busca, desde essa perspectiva multi e interdisciplinar, respostas a uma questão aparentemente (e apenas aparentemente) singela: Pertence o Brasil à América Latina? Ao abraçarem essa dúvida genuína, os autores mostram-se convictos de que, para essa pergunta, não é possível encontrar uma resposta uníssona ou unívoca. Ao longo do livro, o que se faz é escavar algumas respostas em diferentes campos do conhecimento, explorando-os por diferentes veredas temáticas e colocando-os em diálogo.

A segunda grande qualidade deste livro é, precisamente, a de olhar para os problemas brasileiros desde a perspectiva da América Latina, confrontando nossa identidade nacional com a latinidade americana, o que significa levar a sério as marcas da colonialidade e da exploração capitalista pós-colonial. Esse é um movimento duplo, pois implica tanto reposicionar as interpretações do Brasil no contexto das experiências continentais quanto discutir o próprio significado da expressão *América Latina* como forma de autoidentificação do continente americano ao sul do Equador. Os autores propõem um olhar que não está presente na tradição daquilo que chamamos *intérpretes do Brasil*, muito mais preocupada com a herança lusitana na sociedade brasileira pós-colonial do que em inserir o próprio processo colonial numa trajetória americana, especificamente latino-americana, e não apenas brasileira.

Cientes da dificuldade de se reconstruir a interpretação do Brasil desde uma ótica da latinidade americana, Priscila e Marcus não tomam essa intenção como um ponto de partida e partem de uma interrogação quanto ao pertencimento e à participação do Brasil no contexto latino-americano. Partem, portanto, não de pressupostos, mas de legítimas dúvidas: O que define a América Latina? Como os latino-americanos se identificam como tal?

Deixando de lado as clássicas interpretações do Brasil, como quando rejeitam o discurso da mestiçagem como estratégia de anulação de peculiaridades, os autores vão ao encontro das abordagens pós-coloniais que, desde os anos 1960, têm questionado a modernidade europeia como paradigma epistemológico na América Latina. Apresentam ao leitor, nesse passo, autores como os argentinos Walter Mignolo e Enrique Dussel, o peruano Aníbal Quijano e o colombiano Santiago Castro Gomez, como referências para a compreensão da história e da formação sociocultural latino-americana. Nesse percurso, tomam a noção de *cultura*, para além da tradição monocultural europeia, como uma "dinâmica social em que se expressam os conflitos, os jogos e abusos de poder, as resistências" (p. 77). É do conflito e das contradições manifestos na história latino-americana, para além das platitudes da razão dos colonizadores, que emerge um caldo de cultura plural, dinâmica e nunca livre de tensões. É dessa cultura, formada em processos de hibridização e sobreposições, que os autores falam.

Isso implica construir uma outra memória da América Latina, uma outra narrativa, na qual, como advertem os autores, não apenas se vislumbre os colonizados como vítimas, o que pode contribuir para argumentos de dependência e incapacidade, mas que também, ao reconhecer os processos de dominação, faça emergir os conflitos e as lutas de resistência apagados pela história dos vencedores. É das resistências, frequentemente interditadas, apagadas e esquecidas, que emerge a pluralidade cultural que melhor caracteriza a formação cultural latino-americana.

Como bem lembram os autores, "Uma vez que o Brasil se estabeleceu sob a égide (e a meta) de ser 'o país do futuro', o passado é sempre algo de menor importância e que deve, necessariamente, apontar para o futuro glorioso" (p. 87). Ao partirem de uma abordagem histórica e pós-colonial, portanto, os autores apontam para a necessidade de se olhar para o passado naquilo que nos foi interditado como memória, procedendo a uma espécie da arqueologia da ancestralidade das lutas de resistência e das violações de direitos humanos como marco dos direitos humanos na América Latina e no Brasil. Desde essa perspectiva, são reposicionados os discursos sobre direitos humanos na América Latina e no Brasil, desvelando-se aquilo que eles contém de eurocêntrico e paradoxal.

A noção de *direitos humanos*, como se sabe, é resultado de um longo percurso semântico, no qual a referência à natureza humana significou a naturalização de uma dada cultura humana, com a consequente imposição da cultura europeia a outras formas de vida e cultura humanas. O crítico literário inglês Terry Eagleton (2011, p. 15-16), no ensaio *A ideia de cultura*, mostra que a noção de *cultura*, que remete à agricultura e ao cultivo da terra, traz consigo a ideia de que "há algo faltando na natureza", ou seja, que "a nossa capacidade de ascender a alturas além daquelas de nossos pares na natureza, os outros animais, é necessária porque nossa condição natural é também bastante mais 'natural' do que a deles". É essa ideia monolítica e europeia de cultura, baseada numa natureza humana distinta da natureza de todos os outros seres, num giro antropológico naturalista, que dá azo à invenção dos direitos humanos.

Mas essa pretensamente universal noção de *natureza humana* apenas aparentemente homologa os homens como portadores de direitos humanos, pois faz tabula rasa das suas diferenças culturais e geográficas que, entretanto, permanecem existindo. Ocorre que tais diferenças acabam por reaparecer sob o manto dos direitos humanos, sobretudo quando se pensa na igualdade como direito humano – se pensarmos que igualdade imaginada pelos iluministas nem sempre contemplava uma igualdade entre povos europeus e não europeus. Em Kant, por exemplo, autor que sem dúvida merece ser chamado de *moderno*, isso aparece em passagem da *Physische geographie,* de 1802, lembrada pelo sociólogo brasileiro Sérgio Costa (2006, p. 41):

> Nos países quentes o homem amadurece, em todas as suas partes, mais cedo, não atinge, contudo, a completude das zonas temperadas. A humanidade apresenta-se em sua maior completude na raça dos brancos. Os indígenas amarelos têm um talento limitado. Os negros encontram-se mais abaixo e mais abaixo de todos encontra-se parte dos povos americanos.

Esse trecho de Kant exemplifica como, mesmo quando se afirma a igualdade, reentram exceções, antropológica e juridicamente fundadas, que, ao longo da história, significaram a exclusão das mulheres, dos negros, dos índios, dos judeus, dos migrantes e de toda sorte de "novo bárbaro" da condição de "humano" dos direitos humanos (Giorgi, 1998). A própria concepção de direitos humanos é, portanto, colonial e colonizadora. Essa mesma estratégia é a que consente que, 520 anos do "descobrimento" do Brasil, sob o discurso da proteção e da tutela, sejam introduzidas largas margens de desproteção dos índios: por exemplo, construídas escolas nas quais os índios podem ser alfabetizados na sua própria língua, ocultando o fato de que ali eles recebem quase sempre uma educação de péssima qualidade. Se produz, dessa forma, nada mais do que a inclusão da exclusão dos índios (Magalhães, 2014).

Se formos "levar à sério" uma perspectiva pós-colonial, portanto, é a própria concepção etnocêntrica de direitos humanos que deve ser colocada em xeque, como acenam Priscila e Marcus. A partir de estudos antropológicos mais recentes, focados no perspectivismo ameríndio, podemos questionar se, para um índio, faz algum sentido falar em *direitos humanos*. Isso porque, na visão dos povos ameríndios,

> o modo como os seres humanos veem os animais e outras subjetividades que povoam o universo – deuses, espíritos, mortos, habitantes de outros níveis cósmicos, plantas, fenômenos meteorológicos, acidentes geográficos, objetos e artefatos – é profundamente diferente do modo como esses seres veem os humanos e se veem a si mesmos. (Viveiros de Castro, 2002, p. 350)

Ainda segundo o antropólogo Eduardo Viveiros de Castro (2002, p. 356),

> se nossa antropologia popular vê a humanidade como erguida sobre alicerces naturais, normalmente ocultos pela cultura – tendo outrora sido "completamente" animais, permanecemos, "no fundo", animais-, o pensamento indígena conclui ao contrário que, tendo outrora sido humanos, os animais e outros seres do cosmos continuam a ser humanos, mesmo que de modo não evidente.

Viveiros de Castro (2002) parece particularmente preocupado com aquilo que a antropologia pode "devolver" aos índios e, nesse passo, confronta-nos com o fato de que, mais de quinhentos anos após a chegada dos portugueses no Brasil, nem a ciência e muito menos a política e o direito foram capazes de reconhecer o índio em sua alteridade.

A crítica dos direitos humanos pode ser radicalizada a partir do pós-colonialismo e do perspectivismo ameríndio. Como poderíamos levar a sério a imagem que os índios têm de si mesmos e do mundo sem, ao mesmo tempo, trair essa cosmovisão mesma, ao reconduzi-la à linguagem "do colonizador", tipicamente ocidental e, portanto, por si só excludente de toda alteridade ameríndia? Essa é a linguagem dos direitos humanos, que são sempre o direito do outro, dos humanos e dos não humanos...

Vê-se, portanto, que não é pequeno o desafio de avançar um olhar não apenas latino-americano sobre a América Latina e o Brasil. É claro que, desde o perspectivismo ameríndio, direitos humanos ou mesmo direito são temas difíceis de serem reconstruídos. Mas isso não apenas nessa operação teórica e antropológica mais extrema. Na verdade, devemos considerar o fato de que o excesso de expectativas sobre o direito, na sociedade moderna, possa ser apenas uma "anomalia europeia", como escreveu certa vez Niklas Luhmann (2016, p. 791). Já Costas Douzinas (2009) assinalou, em sua obra *O fim dos direitos humanos*, que os direitos humanos encontram seu fim quando se vêm esvaziados de seu potencial imaginativo e utópico.

Segundo Douzinas (2009, p. 384), "na medida em que os Direitos Humanos começam a distanciar-se de seus propósitos dissidentes e revolucionários iniciais [...], podemos estar inaugurando a época do fim dos direitos humanos e de uma humanidade monolítica". Chegou-se também à conclusão, com Meccarelli, Palchetti e Sotis (2014), de que pensar nos direitos humanos, hoje, significa pensar num espaço jurídico em sofrimento. Esse sofrimento dos direitos humanos está ligado, paradoxalmente, de forma indissolúvel, ao seu extraordinário sucesso: "quanto mais aumenta o raio de luz do qual são portadores dos direitos humanos, mais aparece sua sombra, o seu lado escuro" (Meccarelli; Palchetti; Sotis, 2014, p. 9, tradução nossa).

Essas dicotomias evocam a percepção de Niklas Luhmann dos direitos humanos como paradoxos. Para Luhmann (2016, p. 775), "entre os principais indicadores da existência de um sistema jurídico da sociedade mundial está a crescente atenção dispensada às violações dos direitos humanos". É sem dúvida paradoxal que a afirmação dos direitos humanos tenha como correlato sua violação, pois se trata de se recorrer à natureza humana apenas quando se refere a apontar sua violação e a indignação que tal violação provoca. Por outro lado, é de se ressaltar, com Luhmann (2016), que talvez esse paradoxo seja adequado ao nosso presente, dadas as condições turbulentas da sociedade do mundo.

Ao escrever este prefácio, penso eu mesma na pergunta inicial de Priscila e Marcus. O Brasil pertence à América Latina? Podemos dizer que sim, o Brasil pertence à América Latina como vasto território da experiência da violação dos direitos; como laboratório dessas violações, que permitem que, com a exclusão praticada nas periferias da modernidade, afirme-se algum grau de inclusão no centro. Diferentemente da Europa, que chegou a conhecer um Estado de bem-estar social, o neoliberalismo, que hoje deixa corpos empilhados na atual crise do Covid-19, é uma experiência que surgiu na América Latina, no Chile de Pinochet. No Brasil, o ultraneoliberalismo é de recente portada e se insere no movimento global de expansão do capitalismo financeirizado do qual a América Latina foi laboratório de experiências que promoveram a morte tanto de pessoas quanto da democracia. O Sul global é, nessa medida, também global. A periferização e a expropriação, típicas do sul, colonizam o resto do mundo como estratégia do ultraneoliberalismo: o Covid-19 é apenas a face mais visível disso.

Finalmente, é de se salientar que, não obstante a complexidade dos temas-problemas abordados na obra, ela tem um caráter didático, o que é outro de seus méritos. Nela, a complexa trama das teorias decoloniais e críticas é desfeita e apresentada aos leitores de forma clara e pontual. Assim como Luis Alberto Warat (2004), os autores "surfam na pororoca" para apresentar a seus leitores um outro olhar sobre a realidade que os circunda. São cuidadosos em sua preocupação didática: ao final de cada capítulo, os autores fazem uma síntese e propõem um estudo de caso, com *links* para filmes e atividades de autoavaliação. A referência ao cinema e às imagens faz uma costura cultural dos capítulos do livro, que faz da própria cultura latino-americana seu principal objeto. Coerentemente com as pesquisas dos autores ao longo de sua trajetória acadêmica, as imagens são evocadas não como ilustração ou representação da realidade, mas como ativação da percepção, no refinamento de um olhar aguçado sobre a realidade, produzindo nela mesma uma diferença.

Nesse sentido, o texto é uma excelente introdução multidisciplinar ao pensamento crítico e decolonial sobre a América Latina, apresentando de forma clara e vívida um caminho para reconstrução do saber ao sul do Equador. Em época de negacionismos, esquecimentos, o papel do conhecimento e, sobretudo, o papel da formação e da educação não podem ser negligenciados. Ao final do livro, os autores confessam aquilo que, de fato, os moveu. "Este livro aponta para uma 'tarefa inacabada': aquela que sempre se constrói na resistência, na rearticulação dos sujeitos periféricos e excluídos, nas propostas que, ainda que derrotadas, mantém sua força utópica para renascer, ressuscitar, ou mesmo se sobrepor para sobreviver" (p. 330-331). Eu gostaria de fazer coro a essa importante constatação: essa tarefa será sempre inacabada, porque ela deve ser reiteradamente reiniciada e anunciada, prenhe de esperanças, como a aurora a cada novo dia.

Juliana Neuenschwander Magalhães
Professora titular da UFRJ
Pesquisadora CNPq

Apresentação

Pertence o Brasil à América Latina? Em caso afirmativo, quando o Brasil passou a fazer parte da América Latina? Essas perguntas permeiam as reflexões propostas neste livro. Avisamos de início (*spoiler!*) que a leitura do livro **não trará uma única resposta possível** a essas questões. Ao contrário, propomos a reflexão (e a leitura) como exploração da ambiguidade do pertencimento e da participação brasileira na noção de *latinidade*. Assim, a perspectiva desta obra é o olhar para América Latina a partir do Brasil. O texto traz estudos de casos e exemplos concretos para traçar comparações entre o Brasil e outros países sul-americanos, ou do continente. Buscamos, assim, equilibrar a perspectiva brasileira com a utilização de textos de base e referências de autores de países diversos – inclusive europeus e norte-americanos.

A ausência de títulos disponíveis em português sobre o tema por si só justifica a produção desta obra. A carência de tal literatura é, também, sintoma da postura ambígua do país em relação aos Estados nacionais vizinhos.

No todo, esta obra tem por objetivo apresentar questões sobre a América Latina ao leitor interessado. Assim, pretende atender tanto a alunos e alunas de graduação e pós-graduação, das diferentes áreas das ciências sociais aplicadas e que necessitam de um aporte reflexivo sobre América Latina, quanto o leitor ou a leitora que deseje se aproximar do tema por curiosidade, em busca de formação.

Trata-se, portanto, de um título tanto de formação quanto de consulta. O desafio de escrever esta obra foi dar conta da diversidade de temas abordados, em que estão implicadas questões culturais, políticas, econômicas e de relações internacionais, sem perder a profundidade da perspectiva histórica, da formação dinâmica de culturas, instituições e sociedades. Assim, o texto pode despertar a atenção tanto do leitor e da leitora em busca de formação geral sobre a América Latina quanto de interessados em pesquisar temas específicos – como *direitos humanos* ou *comunicação comunitária*. A estrutura do livro também facilita a consulta, com uma pequena introdução em cada capítulo, que resume os principais objetivos, temas e questões trabalhados, além de apresentar fatos, eventos históricos, sugestões de filmes, atividades práticas e outros produtos que exemplificam os temas discutidos.

A raridade de materiais sobre o tema ainda exige que, uma vez tratada, haja uma definição de *como* colocar a questão em pauta. Assim, três eixos compõem a perspectiva adotada: 1) a abordagem **histórica** dos temas; 2) a ótica **pós-colonialista**; 3) a ênfase em **direitos humanos**. Em vez de adotar uma perspectiva idílica e eurocêntrica, trazemos aqui uma leitura crítica dos direitos humanos para pensar as relações da América Latina com o mundo. Isto é: uma percepção de que esses direitos não se resumem àqueles declarados pelo quadro burocrático das instituições de direito público internacionais, mas compreendem também uma disputa simbólica e discursiva que, em geral, toma forma em debates midiáticos globais que atingem diretamente a política interna dos países do continente. Na ausência de arquivos e fontes primárias disponíveis para alguns dos temas abordados neste livro, utilizamo-nos de estratégia metodológica iconológica. As imagens aqui dispostas não apenas ilustram o texto, como também integram o exercício lógico, indutivo e investigativo da obra. Essa perspectiva metodológica-iconológica permeia todo o livro e protagoniza as Partes II e III.

A adoção do pós-colonialismo como marco para interpretações da América Latina é coerente com os posicionamentos descritos. Este livro não tem a pretensão de oferecer uma resposta sobre a questão do pertencimento do Brasil à ideia ou ao espaço latino-americano. O pós-colonialismo é uma estratégia de aproximação. O texto valoriza marcos históricos e, mesmo com as diferenças, as marcas da colonização e os traumas decorrentes dela – que são marcantes tanto nos países de fala portuguesa quanto nos de fala espanhola. Aliás, a mera distinção por "língua-mãe" esconde a imposição que todo o território sofreu de uma língua europeia, em detrimento das múltiplas linguagens nativas.

Trazer o pós-colonialismo como marco inicial da obra também revela uma opção: a de pensar América Latina em relações globais – sempre lembrando que a história do território é muito maior e anterior à colonização e que o presente só pode ser compreendido a partir do marco colonial. É por isso que a colonização é abordada no contexto mercantilista e imperialista europeu e, também, em relação com outras regiões que, na nossa era, são consideradas *periféricas*. Dessa forma, trazemos o pensamento pós-colonialista em seu contexto de "teorias do Sul". Temos, então, um mapeamento de **relações culturais**, **políticas** e **econômicas** entre o Brasil e os países da América Latina que percorre o passado colonial; o imperialismo norte-americano que o sucedeu; as marcas da Guerra Fria[1] sobre o continente; e as disputadas comerciais e políticas contemporâneas com os EUA (Estados Unidos da América) e a União Europeia.

Essas relações são apresentadas em diferenças que marcam as características nacionais, mas também em semelhanças que lembram o passado colonial. Isso porque o próximo e o distante são noções relativas ao contexto. Quando estamos na praia, o mar se apresenta ondulado, repleto de movimentos incessantes, rugoso. Quando observamos o mar de cima, em uma imagem aérea ou por meio da janela do avião, o mesmo mar se apresenta quase monolítico, às vezes com "riscos" brancos, aparência de uma tábua azul/verde lisa. Lisura e rugosidade dependem dos movimentos de aproximação e distanciamento. Essa é uma ilustração do que acontece com as culturas. Uma observação que considere detalhes e elementos culturais específicos coloca o Brasil distante de seus vizinhos; a América Latina completamente diferente dos Estados Unidos e/ou da Índia, por exemplo. Mas, dependendo da perspectiva de distanciamento, Brasil e seus vizinhos se fundem; a Índia identifica-se com tantos aspectos da América do Sul (inclusive pela confusão europeia de chegar ao continente americano e pensar equivocadamente ter encontrado as "Índias"!); e os Estados Unidos que, apesar de terem sido uma colônia anglo-saxã estabelecida por outra nação europeia,

---

[1] O termo *Guerra Fria* é atribuído ao escritor George Orwell e se refere ao conflito não declarado entre as duas superpotências vencedoras da Segunda Guerra Mundial: os EUA e a URSS. O termo foi citado a primeira vez em texto intitulado *You and the Atomic Bomb* (em tradução livre, *Você e a bomba atômica*), publicado no jornal Tribune, em 1945. Para acessar o texto(em inglês), consulte: Orwell, 2020.

passam a ser vistos com a mesma "americanidade" de seus vizinhos latinos, colonizados por países ibéricos.

Por isso, os marcos, os pontos de partida, as perspectivas são tão relevantes quanto o próprio conteúdo apresentado. Sugerimos, portanto, ao leitor, que esteja atento aos indicativos de cada capítulo, que apresentam em sua introdução as perspectivas próprias de cada parte do livro. A divisão do texto em partes, além de capítulos, também pretende facilitar a apreensão dos ângulos e dos temas propostos.

O livro está dividido, então, em quatro partes. A Parte I traz 2 capítulos e tem por objetivo firmar marcos teóricos de interpretação da América Latina e abordar especialmente aspectos culturais. Colonização e modernidade são temas centrais e transversais aos dois capítulos. A principal influência teórica desses capítulos são as reflexões de Walter Mignolo e do Grupo Modernidade/Colonialidade.

O Capítulo 1 traz informações sobre a história do surgimento das teorias do Sul e do pensamento pós-colonial e como esse conceito incorpora-se às narrativas e teorias críticas que buscam compreender a história e a formação sociocultural latino-americana.

O Capítulo 2, de cunho mais reflexivo, apresenta características da formação das culturas latino-americanas tendo como ponto de partida as marcas coloniais. Fala sobre hibridismos e sincretismos culturais, na perspectiva das sobreposições e da resistência. Traz também o tema da memória e da interdição desse elemento na América Latina.

A Parte II do livro é composta também por 2 capítulos e tem como questões centrais os posicionamentos e as relações do Brasil com os (demais) países da América Latina, em seus aspectos políticos e econômicos. Traz ainda a perspectiva da América Latina nas relações internacionais e em diferentes momentos históricos. As duas grandes influências nesses capítulos sãos as obras do historiador inglês Leslie Bethell – grande especialista em história do Brasil – e os textos clássicos sobre a América Latina do autor uruguaio Eduardo Galeano.

Assim, o Capítulo 3 traz parte da história do uso do nome *América Latina*, em relação ao Brasil – quando e em quais circunstâncias o país foi incluso ou inclui-se no grupo "latino". Tematiza também a inserção latino-americana no contexto internacional, em diferentes momentos, inclusive as intervenções sofridas pelos países latinos – primeiro por parte das potencias imperialistas europeias e, depois, pelos seus mais poderosos vizinhos, os EUA. Apresenta ainda o pan-americanismo e outras influências de ideias e fatos políticos que marcaram a região do fim do século XIX até o conturbado período da primeira metade do século XX, marcado por duas guerras mundiais e uma guerra fria.

O Capítulo 4 centra-se na relação do Brasil com os países latino-americanos, especialmente nas últimas décadas, após a Constituição de 1988. Nesse período o Brasil buscou construir-se internacionalmente como uma liderança, não mais da América Latina, mas da América do Sul. O princípio de conquista da confiança dos países vizinhos foi a não intervenção – uma oposição direta às políticas internacionais dos Estados Unidos. Foi a partir desse protagonismo sul-americano que o Brasil se destacou no cenário internacional, retomando articulações históricas desafiadoras – como a Política

Externa Independente (PEI) e o "terceiro mundismo" – e dando novo sentido às relações políticas e econômicas Sul-Sul.

A Parte III aborda a questão dos direitos humanos na América Latina. A ideia central é oferecer uma perspectiva crítica da noção de direitos humanos, reconhecendo os limites das abordagens tradicionais, burocráticas e europeias, mas também destacar seu valor simbólico, político e utópico – capaz de ser assumido como discurso central nas principais lutas sociais do século XX e, talvez, do século XXI. As duas principais influências teóricas nesta parte são a obra do jurista grego Costas Douzinas e as publicações da pesquisadora brasileira Juliana Neuenschwander Magalhães.

O Capítulo 5 oferece uma formação inicial sobre o tema dos direitos humanos, principais fatos e marcos teóricos. Para além da delimitação jurídica das violações de direitos humanos no direito internacional, o texto destaca o papel político da Declaração Universal dos Direitos Humanos (ONU, 1948) e o papel dos Tribunais de Nuremberg na demarcação política do crime de genocídio. Mas vai além: o capítulo reconhece também como um marco dos direitos humanos no século XX, as lutas sociais produzidas ao final da década de 1960 (em especial, no ano de 1968) em todo o mundo – o momento em que os direitos humanos se tornam protagonistas da política, nos moldes em que (talvez...) ainda os temos hoje.

Em seguida, o Capítulo 6 aborda a trajetória dos direitos humanos na América Latina na perspectiva histórica e discute os marcos de violações desses direitos no continente. Em termos práticos, trata de três temas-chave para a América Latina: 1) o genocídio dos povos indígenas; 2) o direito à memória e à verdade e o legado das ditaduras militares latino-americanas – como a persistência das práticas inquisitórias de tortura e a pouca investigação científica de homicídios; 3) a persistência da pobreza e da desigualdade social, mesmo diante de crescimento econômico. Destacam-se as obras do jornalista Elio Gaspari, que reuniu farta documentação sobre as ditaduras na região, e as perspectivas filosóficas de Giorgio Agamben e Antonio Negri. A parte teórica propõe a aproximação do conceito de direitos humanos das teorias do Estado de exceção e do biopoder, para compreender a negação, na América Latina, do direito mais básico e paradoxal de todos: o direito a ter direitos.

A Parte IV do livro centra-se na questão de comunicação e mídia. As duas grandes contribuições teóricas desse capítulo vem das obras de Jesús Martín-Barbero e dos autores do campo da comunicação comunitária. Aqui propomos uma reflexão sobre a formação e os impactos sociais da comunicação de massa na América Latina, contribuindo para a consagração de uma ideia de continente e de nacionalidades.

O Capítulo 7 realiza uma transição em relação à parte anterior, apresentando uma reflexão sobre comunicação e direitos humanos, tendo como marcos: a concentração dos meios de comunicação nos países latino americanos; a constituição de rotas alternativas (comunicação comunitária); os atentados e riscos à liberdade de imprensa na região.

Por fim, o Capítulo 8 retoma a perspectiva histórica e traz aspectos da formação da comunicação de massa e do pensamento comunicacional latino-americano, discutido com base em diferentes meios (rádiofusão, televisão, cinema e internet).

Buscamos, assim, uma aproximação plural, crítica e formativa. Esperamos que você, leitor ou leitora, considere tais objetivos atingidos e que este título sirva para formação e consulta, e que também aguce seu interesse de pesquisa e busca pelas inúmeras possibilidades de compreensão, abordagem e construção da América Latina. A proposta do livro é um olhar que parte do contemporâneo para a história do continente. Nesse sentido, preenche uma lacuna de um espaço que agrega reflexões sobre América Latina e Brasil. Por essa razão, a "virada conservadora", ainda em curso em toda a América Latina (e talvez no mundo), não foi alvo das críticas desta obra – ainda falta ao tema lastro histórico, embora a genealogia dele seja traçada em diversas partes deste livro, especialmente nos Capítulos 4 e 6. Este novo momento latino-ameericano, pode ser, sem dúvida, alvo de novas reflexões no futuro, agregando continuidade a este trabalho.

Esta é, portanto, uma obra didática, mas baseada em densa pesquisa sobre os temas discutidos. Trata-se de uma tentativa de levar a cabo um texto acadêmico e crítico, sem deixar de lado a preocupação com a formação inicial daqueles que, pela primeira vez em nível universitário, se debruçam sobre esses temas. Esperamos dar conta do desafio (acadêmico, crítico e didático) nas páginas que seguem.

Boa leitura!

Priscila Vieira-Souza
Marcus Vinicius A. B. de Matos

Como aproveitar
ao máximo este livro

Empregamos nesta obra recursos que visam enriquecer seu aprendizado, facilitar a compreensão dos conteúdos e tornar a leitura mais dinâmica. Conheça a seguir cada uma dessas ferramentas e saiba como elas estão distribuídas no decorrer deste livro para bem aproveitá-las.

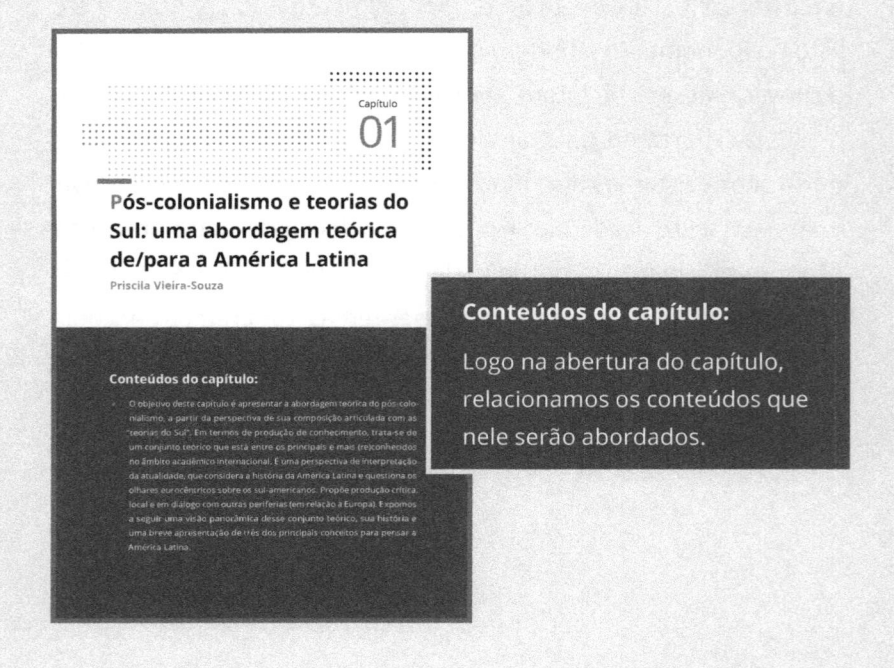

Capítulo
01

Pós-colonialismo e teorias do Sul: uma abordagem teórica de/para a América Latina

Priscila Vieira-Souza

Conteúdos do capítulo:

- O objetivo deste capítulo é apresentar a abordagem teórica do pós-colonialismo, a partir da perspectiva de sua composição articulada com as "teorias do Sul". Em termos de produção de conhecimento, trata-se de um conjunto teórico que está entre os principais e mais (re)conhecidos no âmbito acadêmico internacional. É uma perspectiva de interpretação da atualidade, que considera a história da América Latina e questiona os olhares eurocêntricos sobre o sul-americano. Propõe produção crítica local e em diálogo com outras periferias tem relação à Europa). Expomos a seguir uma visão panorâmica desse conjunto teórico, sua história e uma breve apresentação de três dos principais conceitos para pensar a América Latina.

Conteúdos do capítulo:

Logo na abertura do capítulo, relacionamos os conteúdos que nele serão abordados.

Após o estudo deste capítulo, você será capaz de:

1. compreender a formação histórica do pensamento pós-colonial;
2. reconhecer as principais características e os conceitos mais importantes do pós-colonialismo;
3. analisar criticamente fatos da atualidade a partir da perspectiva teórica pós-colonial.

1.1
O nascimento de uma teoria periférica

Sabemos que o conhecimento é sempre uma perspectiva. E sabemos, também, que conhecer está ligado a definir, o que é parte do processo de formação das identidades. Assim sendo, a perspectiva adotada para a produção do conhecimento afetará a construção das identidades de grupos e subgrupos sociais e mesmo de pessoas. É a partir de percepções como essa, descrita nas linhas anteriores, que pensadores de diferentes regiões do planeta iniciaram um movimento de questionar o que se chamou de *eurocentrismo*; ou seja, o fato de a produção de conhecimento nas ciências sociais partir quase que exclusivamente da Europa. Tais pensadores tinham em comum nacionalidades forjadas na figura de uma outra nação, a colonizadora. Esses intelectuais não compõem um grupo

Após o estudo deste capítulo, você será capaz de:

Antes de iniciarmos nossa abordagem, listamos as habilidades trabalhadas no capítulo e os conhecimentos que você assimilará no decorrer do texto.

Preste atenção!

A pintura *Descoberta da Terra*[1], do famoso Cândido Portinari, remete-nos ao descobrimento das Américas, no início da colonização de exploração do continente – e isso fica claro quando olhamos as embarcações Portuguesas ao fundo. No entanto, ela também remete ao movimento de *settler colonialism*, ou colonização de povoamento, iniciado no final do século XIX na América Latina e que foi associado às políticas de branqueamento da população em vários países sul-americanos, o que discutiremos mais a frente neste livro (veja os Capítulos 2 e 6). É interessante notar que, nela, o protagonismo não está nos capitães e comandantes das naus dos colonizadores, mas sim nos simples marujos que estão à frente da cena, demonstrando uma mudança de perspectiva na leitura que o pintor faz da colonização e de seus agentes.

∴ O pós-colonialismo como perspectiva teórica

Identificamos duas principais razões do pós-colonialismo ter encontrado terreno fértil na América Latina. A primeira refere-se a um fato histórico: os países latino-americanos definiram o atual desenho político, emergiram como nação e Estados-modernos ainda sob o

[1] É possível visualizar a obra no site oficial do Projeto Portinari: <http://www.portinari.org.br/#/acervo/obra/3771/detalhes>. Acesso em: 11 nov. 2020.

Preste atenção!

Apresentamos informações complementares a respeito do assunto que está sendo tratado.

Imagens da América Latina: mídia, cultura e direitos humanos

que o colonialismo acaba reforçando relações de opressão existentes nas sociedades globais, mesmo fora dos territórios que carregam as marcas históricas da colonização.

Importante!

Assim, o pós-colonialismo emerge como teoria, pautando a agenda de pesquisa científica com descrições e crítica às relações de poder existentes nas sociedades, considerando prioritariamente a perspectiva dos grupos mais afetados por tais relações. Outro ponto fundamental para a identificação de uma análise dentro do campo pós-colonial é a presença de certo antagonismo entre colonizado e colonizador (Ballestrin, 2013).

Nessa relação, surge outra noção importante e frequente nos estudos pós-coloniais: a de identidade. É necessário cuidar para que o antagonismo não torne a compreensão dos fenômenos simplistas. O antagonismo relaciona-se com a compreensão de que as relações de poder que circulam nas sociedades muitas vezes são flexíveis, móveis. O oprimido pode atuar como opressor em diferentes circunstâncias e momentos.

Por isso, a noção de identidade é relevante nesse contexto. A partir da modernidade, do Iluminismo, ela é elaborada pelos sujeitos em relação a seu meio social[10]. É na interação da pessoa

10 Stuart Hall (2005) desenvolve reflexões sobre identidade na cultura contemporânea em seu conhecido texto *A identidade cultural na pós-modernidade*.

Importante!

Algumas das informações centrais para a compreensão da obra aparecem nesta seção. Aproveite para refletir sobre os conteúdos apresentados.

Imagens da América Latina: mídia, cultura e direitos humanos

mundismo" das décadas de 1960-1970[13]. Alguns autores, como Beausang (2012), destacam que há muitos empecilhos colocados aos países do Brics – como desigualdade social, ideologias e restrição de ideias, além da falta de inovação, no que seria o triângulo inovação-igualdade-desenvolvimento –, de forma que a influência global deste dificilmente será duradoura. Outros autores, como Bond e Garcia (2015), sustentam que o Brics não representa uma oposição contundente e significativa aos países ricos e desenvolvidos e, frequentemente, produzem uma espécie de cooperação antagonista: tudo que demanda é o direito de sentar à mesa com os poderosos, em vez de resistir e somar com os países mais pobres (Bond; Garcia, 2015).

Perguntas & respostas

Quais foram os impulsos definitivos para o que o Brasil assumisse um papel de protagonismo maior no continente americano?
Foram vários, mas, dentre eles, podemos destacar uma nova ressignificação conceitual da expressão *América Latina*, gradualmente restringida, para a adoção da América do Sul, destacando o novo cenário geopolítico de interesse brasileiro.

13 Assunto discutido no Capítulo 3.

Perguntas & respostas

Nesta seção, respondemos a dúvidas frequentes relacionadas aos conteúdos do capítulo.

Imagens da América Latina: mídia, cultura e direitos humanos

sua hegemonia no continente em toda a história. Para os países da América Hispânica e para o Brasil, ela representava uma contradição: de um lado, a expressão do princípio de autodeterminação dos povos e a possibilidade de que um país latino-americano, de "terceiro mundo", enfrentasse uma superpotência como os EUA; de outro, o medo da influência do socialismo e do expansionismo soviético no continente. Por conta disso, as ambiguidades na compreensão do que a Revolução Cubana representou para o continente se expressaram na maioria dos posicionamentos e discursos dos líderes latino americanos do período. Uma famosa expressão dessa ambiguidade se deu na condecoração do líder revolucionário e ministro cubano Ernesto "Che" Guevara, pelo Presidente Jânio Quadros, em 19 de agosto de 1961.

Luz, câmera, reflexão!

Assista aos seguintes filmes sobre a Revolução Cubana e discuta a relação deles com o conteúdo deste capítulo com seus colegas de turma, professores ou amigos:

DIÁRIOS de Motocicleta. Direção: Walter Salles. Brasil: Buena Vista Internacional, 2004. 126 min.

CHE: o argentino. Direção: Steven Soderbergh. ES: Morena Films, 2008. 134 min.

CHE: a guerrilha. Direção: Steven Soderbergh. ES: Morena Films, 2008. 135 min.

Luz, câmera, reflexão!

Esta é uma pausa para a cultura e a reflexão. A temática, o enredo, a ambientação ou as escolhas estéticas dos filmes que indicamos nesta seção permitem ampliar as discussões desenvolvidas ao longo do capítulo.

 Os meios e os fins: a criação de massas e nações na América Latina

Maria Immacolata Vassalo de Lopes (2014, p. 68) oferece uma breve definição para o conceito de *mediação*. As mediações podem ser definidas como "lugares" em que podemos entender a relação entre o espaço de produção e o da recepção. Colocando de lado a ideia de massas como um aglomerado passivo e sem influência no que é produzido, Martín-Barbero (2006, p. 20) afirma que produções da mídia não respondem apenas a exigências da indústria cultural e estratégias comerciais, "mas também a exigências que vêm da trama cultural dos modos de ver".

Curiosidade!

O personagem Chaves[4], criado pelo ator e diretor Roberto Gómez Bolaños, talvez seja o maior exemplo de difusão dos meios televisivos na América Latina. A série de televisão infantil, lançada em 1973, alcançou enorme sucesso e popularidade na região. Contando a história de um menino órfão, em uma vila pobre do México, a narrativa conquistou a atenção de crianças e adultos ao tratar de temas comuns à América Latina por meio do humor. Leia mais sobre o famoso personagem em:

CHESPIRITO. Disponível em: <https://chespirito.com>. Acesso em: 25 ago. 2020.

4   Para saber mais sobre o personagem, acesse: <https://www.vecindadch.com/>. Acesso em: 12 nov. 2020.

Curiosidade!

Nestes boxes, apresentamos informações complementares e interessantes relacionadas aos assuntos expostos no capítulo.

Para saber mais!

Para saber mais sobre o pós-colonialismo na prática, assista aos seguintes vídeos:

BALLESTRIN, L. Modernidade/Colonialidade sem imperialidades? Núcleo de Direitos Humanos Unisinos, nov. 2013. Disponível em: <https://www.youtube.com/watch?v=h6e_e272M0k>. Acesso em: 25 ago. 2020.

DUSSEL, E. E. Dussel explica la teoría: el giro descolonizador. Entrevista. Disponível em: <https://www.youtube.com/watch?v=mi9F73wlMQE>. Acesso em: 25 ago. 2020.

Questões para revisão

1. O pós-colonialismo é um conjunto de teorias e reflexões científicas que surgiu formalmente na Índia, na década de 1970. A partir da década de 1990, pensadores latino-americanos se identificaram com tal posicionamento e passaram a produzir a partir da perspectiva pós-colonial, com adaptações para o contexto local. Descreva pelo menos dois fatores que contribuíram com a aproximação, identificação e, por fim, apropriação do pós-colonialismo por autores latino-americanos.

Para saber mais!

Sugerimos a leitura de diferentes conteúdos digitais e impressos para que você aprofunde sua aprendizagem e siga buscando conhecimento.

Fique atento!

Ao longo de nossa explanação, destacamos informações essenciais para a compreensão dos temas tratados nos capítulos.

"a queda de Paris" diante das tropas alemãs. Em situação semelhante, é possível citar os nomes de Aécio Souto, "simpatizante ostensivo da Alemanha nazista" (Gaspari, 2003, p. 46); Filinto Muller, que teve laços e possivelmente treinamento na Alemanha (FGV, 2020); e Marcio de Souza Melo, que havia sido integralista (Gaspari, 2002a). Os integrantes dessas forças, simpáticos aos ideais fascistas e nazistas, teriam passado incólumes desses processos políticos e da própria Segunda Guerra Mundial, vindo a se consolidar no poder na ditadura de 1964:

> Quem olhasse a hierarquia da ditadura no início de 1946 veria poucas mudanças nos palanques. Em ocasiões especiais, podia-se notar o sumiço, nas casacas e uniformes, das condecorações distribuídas pelos embaixadores da Alemanha e da Itália. Na Europa a associação com o Eixo custara à extrema direita a vida (quando foi para as trincheiras), a fortuna (quando a depositou no projeto guerreiro) ou a credibilidade (quando tornou pública a sua posição). No Brasil, nada disso. (Gaspari, 2003, p. 115-116)

Fique Atento!

A última mudança de perspectiva dos EUA para a integração do continente ocorreu no final da década de 1920, após a Conferência Pan-Americana de 1928, em Havana, onde ficou claro o grande descontentamento da maioria dos Estados representados com a política intervencionista dos EUA. Para reverter esse quadro e expandir seu mente que essa divisão tem influência sobre movimentos sociais e operadores do direito. Uma dessas divisões esquemáticas está disponível no *site* da DHNet – Rede Direitos Humanos. Nessa lista "geracional", cada geração de direitos é associada aos textos legais e pactos internacionais que teriam proclamado, ou positivado, esses direitos.

DIREITOS humanos. DHNet, [S.d]. Disponível em: <http://dhnet. org.br/direitos/textos/geracaodh/dhgeracoes.html>. Acesso em: 20 abr. 2020.

Mãos à obra

Imagine que você é um jornalista a serviço de uma empresa de comunicação local, ou um assessor de comunicação de um vereador no seu município, investigando violações de direitos humanos na sua cidade. Leia o texto a seguir e elabore uma entrevista sobre concepções de direitos humanos, contendo de três a cinco perguntas, direcionada a uma autoridade da sua cidade (policial, juiz, secretário municipal etc).

> Os ideais perdem seu valor quando chamam a polícia e a força aérea para promovê-los [...]. Os Direitos Humanos devem ser cumpridos sem a sua garantia pela força. O desafio é fazê-los voltar à missão original, à proteção da dignidade e igualdade para os aprisionados, torturados e dominados. (Douzinas, 2009)

Mãos à obra

Nesta seção, propomos atividades práticas com o propósito de estender os conhecimentos assimilados no estudo do capítulo, transpondo os limites da teoria.

1492: a conquista do paraíso. Direção: Ridley Scott. França: Magnus Opus, 1992. 154 min.

CARAMURU: a invenção do Brasil. Direção: Guel Arraes. Brasil: Columbia Tristar Films of Brasil, 2001. 88 min.

Lembre-se! São filmes de ficção. Algumas perguntas interessantes quando assistimos obras cinematográficas sobre eventos históricos são: Que versão da história o filme valida/critica? Que tipo de narrativa ele constrói sobre o fato histórico? Já sabemos, o passado é sempre visto e (re)construído a partir do presente.

Síntese

Este capítulo teve como argumentos centrais os seguintes: 1) embora rejeitemos aceitar a colonização como a origem histórica da América Latina, apresentamos esse fato como um marco definidor; 2) a formação cultural latino-americana se deu por meio de conflitos, dominação e resistência que geraram perdas desastrosas (extinção de etnias, povos, línguas e outros elementos) e marcaram a cultura com hibridismos, sincretismos, sobreposições. Também é fundamento no desenvolvimento do texto, embora de modo subterrâneo, que cultura, história e política são dimensões aglutinadas. A história política necessariamente deixará marcas na cultura de uma região.

Para uma melhor compreensão do que chamamos de *sobreposição*, trouxemos os estudos de memória. Essa segunda parte do capítulo apresentou noções como a de construção coletiva da memória, reafirmando que a memória é sempre em relação a um

Síntese

Ao final de cada capítulo, relacionamos as principais informações nele abordadas a fim de que você avalie as conclusões a que chegou, confirmando-as ou redefinindo-as.

Questões para revisão

1. Qual é o significado histórico da expressão *América Latina*? Explique.

2. O que se pode entender por *pan-americanismo*? Explique o significado e a história desse conceito.

3. Assinale verdadeiro (V) ou falso (F) para as assertivas a seguir.

( ) A Doutrina Monroe significava "A América para os Americanos" e serviu inicialmente como uma maneira de articular a proteção militar dos EUA sobre os países do continente, contra os interesses imperialistas europeus.

( ) O Corolário Roosevelt à Doutrina Monroe foi uma justificativa para um intervencionismo agressivo dos EUA nos países da América Latina.

( ) A política da boa vizinhança foi uma tentativa do Brasil em reatar laços com a Argentina e o Paraguai, após o fim das hostilidades advindas da Guerra do Paraguai.

( ) O "terceiro mundismo" foi um movimento exclusivamente de países africanos e asiáticos, com pouca ou nenhuma participação do Brasil.

Assinale a alternativa que apresenta a sequência correta:

a) V, F, V, V.
b) V, V, F, F.
c) F, F, F, V.
d) V, V, V, F.

Questões para revisão

Ao realizar estas atividades, você poderá rever os principais conceitos analisados. Ao final do livro, disponibilizamos as respostas às questões para a verificação de sua aprendizagem.

Questões para reflexão

1. Na sua opinião, o Brasil, ao priorizar laços e relações com os países da América Latina, tem mais a ganhar ou a perder, do ponto de vista político e econômico?

2. Qual foi a questão mais difícil de ser enfrentada na história da integração da América Latina: o preconceito racial contra indígenas e africanos? Os interesses econômicos dos EUA na região? Ou as disputas regionais e territoriais entre países vizinhos?

Questões para reflexão

Ao propor estas questões, pretendemos estimular sua reflexão crítica sobre temas que ampliam a discussão dos conteúdos tratados no capítulo, contemplando ideias e experiências que podem ser compartilhadas com seus pares.

Imagens da América Latina: mídia, cultura e direitos humanos

parte de seu conselho editorial. Deve-se considerar não só as dificuldades logísticas, mas também sobre responsabilidades (ética, jurídica, social). (Gonçalves, 2010, p. 45)

Nesta seção, resgatamos algumas reflexões que foram feitas no âmbito acadêmico sobre o conceito da comunicação comunitária. Apesar disso, as práticas da comunicação comunitária se mostram diversas e peculiares. Gonçalves (2010) defende que não existe uma lista de tarefas que um veículo de comunicação deva cumprir para se tornar um veículo comunitário. Estes são tão complexos quanto os contextos sociais em que são produzidos. No entanto, conforme aponta Malerba (2008), a busca por essas características nas práticas de comunicação pode gerar desconfiança quanto à legitimidade de algum veículo. O estudo de caso a seguir demonstra como essas questões conceituais podem ser enfrentadas na prática.

Estudo de caso

Comunicação comunitária como direito: casos na Cidade de Deus

O objetivo deste estudo de caso é conhecer uma experiência em comunicação comunitária no contexto do Rio de Janeiro dos anos 2000. Com esse relato, pretendemos expor algumas das questões da prática da comunicação como um direito humano na América Latina. Falar da América Latina como unidade a partir do Brasil é

Estudo de caso

Nesta seção, relatamos situações reais ou fictícias que articulam a perspectiva teórica e o contexto prático da área de conhecimento ou do campo profissional em foco com o propósito de levá-lo a analisar tais problemáticas e a buscar soluções.

Bibliografia comentada

Durante o texto deste livro, citamos direta ou indiretamente referências que contribuem para o aprofundamento das questões abordadas. Destacamos a seguir algumas delas como referências complementares. Fique atento!

DOUZINAS. C. O fim dos direitos humanos. Tradução de Luzia Araújo. São Leopoldo: Unisinos, 2009.

O fim dos direitos humanos questiona tanto a finalidade quanto os limites desses direitos diante dos dilemas globais contemporâneos. A obra do jurista, filósofo e ex-presidente da Comissão de Relações Internacionais do Parlamento Grego, Costas Douzinas, percorre uma caminhada que parte da filosofia para a teoria crítica do direito, passando pelo pensamento pós-moderno, a psicanálise e a arte. Esse livro cumpre a tarefa de partir de uma análise da história das ideias que inspiraram a criação desses direitos, expondo seus graves problemas atuais.

GASPARI, E. A ditadura derrotada. São Paulo: Companhia das Letras, 2003.

A série de cinco livros sobre a Ditadura Militar brasileira, do jornalista Elio Gaspari, compõe uma obra seminal. Escrita com base em depoimentos e documentos de oficiais militares brasileiros entregues ao autor, e em uma vastíssima pesquisa em fontes primárias, constitui, talvez, a fonte mais completa e concisa de acesso ao passado histórico recente do país – e suas complexas conexões com a América Latina. Trata-se de

Bibliografia comentada

Nesta seção, comentamos algumas obras de referência para o estudo dos temas examinados ao longo do livro.

Introdução

América Latina: nome, ideia, identidade ou território?

Pensar em América Latina é, também, uma reflexão sobre o nome dessa região. E a primeira problematização desse nome é a exclusão dos "povos originários da região" e dos "africanos transplantados" para o território (Farret; Pinto, 2011, p. 31). Portanto, o nome carrega uma história de dominação que deve ser lembrada quando ele é mencionado. Um nome, contudo, que diz mais do que isso. Está ligado aos processos modernizadores da América do Sul: surgiu no fim do século XIX, mas até hoje não há consenso sobre sua origem, seu nomeador.

Farret e Pinto (2011) argumentam que a ideia surgiu antes do nome. Uma ideia nascida no contexto das lutas por independência. Aliás, a ideia (e o nome) de *América* não existia anteriormente. Perceber-se e identificar-se como continente americano foi um passo de distanciamento das elites locais em relação ao poder metropolitano, europeu. As identidades surgem em relação a um outro, da necessidade de distinção. A demanda, no século XIX, era distinguir-se daqueles que passaram a ser compreendidos como inimigos, os países europeus, de quem se desejava ter independência.

A ideia predominante no início do século XIX era de hispano-América. Mas uma nova demanda de distinção surgiu no início das recém-criadas repúblicas: desvincular-se da influência e da intervenção dos Estados Unidos da América (EUA)[1], que havia sido aliado nas guerras de independência contra os colonizadores europeus. Os EUA promoveram intervenções violentas e diretas no México, que perdeu a guerra e considerável território, o que também aconteceu em Cuba e Nicarágua. O nome *América* perdeu o encanto com essa nova ameaça, agora vinda do mesmo continente.

Uma nova identidade começava a emergir. Algo que era mais do que américa, mais específico e restrito. Surgia uma dualidade: a América do Norte, saxônica, em oposição à América Latina, que abrangeria certamente os países que foram dominados pela Espanha e, na zona de indeterminação, abarcaria as áreas que haviam sido francesas e portuguesas. Certamente, a América Latina dificilmente é definida por um *território*, mas as disputas por território entre Estados Unidos e México e o caso da Nicarágua foram determinantes para que a ideia se consolidasse (basta pensar na Copa Libertadores da América, maior torneio de futebol do continente, que inclui toda a América do Sul e mais o México – mas exclui os EUA...).

O termo *América Latina* teria surgido em textos franceses, em meados do século XIX, quando a França buscava expandir sua zona de domínio e influência nas Américas. A expressão teria aparecido pela primeira vez como nome, como substantivo (e não no uso de *latina* como adjetivo), em um poema do colombiano José Maria

---

1   O Capítulo 3 aborda mais detalhadamente esse tema.

Torres Caicedo, em 1856 (Farret; Pinto, 2011). A consolidação do nome, contudo, deu-se apenas após a Segunda Guerra Mundial. O que esse nome carrega, em termos históricos, a que território, povos, etnias ele se refere são questões que prosseguem apenas parcialmente respondidas. As identidades são móveis e ainda mais mutantes no nosso tempo. A história desse nome, no entanto, revela disputas. E as disputas podem ser, essas sim, um caminho para a compreensão do latino-americano.

Disputas, *conflitos*, *dominações* e *resistências* são palavras do vocabulário histórico da América Latina. Esse "dicionário" está presente em todo o texto deste livro. Mesmo sendo uma obra de aproximação do tema, rejeitamos narrativas e abordagens que sejam exclusivas, referindo-se tanto a dominação quanto a triunfos. O nome composto *América Latina* aponta para questões de complexidade, de ambiguidade. Uma única palavra, uma única perspectiva, não é suficiente. É necessário aglutinar, fundir, compor. Processos que se dão com interdições, por vezes violentas, por vezes sutis.

Uma questão que permeia o livro é a modernidade. A América Latina é fruto dos primórdios dos projetos modernizadores europeus, de certa forma, seu resíduo colonialista, imperialista. Por outro lado, a modernidade europeia inventou a universalidade – inclusive, os direitos humanos. E, ao fazê-lo, abarcou todos os territórios e povos do globo. As independências são resultado, também, da modernização, das elites locais que se compreendem como iguais – não apenas em direitos como os das metrópoles, mas também no exercício de poder. E nós vivemos ainda nesse interstício entre o projeto moderno europeu abstrato, as marcas profundas de exploração desse projeto e os projetos de modernidades locais.

Interstícios, composição, identidades que se indefinem: noções de latinidade no continente americano. Marcas que permeiam e fundamentam as reflexões propostas a seguir.

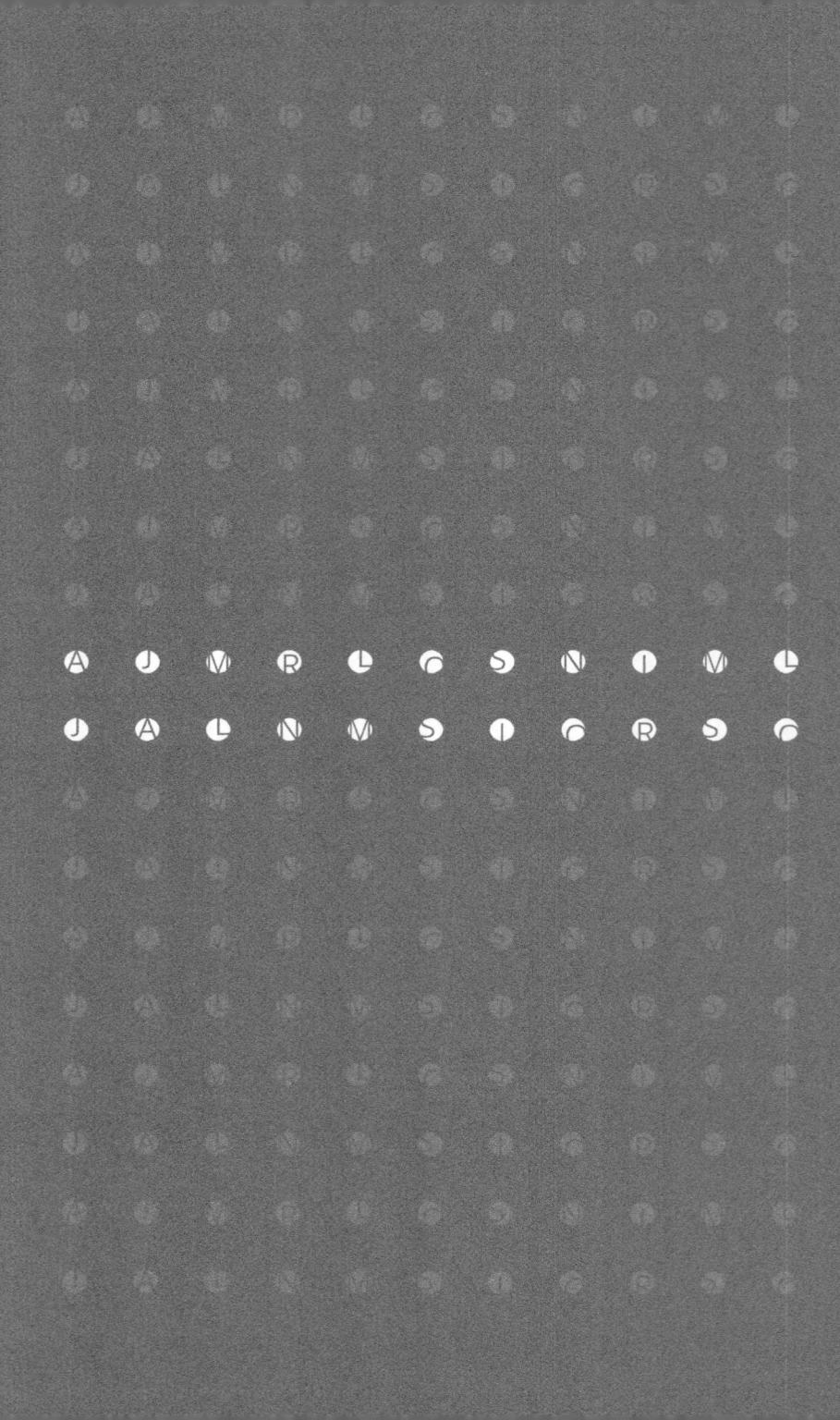

Parte 01

Pós-colonialismo e teorias do Sul: uma abordagem teórica de/para a América Latina

Priscila Vieira-Souza

Conteúdos do capítulo:

- O objetivo deste capítulo é apresentar a abordagem teórica do pós-colonialismo, a partir da perspectiva de sua composição articulada com as "teorias do Sul". Em termos de produção de conhecimento, trata-se de um conjunto teórico que está entre os principais e mais (re)conhecidos no âmbito acadêmico internacional. É uma perspectiva de interpretação da atualidade, que considera a história da América Latina e questiona os olhares eurocêntricos sobre os sul-americanos. Propõe produção crítica, local e em diálogo com outras periferias (em relação à Europa). Expomos a seguir uma visão panorâmica desse conjunto teórico, sua história e uma breve apresentação de três dos principais conceitos para pensar a América Latina.

Após o estudo deste capítulo, você será capaz de:

1. compreender a formação histórica do pensamento pós-colonial;
2. reconhecer as principais características e os conceitos mais importantes do pós-colonialismo;
3. analisar criticamente fatos da atualidade a partir da perspectiva teórica pós-colonial.

1.1
O nascimento de uma teoria periférica

Sabemos que o conhecimento é sempre uma perspectiva. E sabemos, também, que conhecer está ligado a definir, o que é parte do processo de formação das identidades. Assim sendo, a perspectiva adotada para a produção do conhecimento afetará a construção das identidades de grupos e subgrupos sociais e mesmo de pessoas. É a partir de percepções como essa, descrita nas linhas anteriores, que pensadores de diferentes regiões do planeta iniciaram um movimento de questionar o que se chamou de *eurocentrismo*; ou seja, o fato de a produção de conhecimento nas ciências sociais partir quase que exclusivamente da Europa. Tais pensadores tinham em comum nacionalidades forjadas na figura de uma outra nação, a colonizadora. Esses intelectuais não compõem um grupo necessariamente homogêneo – veremos isso em detalhes adiante. Eles defendiam a produção de análises socioculturais com base na realidade dos grupos que um dia foram colonizados e com critérios e categorias estabelecidos por esses mesmos grupos. Em termos científicos, um conjunto ou *corpus* teórico e uma metodologia periféricos. Teorias e metodologias que prosseguem sendo trabalhadas e definem uma perspectiva de pensamento e análise das culturas e das sociedades latino-americanas.

Colocava-se em questão, portanto, a perspectiva adotada pelas ciências. Questionava-se, assim, que os mesmos grupos sociais que no passado empreenderam os processos colonizadores produziam o conhecimento sobre as nações colonizadas, definindo, desse modo, o que elas são, o que significam, quais são seus símbolos e rituais e, no limite, o que produzem (cultural e economicamente) e como se comportam politicamente no âmbito global. Criou-se, então, a noção de "colonização do pensamento", utilizada para se referir (e, por vezes, denunciar) às operações dessa natureza.

O pós-colonialismo surgiu formalmente na Índia, como reação crítica à aplicação de categorias sociais britânicas à experiência sociocultural indiana. Veremos a seguir a trajetória de formação dessas teorias e por quais caminhos elas foram assimiladas, sobretudo na América Espanhola, vindo a contribuir para a formação dos estudos culturais latino-americanos.

Preste atenção!

A pintura *Descoberta da Terra*[1], do famoso Cândido Portinari, remete-nos ao descobrimento das Américas, no início da colonização de exploração do continente – e isso fica claro quando olhamos as embarcações Portuguesas ao fundo. No entanto, ela também remete ao movimento de *settler colonialism*, ou colonização de povoamento, iniciado no final do século XIX na América Latina e que foi associado às políticas de branqueamento da população em vários países sul-americanos, o que discutiremos mais a frente neste livro (veja os Capítulos 2 e 6). É interessante notar que, nela, o protagonismo não está nos capitães e comandantes das naus dos colonizadores, mas sim nos simples marujos que estão à frente da cena, demonstrando uma mudança de perspectiva na leitura que o pintor faz da colonização e de seus agentes.

∴ O pós-colonialismo como perspectiva teórica

Identificamos duas principais razões do pós-colonialismo ter encontrado terreno fértil na América Latina. A primeira refere-se a um fato histórico: os países latino-americanos definiram o atual desenho político, emergiram como nação e Estados-modernos ainda sob o

---

1   É possível visualizar a obra no *site* oficial do Projeto Portinari: <http://www.portinari.org.br/#/acervo/obra/3771/detalhes>. Acesso em: 11 nov. 2020.

domínio dos colonizadores – como o caso brasileiro – ou na luta contra eles, como aconteceu na maior parte dos países do continente sul-americano. O segundo argumento reside na compreensão da expressão *pós-colonialismo* no âmbito epistemológico, isto é, na dimensão das interpretações e perspectivas teórico-empíricas no campo das ciências sociais.

Para melhor compreensão dessa abordagem, recorremos à "genealogia do pós-colonialismo" apresentada pela pesquisadora e cientista política Luciana Ballestrin (2013)[2]. Ela aponta dois entendimentos do termo *pós-colonialismo*. O primeiro refere-se especificamente ao período posterior às descolonizações[3] ocorridas já no século XX, a maior parte delas nos continentes asiático e africano. Nesse aspecto, o termo distancia-se temporal e geograficamente do nosso interesse. Como veremos a seguir, o encontro entre o pós-colonialismo e a América Latina se deu em outra esfera, a teórico-conceitual.

Retomamos, então, a explanação de Ballestrin (2013), que apresenta o segundo entendimento do termo. Além do uso atrelado a uma situação específica, *pós-colonialismo* é utilizado em referência "a um conjunto de contribuições teóricas oriundas principalmente dos estudos literários e culturais, que a partir dos anos

• • • • •

2   Consideramos o texto de Ballestrin, *América Latina e o giro decolonial*, importante referência para a abordagem do tema, tanto pela qualidade das informações e análises apresentadas pela autora quanto pelo impacto que o artigo causou no Brasil.

3   O termo *decolonial* se refere à teoria criada para descrever processos políticos e suas consequências para o pensamento – assim como o também o conceito da expressão *pós-colonialismo*. Já o processo histórico e geopolítico de independência dos países africanos e asiáticos mencionados é denominado *descolonização*.

1980 ganharam evidência em algumas universidades dos Estados Unidos e da Inglaterra" (Ballestrin, 2013, p. 90). As últimas décadas do século XX foram marcadas pelo surgimento de teorias que se definiam com o prefixo "pós", como pós-estruturalismo e pós-modernismo. Ballestrin (2013) avalia que isso contribuiu para a difusão dos estudos pós-coloniais, e pesquisas de diferentes áreas das ciências sociais abraçaram essa abordagem, que se desenvolveu em diferentes perspectivas.

Pela diversidade de perspectivas presentes nos intelectuais considerados pós-coloniais, por vezes é difícil compreender o todo. O pesquisador brasileiro Sérgio Costa (2006), em texto em que revisa criticamente parte do conjunto teórico, propõe que três características compõem o centro das teorias pós-coloniais. São elas: 1) a forte presença de uma abordagem discursiva do social; 2) o "descentramento das narrativas e dos sujeitos contemporâneos"; e 3) a crítica às concepções dominantes de modernidade[4] (Costa, 2006, p. 83-84).

∴ As origens de uma teoria diversa e plural

Definido o que é *pós-colonialismo* e o que podemos chamar de *temas centrais*, passamos à trajetória histórica de formação das teorias.

O nascimento do pós-colonialismo está intimamente ligado ao pensador indiano Ranajit Guha. Na década de 1970, ele liderou a formação do Grupo de Estudos Subalternos, reunindo pesquisadores do sul asiático. A proposta desse pensador era a análise crítica da

• • • • •

4   Sobre modernidade na América Latina, ver Capítulo 3.

história colonial da Índia, preocupado com o papel da historiografia escrita majoritariamente por europeus na própria Constituição do Estado. A pesquisadora indiana Kanika Sharma tece uma revisão em perspectiva contemporânea, retomando os estudos de Guha e do Grupo de Estudos Subalternos em uma tese recém defendida. Ela observa no projeto dos Estudos Subalternos uma busca por "reavaliar o passado colonial e o nacionalismo dele nascido, focando em questões de poder, domínio, a ausência de hegemonia e a relação entre o estado e a sociedade civil" (Sharma, p. 19, 2015, tradução nossa). Na década seguinte, os textos do grupo ficaram conhecidos para além da Ásia e o termo *subalterno* foi elaborado também a partir dos estudos de um autor bastante lido no Brasil, Antonio Gramsci[5], como "classe ou grupo desagregado" (Ballestrin, 2013, p. 93), cuja característica é tender a unificar-se, mas nunca conseguir consolidar a unidade devido às intervenções das classes dominantes.

Outra vertente desse conjunto teórico é formada por três autores de língua francesa: 1) Franz Fanon (1925-1961), da Martinica, que também atuou pela revolução na Argélia; 2) Aimé Césaire (1913-2008), também da Martinica; 3) Albert Memmi (1920-?), judeu da Tunísia. Tais autores são considerados na linhagem do pós-colonialismo,

• • • • •

5   Gramsci é um filósofo italiano que ficou bastante conhecido especialmente pelo conceito de *hegemonia* – que será discutido nos Capítulos 4 e 7. De matriz marxista, o conceito procura elucidar as formas de dominação existentes nas sociedades pós-guerra. Para além dos aparatos militares, Gramsci percebe as formas de dominação presentes na cultura. Seus escritos foram bastante utilizados na América Latina, especialmente para a compreensão da dominação norte-americana sobre o continente. Junto a Boaventura Santos e outros, Gramsci compõe um grupo que pode ser identificado como periférico dentro da própria Europa.

tanto pela abordagem direta ao tema como pelo posicionamento em favor dos colonizados.

A junção dessas referências, formada por um pensador indiano que articulou o sul asiático, cuja produção se deu em inglês, e um grupo de estudiosos que produziu em francês, potencializou a capilaridade da teoria em formação. As línguas inglesa e francesa, nessa ordem, dominam o meio acadêmico global. Os escritos de Guha, por exemplo, difundiram-se com velocidade pelo mundo anglo-saxão.

Foi, então, a partir dos encontros dessas abordagens e pesquisas, que o debate pós-colonial chegou aos Estados Unidos e à Inglaterra. Na América do Norte, o nome da pesquisadora indiana Gayatrick Spivak tem sido associado à difusão das teorias. Seu pensamento, contudo, gerou controvérsias dentre intelectuais do movimento, por assumir uma postura crítica em relação aos próprios estudos pós-coloniais. No único trabalho de Gayatrick Spivak (2010) traduzido para o português, *Pode o subalterno falar?*, é possível perceber tanto a proximidade com as preocupações inerentes às teorias do Sul quanto o olhar crítico da autora, especialmente com autores contemporâneos conhecidos, como o também indiano Homi Bhabha e o palestino Edward Said. Por ter traduzido Jacques Derrida para o inglês[6], a pensadora por vezes é considerada pós-estruturalista, o que descaracterizaria o pós-colonialismo[7]. No

• • • • •

6   O livro *Of Grammatology* foi publicado em 1976 (Derrida, 1976), também com uma introdução crítica de autoria de Spivak. No Brasil, esse texto foi publicado com o título *Gramatologia*, pela Editora Perspectiva, em 1973 (Derrida, 1973).
7   Essa crítica pode ser encontrada no texto do historiador indiano Sanjay Subrahmanyam (2004), em prefácio ao livro *Colonialismo, modernidade e política*, de Partha Chatterjee, editado pela Edufba.

entanto, em *Pode o subalterno falar?*, Spivak critica profundamente os trabalhos de Michel Foucault e Jacques Derrida, dois dos principais pós--estruturalistas[8]. Esse debate "pós-pós" gerou muitas cisões entre grupos de pesquisa vinculados aos Estudos Subalternos. Veremos adiante que isso também ocorreu com pensadores latino-americanos.

Na Inglaterra, os estudos pós-coloniais são assimilados pelos estudos culturais britânicos, especialmente no pensamento do jamaicano Stuart Hall. Em 1996, Hall publicou o texto *When was the post-colonial? Thinking at the limit,* que até hoje é lido para pensar o pós-colonialismo. O pensador jamaicano inseriu-se na academia inglesa recebendo o legado de intelectuais que trabalhavam em repensar a cultura[9]. Até meados do século XX, o termo *cultura* era prioritariamente utilizado para se referir às práticas e produções (de pensamento, mas também artísticas e outras) das classes mais abastadas, ligada à erudição, à instrução, às formas tradicionais de arte. A proposta de des-hierarquizar o termo e a que ele se refere encontrou-se com as questões sobre as ex-colônias. Hall é famoso pelas reflexões sobre identidades – e como não é mais possível pensá-las a partir das nações politicamente desenhadas – e por cunhar o termo *diáspora*. Esta se refere à dispersão de um povo, quando causada especificamente por perseguições. Em Hall, ganha o sentido de dispersão do pensamento, de deslocamento dos lugares de produção e reflexão (Cunha, 2007; Castro-Gomez; Mendieta, 1998; Armani, 2011)

---

8   Para uma visão dos principais temas e das críticas presentes no texto de Spivak (2010), *Pode o subalterno falar?*, indicamos a leitura da resenha do cientista político Bruno Sciberras de Carvalho (2011).

9   Referimo-nos ao Centre for Contemporary Cultural Studies (CCCS), da Universidade de Birmingham (University of Birmingham, 2020).

No debate que chamamos de *pós-pós* (pós-estruturalismo e pós-colonialismo), Hall é muitas vezes deixado de lado por ter assumido influências de pós-estruturalistas, como Derrida. Ainda assim, o pensamento de Hall prossegue em circulação entre pós--colonialistas contemporâneos. Outros intelectuais que também se enquadram nesse contexto de pensamento e partilham a trajetória de deixar seu país de origem para residir em países considerados centrais são o indiano Homi Bhabha, o palestino Edward Said e o antilhano Frantz Fanon (Armani, 2011).

∴ Teoria a partir da crítica

É importante ressaltar que esse conjunto teórico emerge como uma abordagem crítica, especialmente ao eurocentrismo na produção acadêmica, teórica e epistemológica. Ou seja, é uma perspectiva que busca produzir, a partir de lugares considerados "periferia da Europa", e valorizar tal pensamento como periférico. Dessa forma, embora tenha surgido no contexto de pensar as sociedades que se formaram como Estados nacionais independentes tardiamente, a abordagem rapidamente derramou-se para fora desse contexto. Esse veloz rompimento de barreiras de campo e objeto revela a carência que existia de abordagens críticas e diversificadas. Assim, os estudos pós-coloniais passaram a ser utilizados para descrição e análise de diferentes situações e fenômenos sociais que envolvem formas de opressão. Ballestrin (2013, p. 90) coloca que "nem todas as situações de opressão são consequências do colonialismo – veja-se a história do patriarcado e da escravidão –, ainda que possam ser reforçadas ou indiretamente reproduzidas por ele". Vemos, portanto, que o colonialismo acaba reforçando relações de opressão existentes nas sociedades globais, mesmo fora dos territórios que carregam as marcas históricas da colonização.

Importante!

Assim, o pós-colonialismo emerge como teoria, pautando a agenda de pesquisa científica com descrições e crítica às relações de poder existentes nas sociedades, considerando prioritariamente a perspectiva dos grupos mais afetados por tais relações. Outro ponto fundamental para a identificação de uma análise dentro do campo pós-colonial é a presença de certo antagonismo entre colonizado e colonizador (Ballestrin, 2013).

Nessa relação, surge outra noção importante e frequente nos estudos pós-coloniais: a de identidade. É necessário cuidar para que o antagonismo não torne a compreensão dos fenômenos simplistas. O antagonismo relaciona-se com a compreensão de que as relações de poder que circulam nas sociedades muitas vezes são flexíveis, móveis. O oprimido pode atuar como opressor em diferentes circunstâncias e momentos.

Por isso, a noção de identidade é relevante nesse contexto. A partir da modernidade, do Iluminismo, ela é elaborada pelos sujeitos em relação a seu meio social[10]. É na interação da pessoa

---

10   Stuart Hall (2005) desenvolve reflexões sobre identidade na cultura contemporânea em seu conhecido texto *A identidade cultural na pós-modernidade*.

com o mundo público, com a cultura, que a autoimagem é formada (Lopes, 2013). Assim sendo, a formação da identidade se dá na relação com outro. A opressão revela-se quando é possível perceber que as relações sociais se colocam de tal forma que um outro impede a alguém (um grupo social) o desenvolvimento de uma identidade plena. A interdição da identidade também traz à tona o antagonismo: colocam-se no lugar do colonizador aquele(s) grupo(s) que busca subjugar e impossibilitar o desenvolvimento de outros grupos. Em geral, há também raízes históricas para que a relação se estabeleça dessa forma. O cuidado com a ideia de antagonismo é não fixar maniqueísmos e estereótipos. O que seria de pouca valia para a compreensão, por exemplo, da questão que apresentamos no próximo capítulo, de que as identidades sul-americanas reúnem sob a mesma pele as figuras tanto do colonizado quanto do colonizador.

Portanto, o convite teórico fundamental da abordagem pós-colonialista é considerar as relações de forças desiguais que operam nas sociedades, adotar e manter perspectiva crítica e voltada à dimensão libertadora do pensamento.

Importante!

A Figura 1.1 nos remete às semelhanças entre contextos pós-coloniais geograficamente diferentes, a Índia e o México. No título da figura, *Las castas mexicanas*, vemos um paralelo traçado há muito tempo pelos próprios colonizadores, entre as "castas" que eram descritas pelos europeus como existindo dentro do sistema religioso na Índia e as supostas "castas" que os colonizadores viram entre os povos nativos das Américas. Essa leitura, do olhar do colonizador sobre os colonizados, fortalece as semelhanças apontadas no pensamento pós-colonial, que discutimos neste capítulo.

Figura 1.1 – *Las castas mexicanas, de Ignacio Barreda (1777)*

BARREDA, Ignacio María. **Las castas mexicanas**. 1777. Óleo sobre tela, 77 × 49 cm.

Real Academia Española, Madri (ES).

1.2
Encontros: o pós-colonialismo na América Latina

Tendo apresentado o início e os marcos da formação do pensamento pós-colonial, retomamos a questão inicial: Como se deu o encontro das teorias pós-coloniais com a realidade e a pesquisa latino-americanas? Para responder a essa questão, destacamos o uso intencional da palavra *encontro*. As teorias pós-coloniais da Ásia e da África encontraram vozes mais antigas no território latino-americano. Existe, então, um conjunto de pensadores da América Latina que são considerados precursores da perspectiva pós-colonial. Não porque estivessem conscientemente construindo um corpo teórico coerente, mas porque abordaram questões que, depois, descobriu-se, eram muito próximas àquelas trabalhadas pelos autores pós-coloniais de além-mar. As elaborações de tais precursores surgiram no período em que a América Latina atravessava, temporalmente, a transição de colônias para Estados nacionais modernos; ou seja, em período propriamente pós-colonial, em termos histórico-temporais.

∴ As vozes do passado

Esses textos que hoje são associados às teorias pós-coloniais são dispersos entre ensaios literários, escritos de desenvolvimento de um marxismo latino-americano e elaboração da teoria da dependência e da filosofia da libertação. Na realidade, os autores não eram pesquisadores ou acadêmicos, embora alguns fossem identificados como intelectuais. Tais autores eram escritores, críticos literários, ativistas e políticos. Inclusive, integra essa lista o próprio Simon Bolívar (1783-1830), que recebe o título de libertador da América e é famoso pelas estratégias militares.

Preste atenção!

•••

O filósofo chileno Francisco Bilbao (1823-1865) defendia a união das repúblicas que haviam sido colonizadas pela Espanha para fazerem frente ao novo imperialismo que emergia: os Estados Unidos. Nesse ímpeto de defesa da integração, fora o primeiro a registrar a expressão *América Latina*[11]. Outro defensor da integração que pensou as marcas da colonização na América Hispânica foi o jornalista colombiano Torres Caicedo (1830-1889). Ele é normalmente lembrado como um grande entusiasta e defensor da difusão do termo (Farret; Pinto, 2011). Também José Enrique Rodó (1872-1917) é, por vezes, revisitado. O jornalista colombiano foi um ardente defensor do hispano-americanismo – a ideia de que a Espanha e a América Espanhola possuíam conexões profundas, que acabariam acarretando a união política de seus territórios. Ainda que se distancie dos olhares críticos para a colonização, Rodó contribuiu com a compreensão do debate sobre o futuro das Américas no final do século XIX.

•••

Portanto, o que reúne esses e outros nomes de intelectuais latinos do passado é a preocupação com o destino do continente americano e de suas nações perante a questão da colonização ibérica. Basicamente, os textos trazem propostas daquela época de como seria possível lidar com as marcas coloniais, vencê-las, superá-las ou,

• • • • •

11   O texto é conhecido como *Iniciativa de la America: Idea de um Congresso Federal de las Republicas* (Bilbao, 1995).

ainda, como defendido por alguns, esquecê-las. É esse olhar para o destino da América e de seus povos que torna possível trazer tais autores para os debates pós-coloniais do nosso tempo.

Pelo que vimos até aqui, podemos concluir que a formação do corpo teórico pós-colonial valorizou o espaço, a geografia e o local em detrimento da temporalidade histórica. Facilmente identificamos na nacionalidade e nas propostas dos precursores do pensamento colonial latino-americano a marca da periferia em relação à Europa. A formação de um pensamento, portanto, que expõe as cicatrizes deixadas pelos processos de colonização.

∴ Reflexões do século XX

A chegada do pensamento pós-colonial na América Latina, já com esse nome e um conjunto mais ou menos definido de clássicos, deu-se pela difusão das teorias pós-colonialistas nos Estados Unidos e na Inglaterra. Foi na **década de 1990** que um grupo de intelectuais latino-americanos que viviam nos Estados Unidos criou o Grupo Latino-Americano de Estudos Subalternos. O *Manifesto inaugural* (Castro-Gómez; Mendieta, 1998) de fundação refere-se a duas motivações para a formação desse grupo. Primeiro, a inspiração no Grupo de Estudos Subalternos formado e dirigido por Guja, na Índia. A segunda motivação era a conjuntura vivida na América Latina na década de 1990, que provocava debates, estudos e ações. Com evidente postura política e crítica, o documento de fundação do grupo assim descrevia o contexto:

O trabalho do Grupo de Estudos Subalternos, uma organização interdisciplinar de intelectuais sul-asiáticos dirigida por Ranajit Guha, nos inspirou a fundar um projeto similar dedicado ao estudo do subalterno na América Latina. O atual desmantelamento dos regimes autoritários na América Latina, o final do comunismo e o consequente deslocamento dos projetos revolucionários, os processos de redemocratização, as novas dinâmicas criadas pelo efeito dos meios de comunicação de massa e a nova ordem econômica transnacional: são processos que convidam a buscar novas formas de pensar e atuar politicamente [...]. A tendência geral para a democratização exige prioridade a reconceitualização do pluralismo e das condições de subalternidade no interior das sociedades plurais. (Castro-Gómez; Mendieta, 1998, p. 70, tradução nossa)

No mesmo livro que publicou o *Manifesto inaugural*, um texto do argentino Walter Mignolo (que se tornaria um dos mais reconhecidos pensadores do grupo) discute a herança dos estudos pós-coloniais para a América Latina. Ele defende a produção de uma perspectiva local, propriamente latina, que considere "a tradição sociofilosófica latino-americano" (Castro-Gómez; Mendieta, 1998, p. 17), conforme explica o texto da introdução da coletânea. Essa obra é, ainda hoje, uma referência para a cultura, a formação e as possibilidades de olhares para a América Latina. Os autores que assinam textos na coletânea são reconhecidos pela influência do Grupo Latino-Americano dos Estudos Subalternos em suas produções e pela irradiação de suas elaborações no continente e fora dele.

Esses textos apresentam ainda a perspectiva política, que seria um rumo dos estudos pós-coloniais na virada para o século XX e em todo o mundo, com a inclusão de temas como gênero e sexualidade, racismo, migrações recentes e em curso, dentre outros.

1.3
O pós-colonialismo hoje: três conceitos e uma proposta para pensar e entender a América Latina

O Grupo Latino-americano de Estudos Subalternos desagregou-se em 1998, devido a discordâncias teóricas. As divergências giraram, basicamente, em torno da forte influência de pensadores pós-estruturalistas e pós-modernos sobre os estudos pós-coloniais – novamente, o debate "pós-pós". Para diversos pensadores, a inclusão dos franceses Michel Foucault e Jacques Derrida nas referências teóricas descaracterizava a proposta de descolonizar o pensamento universal. O distanciamento de tais autores se deu sob argumentos de que eles produziram uma crítica eurocêntrica ao eurocentrismo, ou seja, olhando para o eurocentrismo de dentro dele, e de que a proposta seria, exatamente, o deslocamento do ponto de vista. Dentre os pensadores que criticam o intenso apoio em tais referências está Walter Mignolo (2008), que advoga uma crítica às categorias que embasam a modernidade, como a noção de tempo e a aproximação das memórias nativas, das experiências de escravidão e, portanto, do que seria a história propriamente da América Latina.

Um dos desdobramentos do antigo grupo embasado nos Estados Unidos foi o nascimento do Grupo Modernidade/Colonialidade, ainda no final dos anos 1990. O colombiano Arturo Escobar (2003), um dos principais integrantes do novo grupo, aponta influências importantes de temas e elaborações teóricas para o pensamento pós-colonial latino-americano. Entre elas estão: a teologia da libertação; a teoria da dependência; debates sobre modernidade e pós-modernidade; reflexões sobre hibridismo cultural na antropologia; pesquisas em comunicação na perspectiva dos estudos culturais (Escobar, 2003)[12]. Haveria muito o que dizer sobre cada elemento desse. No entanto, para nosso objetivo de apresentação do campo de estudos, elencamos as áreas para mostrar como as análises teóricas do Grupo Modernidade/Colonialidade agregam uma vasta herança de correntes e teorias latino-americanas.

Com base em tal herança, então, os pensadores contemporâneos criaram conceitos que nos ajudam a entender as singularidades da América Latina. Dentre vários elementos desenvolvidos pelo grupo, escolhemos destacar três dessas categorias, que desembocam na elaboração complexa (e a quarta categoria) do "giro decolonial" – que é, ao mesmo tempo, conceito e proposta de caminho para que possamos pensar, entender e nos posicionar em relação à América Latina.

---

12 Para uma abordagem que considere cada uma dessas influências, ver: *O pensamento social e político latino-americano: etapas de seu desenvolvimento*, artigo da cientista política Simone Rodrigues Pinto (2012).

∴ Colonialidade do poder

Desenvolvido pelo sociólogo peruano Aníbal Quijano, o termo *colonialidade do poder* relaciona-se a dois outros fenômenos, ambos de origem no mesmo período histórico: 1) o capitalismo; e 2) o eurocentrismo. Quijano (2005) argumenta que a colonialidade está intimamente ligada aos processos de modernização da Europa e, esses últimos, com o desenvolvimento do capitalismo. A Europa é, então, o lugar onde surgem as práticas e as elaborações intelectuais que criam e sustentam esses fenômenos. Quijano (2005, p. 125) demonstra, historicamente, como "a colonialidade do poder desempenhará um papel de primeira ordem nessa elaboração eurocêntrica da modernidade". Para o pensador peruano, o fim histórico do colonialismo não foi suficiente para extinguir as marcas coloniais das relações sociais, nas esferas econômica (locais e global) e política. A ênfase na questão do poder, que integra a expressão, indica o caráter desigual de tais relações.

É a partir das estruturas de poder que essa expressão se estendeu para outras dimensões além da política e da economia, sobretudo a partir da passagem para o século XXI. Por *colonialidade do poder* compreende-se, então, as formas de controle social exercidas sobre e nas sociedades, especialmente as consideradas periféricas: controle de recursos naturais; controle do gênero e da sexualidade; e mesmo o controle das subjetividades e do conhecimento. Ela também abrange tanto o poder exercido de grupos sociais sobre outros grupos quanto, na dimensão macro, os controles ainda existentes sobre nações inteiras. Os fluxos de difusão da produção do conhecimento comprovam a atualidade do termo, desvelando a colonialidade do poder existente no meio científico e acadêmico: raramente um artigo científico produzido e publicado em regiões abaixo do Equador é livre de citações de autores e produções da Europa. De forma contrária, as produções acadêmicas europeias, ou do eixo anglo-saxão, raramente incluem autores periféricos em sua bibliografia. Isso apenas para citar um aspecto mensurável, sendo que há tramas mais complexas e menos evidentes nas formas de controle, de colonialidade.

∴ Modernidade/colonialidade

Uma noção cara ao pensamento latino-americano é o atrelamento da modernidade à colonialidade. O par conceitual empresta a expressão ao próprio nome do Grupo: *Modernidade/Colonialidade*. A compreensão fundamental é a da profunda, intrínseca relação entre modernidade e colonialidade. Uma boa apresentação dessa unicidade é dizer que a colonialidade é a face obscura da modernidade. Tal compreensão pontua e destaca que os processos modernizadores experimentados pela Europa incluíram, deflagraram, alimentaram a colonização – e foram por ela alimentados. A modernidade inaugura o pensamento racial (Quijano, 2005), com operações de diferenciação e hierarquização entre o que seriam as diferentes raças. A América Latina foi o local de aplicação dessas teorias e práticas que, depois, espalharam-se pelo mundo. As teorias raciais são identificadas ainda com a divisão do trabalho, em que claramente os privilégios de funções consideradas mais elevadas e de maior remuneração eram destinados aos brancos. Aos negros restava o trabalho bruto, forçado e não pago.

A temporalidade moderna também é percebida como importante nessa chave colonialidade/modernidade. A percepção linear da passagem do tempo surgiu no pensamento moderno e trouxe a reboque a noção de progresso e as utopias de um futuro idealizado, que nunca se realizou. Para Quijano (2005, p. 121), "os europeus geraram uma nova perspectiva temporal da história e ressituaram os povos colonizados, bem como a suas respectivas histórias e culturas, no passado de uma trajetória histórica cuja culminação era a Europa". Nesse ponto, da compreensão da interrelação entre colonialidade e modernidade, destaca-se que a posição privilegiada da Europa depende da inferiorização de outros povos, territórios, nações.

∴ Geopolítica do conhecimento

Por fim, o conceito sintetizado no termo *geopolítica do conhecimento* constitui importante marco do programa teórico pós-colonial latino-americano. Definido como *colonialidade do saber*, o conceito refere-se diretamente ao eurocentrismo, mas vai além de identificá-lo e denunciá-lo: acusa a concentração da produção do conhecimento como formas atuais de colonização. O grupo ataca a desvalorização das pesquisas e teorias produzidas em outros espaços e/ou por não europeus. Até mesmo dentro do continente europeu é possível identificar uma hierarquia de validação: teorias ibéricas, por exemplo, são menos citadas e reconhecidas do que as produzidas em países como França, Inglaterra, Alemanha e outros considerados centrais.

Contudo, não se trata, adverte Mignolo (2008), de uma simples oposição América Latina/Europa ou, ainda, contrária à Europa e aos Estados Unidos. Trata-se de uma luta pela diversificação dos lugares de produção de conhecimento e de validação dos saberes. Trata-se de uma "oposição deslocada" (Mignolo, 2008, p. 258), contrária, isso sim, a um pensamento único que se quer universal e, portanto, válido para todas as realidades, todas as pessoas dos mais variados contextos e histórias ao redor do mundo. O olhar atento e, portanto, deslocado para o globo demonstra que a exceção é o continente europeu.

∴ O giro decolonial como proposta e posicionamento

Mais do que um conceito, o giro decolonial é um caminho teórico, que envolve prática de pesquisa, adoção de uma perspectiva crítica e posicionamento. Nesse sentido, trata-se, também, de um lugar político. A palavra *giro* estrategicamente compõe a expressão para chamar a atenção ao movimento implicado em tal posicionamento: um movimento de resistência ao par modernidade/colonialidade, por meio da construção e da valorização de teorias que partam de/ refiram-se a e retornem para a realidade de outros lugares, dispersos e diversos, histórica e teoricamente pós-coloniais.

Os conceitos destacados foram criados por pensadores latinos, com base em contexto e realidade latinas. Como vimos, tais pensadores participam desse movimento amplo identificado como *pós-colonialismo*. Tal participação evidencia-se em suas propostas teóricas. Retomamos, aqui, as características identificadas por Sérgio Costa (2006) como as convergências em diferentes origens e contextos pós-coloniais (citadas no início deste Capítulo): abordagem do social, descentramento das narrativas e crítica à modernidade. Percebe-se, então, como os conceitos cunhados na América Latina inserem-se nas preocupações do movimento como um todo.

O pós-colonialismo tornou-se, portanto, um caminho para valorização das teorias do Sul, em referência à história e à herança de pensadores provenientes especialmente de países do Hemisfério Meridional – Sul global. O programa do pós-colonialismo é também uma luta por espaço para que os modos como a cultura, a economia, a política e os processos históricos – o mundo – possam ser interpretados (e recriados) por outros paradigmas, outros olhares e outras epistemes. É um posicionamento teórico-metodológico, bem como político-cultural, pela pluralidade: no ambiente acadêmico global, na vida cotidiana.

Perguntas & respostas

Por que a expressão *pós-colonialismo* pode ser usada tanto para a Índia quanto para os países da América Latina?
A expressão surgiu na Índia e chegou à América Latina devido à afinidade entre as realidades dos autores que a criaram: países marcados pela colonização europeia. O termo *pós-colonialismo* se refere a uma perspectiva teórica que indica relações de poder, o que faz dela uma crítica ao eurocentrismo.

Qual é a principal característica do pensamento pós-colonial? Considera a experiência histórica da colonização como um marco fundador que influencia diretamente as relações sociais, culturais e políticas contemporâneas.

....

Síntese

Neste capítulo, apresentamos os estudos pós-coloniais desde o seu surgimento, como um conjunto teórico periférico advindo do Hemisfério Sul, até a chegada na América Latina. A partir do contato com a produção de intelectuais de outros países do Sul, os pensadores latino-americanos formularam questões próprias, que consideram o contexto da América Meridional. Argumentamos que o florescimento dessa teoria em terreno latino se deve especialmente ao fato de o pós-colonialismo ser mais uma perspectiva teórica do que um fenômeno histórico. Como conjunto teórico, considera a colonização como fundante das configurações sociais, geográficas, políticas e culturais da contemporaneidade.

Apresentamos, então, a formação dessa perspectiva teórica considerando encontros: entre debates sobre os rumos das ex-colônias, no século XIX; entre teorias do Sul e o pós-colonialismo de outras realidades dispersas; entre pensadores latinos erradicados nos Estados Unidos que criaram o Grupo Latino-americano de Estudos Subalternos. Um dos desenvolvimentos desse grupo, que se desintegrou no final da década de 1990, é o Grupo Modernidade/Colonialidade.

A partir dos estudos vinculados ao Grupo Modernidade/Colonialidade, apresentamos três conceitos fortemente presentes no pensamento sociocultural latino-americano e o giro decolonial como proposta de movimento teórico e de posicionamento teórico-político. O quadro a seguir integra a visualização da nacionalidade dos pensadores citados e torna evidente a identidade de teorias do Sul do pós-colonialismo com a indicação de obras relevantes.

Quadro 1.1 – Mapa das teorias do Sul

- **Pioneiros**

País de origem e língua de produção	Nomes e datas	Principal ocupação	Locais de trabalho (predominantemente)
Índia – inglês	Ranajit Guha (1922)	Acadêmica – Historiador	University of Sussex, Reino Unido
Martinica – francês	Aimé Césaire (1913-2008)	Escritor e poeta	Martinica
Tunísia – francês	Albert Memmi (1920-2020)	Escritor e ensaísta (sociologia)	Tunísia e França
Martinica – francês	Franz Fanon (1925-1961)	Psiquiatra, filósofo, escritor	Martinica e França

Fonte: Elaborado com base em Roberts, 2020; Stanford, 2020; US, 2020; Vergès, 2009.

- **Difusão e reelaborações teóricas**

País de origem/ língua de produção	Nomes e datas	Principal ocupação	Local de trabalho (predominantemente)
Índia – inglês	Gayatrick Spivack (1942)	Acadêmica – Teoria Literária	Columbia University – Estados Unidos
Índia – inglês	Homi Bhabha (1949)	Acadêmica – Literatura Inglesa e Americana	Harvard University – Estados Unidos
Palestina – inglês	Edward Said (1935-2003)	Acadêmica – Inglês e literatura comparada	Columbia University – Estados Unidos
Jamaica – inglês	Stuart Hall (1932-2014)	Acadêmica – Teoria Cultural	Birmingham University – Reino Unido

Fonte: Elaborado com base em Columbia University, 2020; Harvard University, 2020; Ruthven, 2003; Morley; Schwarz, 2014; Trimel, 1998; University of Birmingham, 2020.

- **Grupo Colonialidade/Modernidade: latino-americanos***

País de origem/ língua de produção	Nomes e datas	Principal ocupação	Local de trabalho (predominantemente)
Peru – espanhol	Aníbal Quijano (1928-2018)	Acadêmica – Sociologia	Universidad Nacional de San Marcos, Peru
Argentina – espanhol	Enrique Dussel (1934)	Acadêmica – Filosofia	Universidad Nacional Autónoma de México
Argentina – espanhol/ inglês	Walter Mignolo (1941)	Acadêmica – Semiótica	Duke University, Estados Unidos
Colômbia – espanhol	Santiago Castro-Gómez (1958)	Acadêmica – Filosofia	Pontifícia Universidad Javeriana, Colombia
Porto Rico – espanhol/ inglês	Ramón Grosfóguel (1956)	Acadêmica – Sociologia	University of California, Estados Unidos
Venezuela – espanhol	Eduardo Lander (1942)	Acadêmica – Sociologia	Universidad Central de Venezuela

* O grupo é maior do que o citado no quadro. Incluímos diversos pensadores não citados no texto principal para ampliar a informação sobre o grupo.

Fonte: Ballestrin, 2013, p. 98.

Para saber mais!

Para saber mais sobre o pós-colonialismo na prática, assista aos seguintes vídeos:

BALLESTRIN, L. Modernidade/Colonialidade sem imperialidades? **Núcleo de Direitos Humanos Unisinos**, nov. 2013. Disponivel em: <https://www.youtube.com/watch?v=h6e_e272M0k>. Acesso em: 25 ago. 2020.

DUSSEL, E. **E. Dussel explica la teoría: el giro descolonizador.** Entrevista. Disponível em: <https://www.youtube.com/watch?v=ml9F73wlMQE>. Acesso em: 25 ago. 2020.

Questões para revisão

1. O pós-colonialismo é um conjunto de teorias e reflexões científicas que surgiu formalmente na Índia, na década de 1970. A partir da década de 1990, pensadores latino-americanos se identificaram com tal posicionamento e passaram a produzir a partir da perspectiva pós-colonial, com adaptações para o contexto local. Descreva pelo menos dois fatores que contribuíram com a aproximação, identificação e, por fim, apropriação do pós-colonialismo por autores latino-americanos.

2. Assinale a alternativa que cita corretamente o nome e o país de origem de três pensadores considerados fundadores do pensamento pós-colonial:

a) Ranajit Guha, Índia; Franz Fanon, Martinica; Albert Memmi, Tunísia.

b) Ranajit Guha, Índia; Antonio Gramsci, Itália; Gayatrick Spivak, Índia.

c) Gayatrick Spivak, Índia; Edward Said, Palestina; Albert Memmi, Tunísia.

d) Ranaji Guha, Índia; Homi Babba, Índia; Edward Said, Palestina.

3. Sobre a formação de um pensamento pós-colonial latino-americano, leia atentamente as assertivas:

I) Os autores pós-colonialistas da América Latina identificaram-se com a posição crítica do pensamento pós-colonial. A criticidade é dirigida ao pensamento eurocêntrico, que prosseguiria reproduzindo, nas ciências, relações coloniais.

II) Houve um encontro entre as teorias periféricas pós-coloniais de outras regiões do mundo e um conjunto disperso de textos e autores latino-americanos que construíram um pensamento crítico e regional na época das transições de colônias para Estados nacionais modernos, ou seja, quando, de fato, em termos históricos, a América Latina atravessava um momento pós-colonial.

III) As diferenças históricas (a descolonização ocorrida ainda no século XIX e as descolonizações ocorridas já em meados do século XX) e geográficas (América do Sul, Ásia e África) foram desconsideradas pelos teóricos que construíram o *corpus* teórico de um pós-colonialismo latino-americano.

IV) O debate pós-colonial chegou à América Latina via principalmente Estados Unidos, mas também por influência de pensadores residentes na Inglaterra (como Stuart Hall). Assim, na década de 1990, foi criado o Grupo Latino-Americano dos Estudos Subalternos, nos EUA.

Agora, assinale a alternativa correta:

a) São verdadeiras as assertivas I e III.

b) São verdadeiras as assertivas I, II e III.

c) São verdadeiras as assertivas I, II e IV.

d) Todas as assertivas são verdadeiras.

4. O Grupo Modernidade/Colonialidade formou-se no final dos anos 1990 como um desdobramento do Grupo Latino-Americano de Estudos Subalternos. Assinale a alternativa que cita corretamente dois dos principais conceitos desenvolvidos pelo grupo.

a) Modernidade/Colonialidade, que associa os processos modernizadores da Europa com os de colonização nos demais continentes; Debate "pós-pós" – proposta de reconciliação entre as teorias pós-colonialistas e pós-estruturalistas.

b) Geopolítica do conhecimento, uma crítica direta à produção eurocêntrica de conhecimento sobre as ex-colônias; debate "pós-pós" – proposta de reconciliação entre as teorias pós-colonialistas e pós-estruturalistas.

c) Colonialismo repressor, que se refere às opressões geradas pela colonização; modernismo tropicalista.

d) Colonialidade do poder, que relaciona o eurocentrismo aos desenvolvimentos do capitalismo; a noção central de Modernidade/Colonialidade, que associa os processos modernizadores da Europa com os de colonização nos demais continentes.

5. O que é a noção de giro decolonial, desenvolvida pelo grupo de estudos pós-coloniais Latino-americano Modernidade/Colonialidade?

Questões para reflexão

1. Considerando o conteúdo apreendido neste capítulo, reflita sobre como as teorias pós-colonialistas podem contribuir para a compreensão das relações dos grupos afrodescendentes com a sociedade que o Brasil tem construído (ou idealizado). Como os processos de modernização da Europa foram condicionados ao trabalho escravo, por exemplo. Ou, atualmente, como as lutas por direitos revelam relações de poder social e culturalmente estabelecidas.

2. Procure lembrar quando foi a última vez que você viu uma representação do seu país (considerando que você seja de origem brasileira ou de outro país da América do Sul) em um filme de Hollywood. Como o país foi representado? Que aspectos do país foram destacados? O pensamento pós-colonial ajudaria na compreensão a representação construída?

Sobreposições, hibridismos, resistências: história e formação sociocultural na América Latina

Priscila Vieira-Souza

Conteúdos do capítulo:

- Este Capítulo tem por objetivo o questionamento crítico sobre os processos de formação cultural da América Latina, considerando a colonização um marco histórico. Compreende-se cultura como dinâmica social em que se expressam os conflitos, os jogos e abusos de poder, as resistências. Assim, argumentamos que a formação cultural da América Latina resulta em culturas plurais e diversas. Chamamos de *sobreposições* e *hibridismos* os modos como conflitos de dominação e resistência fazem emergir novas configurações socioculturais. Um aspecto fundamental abordado é a questão da memória. Falamos em interdição, como processo de dominação e, portanto, de memória interditada. Os estudos de memória, em que trazemos Michael Pollak (1989;1992) e Maurice Halbwachs (2006), contribuem com a compreensão dos conflitos que se colocam no desenvolvimento da cultura. Apresentamos como memórias de segmentos sociais são enquadradas nas histórias oficiais. O exemplo do ritual de *Corpus Christi* em Cuzco torna o debate teórico evidente e ajuda, também, a levantar questões sobre os temas abordados. Por fim, reafirmamos a pluralidade cultural latino-americana e a ligação dela com os trabalhos tanto de enquadramento quanto de resistência da memória.

Após o estudo deste capítulo, você será capaz de:

1. reconhecer a pluralidade cultural latino-americana;
2. analisar criticamente a formação cultural da América Latina;
3. entender as dinâmicas de dominação e resistência presentes na cultura;
4. compreender as noções de enquadramento da memória e de memória interditada.

2.1
Dominações, resistências, pluralidade

Todo processo de formação cultural se dá com/em conflitos. A cultura é construída na história e a partir dos contextos sociais de cada momento. Na América Latina, os conflitos foram intensos e marcados pela lógica imperialista e pelo mercantilismo europeus, que conduziram às colonizações nas Américas. É comum emergir em nossa mente palavras ligadas a doenças, guerras, violência, brutalidade e escravidão quando falamos em colonização na América Latina. Não há dúvida de que houve abundância de tudo isso.

A historiografia mais recente, no entanto, tem apresentado versões mais complexas dos eventos. Algumas versões são, inclusive, acusadas de amenizar a virulência da dominação nas Américas. Os resultados, contudo, impedem amenidades: povos inteiros exterminados, com suas culturas, línguas, costumes, religiões. A famosa narrativa do frade dominicano Bartolomeu de Las Casas (1997), *Brevíssima relação da destruição das Índias*, publicada em 1552, foi recebida, na época, como exagerada. Mas o texto ainda é considerado importante documento sobre as práticas dos colonizadores, o primeiro a desmontar qualquer romantismo sobre o domínio no Novo Mundo e mesmo a denunciar o extermínio dos nativos. Não há consenso entre historiadores e demógrafos, mas a estimativa é que entre 50% e 80% da população indígena da América do Sul tenha sido exterminada após o contato com os europeus (boa parte por causa de doenças, mas também em guerras e conflitos)[1]. A narrativa estima que, na ilha de Hispaniola[2], a população nativa foi reduzida de 400 para 200 mil em poucas décadas.

Por outro lado, narrativas que apenas vitimizam os colonizados contribuem para argumentos de dependência e incapacidade. Por isso, propomos a reflexão sobre a formação cultural da américa latina a partir de **sobreposições, hibridismos, sincretismos**: formas que reconhecem processos de dominação sem eliminar as resistências; reconhece que não se trata de uma única cultura,

---

1   Pesquisa publicada em 2016 reforça a hipótese do extermínio de etnias inteiras. Veja a reportagem, com menção a pesquisas variadas sobre o tema, em Domínguez (2016).

2   Atualmente chamada *Ilha de São Domingos*, uma das maiores da Antilhas. Seu território divide-se nos países da República Dominicana e do Haiti (WDL, 2020a, 2020b)

mestiça – termo tantas vezes utilizado para definir – e reduzir – as sociedades latinas. Portanto, propomos explorar a América Latina em sua pluralidade cultural, forjada em lutas, conflitos, disputas de poder que ganharam variadas formas, inclusive de violência, guerras e guerrilhas. E é exatamente dos conflitos que emergem os hibridismos. Preferimos o uso de um termo que aponte para formações de origens múltiplas em vez de reforçar a valorização da mestiçagem, que pode impor um olhar único: como se fosse uma única conformação, que é misturada. Isso porque compreendemos que parte da população latina possui identidades cultural e etnicamente mistas; compreendemos também que o discurso da "mistura" alimenta a estratégia de anulação da diversidade. Muitas vezes, vemos alguém assumir a ancestralidade indígena. Mas que indígena? São muitas etnias e normalmente nem mesmo a pessoa e os ancestrais ainda próximos dela sabem dizer a origem étnica específica: trata-se de uma memória interditada (como veremos adiante).

Portanto, houve e há muita desigualdade nas condições de luta e nos resultados. O que rejeitamos é a história de uma formação cultural monolítica, com um único vencedor e alguns perdedores. Há, nessa história, muitas perdas, as quais ocorreram com resistências – e das resistências emergiram a pluralidade cultural que melhor caracteriza a formação cultural latino-americana.

Preste atenção!

....

Omnisciencia é um mural do artista José Orozco, pintado em 1925. A figura integra a tradição muralista mexicana e aborda hibridizaçãoes e sobreposições que ocorreram entre as religiões ameríndias e o cristianismo que as substituiu na América Latina. Em sua autobiografia, publicada em 1945, Orozco afirmou: "nós não sabemos ainda quem somos, como se fôssemos pessoas que perderam a memória" (Lumbreras apud. Orozco, 2010, p.269)

Figura 2.1 – *Omnisciencia*, 1925, por José Clemente Orozco (1883-1949)

John Mitchell/Alamy/Fotoarena

Fragmento do mural *Omnisciencia*, localizado na *Casa de los Azulejos*, esquina da rua Francisco I. Centro histórica, Cidade do México.

....

2.2
Marcas da colonização: interdições e culturas plurais diversas

A América Latina traz em seu corpo cultural e histórico as cicatrizes da colonização. Consideramos a colonização um marco fundador, embora recusemos as perspectivas de que esse seria o início da história das Américas. Esse fato histórico, assombroso sob vários aspectos, marca os encontros, os desencontros e os conflitos que inserem o território que hoje chamamos *latino-americano* no plano global – que, sim, é eurocêntrico[3] (o Capítulo 1 discute aportes teóricos sobre essa questão). Como vimos na Apresentação deste livro, o próprio termo que aqui adotamos, *América Latina*, traz as marcas dos processos colonizadores, iniciados no século XVI.

Do que havia antes desse marco, sobraram ruínas, línguas, etnias e objetos que lutam pela sobrevivência histórica, contra a terrível lógica da invisibilidade. Nessa luta, negociam e renegociam; transformam-se. Cultura não se preserva no formol. Cultura implica dinamismo. Lutar é necessário, e garantias de igualdade, de atribuir o mesmo peso aos diferentes instrumentos de batalha, seriam fundamentais para negociações justas. Mas a negação da atualidade dos nativos, da permanência dos negros, de suas culturas, a insistência em manter dezenas, centenas de etnias em um passado imaginário relega pessoas, povos inteiros, a mais profunda invisibilidade. São marcas ainda da colonização, da maneira como nós, sul-americanos, construímos nossas identidades nas tensões da nossa história.

· · · · ·

3   O Capítulo 1 discute aportes teóricos sobre essa questão.

Por isso argumentamos, neste capítulo, que as culturas latino-americanas são formadas por sobreposições e hibridismos que revelam processos tanto de dominação quanto de resistência. Iniciamos falando em cicatrizes, porque a ferida é antiga e pouco relembrada. É comum que a memória da opressão, do momento em que a ferida se abriu, seja interditada. A interdição da memória é um processo complexo, que normalmente envolve relações de poder e conflitos com resultados dolorosos. Dentre vários aspectos dessa história, escolhemos apontar dois motivos que incidem nas culturas latino-americanas e ajudam a entender a interdição.

O primeiro está ligado aos interesses das elites, dos que detêm privilégios de poder: recordar as origens da opressão acontece simultaneamente ao reconhecimento dos oprimidos. Reconhecer-se como oprimido sugere a busca pela reversão dos processos que levaram a tal situação; sugere a luta por reparação; sugere, portanto, embates e conflitos políticos e sociais. Por um lado, quem usufrui de privilégios estabelecidos por meio da opressão usa de tal posição para evitar que determinados aspectos da história sejam acessados pelos subalternizados. Por outro lado, compreender-se e seguir para a busca, a luta e o conflito tem custos altos, especialmente para os grupos sociais que já estão em condições subalternas e, geralmente, privados de instrumentos que facilitariam a reflexão e a ação (instrução formal de qualidade, meios de comunicação, posições relevantes no espaço público e outras "ferramentas" de/para incidência político-social).

Para falar do segundo motivo da interdição, vamos analisar uma suposta anedota. Embora particularmente haja motivos para não rir dessa estorinha, justificamos a narrativa com uma percepção do reconhecido pensador, pioneiro na reflexão sobre as tecnologias da comunicação, Marshal McLuhan. Em um de seus ensaios, ele inicia pela narração de uma piada e, em seguida, argumenta que as piadas são excelentes revelações dos conflitos sociais. Então, contaremos uma piada, reveladora, que emerge de quando em quando no contexto de eventos internacionais que reúnem acadêmicos europeus e latinos, especialmente se questões sobre colonização tensionam nos auditórios. Desse modo, em corredores e momentos de descontração, surge alguém com a suposta anedota:

> Em um evento, um espanhol e um colombiano conversavam (a nacionalidade pode ser alterada para qualquer outra, latina, que seja mais conveniente no contexto). Eles debatiam pacificamente os efeitos da colonização, os traços de subalternização cultural e econômica da América Latina. O espanhol concordava, mas com tom irônico. Cansado da postura do colega, o colombiano finalmente encara o interlocutor e diz:
> – Isso tudo porque seus avós um dia pegaram um navio e foram para lá.
> O espanhol deixa os sinais de ironia crescerem em suas expressões e responde:
> – Não, senhor. Os meus avós ficaram na Espanha, por isso eu sou espanhol; foram os **seus** avós que atravessaram o Atlântico.

A anedota nos traz duas revelações: uma política e uma identitária. A primeira diz respeito à postura de, na melhor das hipóteses, despreocupação com as questões coloniais presente nas políticas e cultura dos países que foram colonizadores. Dizemos "na melhor das hipóteses" porque, em geral, um conjunto de estereótipos e predisposições nas práticas de políticas econômicas e nas representações de nações que um dia foram território colonizado mostra o quanto a mentalidade colonizadora ainda é forte. A revelação identitária que a anedota traz, no entanto, é das mais pesadas sobre nós, latinos. É profundamente desconfortável pensar sobre ela e é nesse sentido que a colonização pode ser compreendida como trauma social, como dor: nos casos em que ela envolveu estratégias de mestiçagem, lembrar a opressão é reconhecer-se como opressor e oprimido – simultaneamente, sob a mesma pele.

Por que, então, trazer a noção de *memória interditada* para abordar a história da América Latina? Usamos essa expressão porque *interdição* não é o mesmo que *esquecimento*. A interdição pode ser compreendida como um desvio: em vez de uma pessoa ou um grupo social recordar, em uma construção linear ou evidente, de um conjunto de acontecimentos, operam-se outros processos. Ou seja, na impossibilidade estrutural, social e política de definir a origem das feridas, as marcas são elaboradas socioculturalmente por meio de operações complexas de substituição, hibridização, negação de uma ou outra das múltiplas origens, valorização da mestiçagem, dentre outras.

∴ Memória, interdição e esquecimento: o passado colorido pelo presente

A memória é processo social de reconstrução do passado. O texto do francês Maurice Halbwachs (2006), publicado no Brasil sob o títutlo *A memória coletiva*, é considerado um marco para os estudos de memória. Citamos o título propositalmente, como forma de já apresentar o argumento: além de ser reconstrução, a memória é coletiva, social. As lembranças individuais são construídas **em relação** – a outras pessoas, informações, contexto, imagens e outros elementos. Assumir esse pressuposto, do aspecto coletivo, é fundamental para a compreensão da diferença entre *interdição* e *esquecimento*.

A interdição, assim como a própria memória, é mais uma imposição social do que uma decisão pessoal. Evidentemente, diferentes indivíduos reagem de forma diversa às opressões sofridas. Do ponto de vista da memória, alguns decidem falar, expor, elaborar; outros preferem omitir, silenciar; outros ainda interditam as próprias recordações. Tais interdições relacionam-se com os processos de **enquadramento da memória** (Pollak, 1989; 1992). Para o pensador austríaco Michael Pollak (1992, p. 206), existe um esforço de grupos sociais para o enquadramento, a que ele chama "trabalho de enquadramento da memória".

A memória nacional é o grande exemplo de enquadramento. Toda instituição tende a realizar esse trabalho em prol de elaborar e enquadrar memórias, como forma de reforço identitário, unificação e engajamento dos envolvidos. O trabalho institucional de enquadramento da memória também é fundamental para forjar uma sensação de coerência histórica, uma forma de narrar o passado que conduz inevitavelmente ao presente e prosseguirá para um futuro de sucesso. Consolidados no século da história, o século XIX, os Estados nacionais trabalharam e prosseguem trabalhando a memória.

No Brasil, por exemplo, conflitos, revoluções, guerras, mortes e assassinatos foram omitidos na tentativa de criar uma memória nacional que embasasse o ideal de que o brasileiro possui caráter "pacífico", "cordial". Uma vez que o Brasil se estabeleceu sob a égide (e a meta) de ser "o país do futuro", o passado é sempre algo de menor importância e que deve, necessariamente, apontar para o futuro glorioso. Assim, vozes dissonantes dos ideais de cordialidade e pacificidade foram forçosamente omitidas, interditadas, pelas políticas nacionais de memória. A educação formal é um importante instrumento do Estado para o enquadramento da memória nacional. A unificação dos conteúdos dos ensinos fundamental e médio, por exemplo, garante que todos os cidadãos tenham uma base comum sobre a história do país. Assim, materiais didáticos e direcionamentos ao financiamento de pesquisas históricas – ou a ausência deles – são ferramentas que operam o trabalho de memória.

A mídia é outro instrumento poderoso na construção de memórias[4]. O Estado influencia diretamente a grande mídia por meio de propagandas estatais e de injeção de recursos, como o pagamento de espaços para anúncios, assim como para editais, diários oficiais e outros. A mídia também recebe influências de grupos sociais com

4   Ver Capítulo 6.

poder econômico e político para exercer direcionamentos de abordagens e conteúdo. Antes da interpretação e da abordagem dos fatos, a mídia tem o poder de agenda, ou seja, de definir o que estará em pauta socialmente; que temas serão discutidos – e, portanto, lembrados – e quais serão esquecidos. Além disso, não é raro que elites com poder econômico utilizem a influência sobre políticas públicas e outras estratégias, como investimentos em publicações, museus, exposições. Há, também, grupos que se valem de recursos escusos, no limiar da legalidade ou mesmo criminosos, para influir sobre os enquadramentos político-sociais, como destruição de documentos, pressão sobre pessoas, e, em casos extremos, até mesmo assassinatos[5].

Uma vez que há uma memória oficial definida, todo o resto é automaticamente ameaçador. A interdição então, é realizada como forma de construção e manutenção da memória oficial. As vozes consoantes são bem-vindas e adentram o enquadramento proposto. As demais são sempre minimizadas, sabotadas (especialmente na divulgação), questionadas. Quando é impossível omiti-las, ainda há a estratégia da apropriação, o reenquadramento da memória conflitante em relação à história oficial. As vozes dissonantes são as **memórias subterrâneas,** que têm na história oral seu principal recurso de sobrevivência (Pollak, 1989).

Tanto o trabalho de enquadramento quanto as lutas pela sobrevivência das memórias subterrâneas acontecem diariamente, sem que sejam percebidos. Eles estão presentes no cotidiano escolar, nas

---

5   Veja os casos do Relatório Figueiredo e do assassinato de Marielle Franco, discutidos no Capítulo 6.

narrativas que os professores apresentam aos alunos em formação, no modo como esses professores questionam ou não as narrativas dos livros didáticos; ou, por outro lado, quando os alunos são expostos a narrativas pessoais implicadas em fatos sociais relevantes (um fundador da cidade, um participante de um conflito nacional ou regional e assim por diante). Nesse último caso, as memórias subterrâneas podem ser acionadas quando a narrativa pessoal difere do enquadramento oficial proposto.

Essa narrativa divergente não se trata de uma diferença isolada. Vale reafirmar: a memória sempre é uma construção coletiva, como ensina o clássico de Halbwachs (2006). Para melhor compreender as relações entre narrativas pessoais e a memória coletiva, o autor apresenta a noção de **quadros sociais de memória**. Isso quer dizer que, embora contraponham-se ao enquadramento oficial, as narrativas divergentes que compõem a memória subterrânea associam-se a algum (outro) quadro social.

Tal processo fica mais claro em um exemplo. A Comissão Nacional da Verdade recolocou no Brasil uma questão de enquadramento de memória. A anistia de crimes políticos impôs uma versão da história que omite fatos que tocam histórias pessoais, fatos socialmente relevantes, opressões e injustiças[6]. A Comissão Nacional da Verdade procurou desassociar efeitos jurídicos do chamado *direito à verdade* para pesquisar e garantir novas construções da memória.

· · · · ·

6   A anistia como praticada no Brasil não foi condicionada, a princípio, ao esclarecimento dos crimes anistiados (como na África do Sul, por exemplo). Por isso, ela foi uma interdição de memória, que a instituição da Comissão da Verdade procurou remediar. Veja mais detalhes no Capítulo 6.

Memória é, então, sempre, reconstrução do passado, e não evocação. Essa elaboração tem um ponto de partida fixo: o presente. A memória não é uma viagem no tempo para trás, que anula as experiências vividas entre aquilo que é lembrado e o momento em que a lembrança é narrada. Ela é coletiva, pois o grupo social é o elemento impulsionador dos movimentos de (re)construção do passado. Outra característica fundamental da memória é seu dinamismo: ela se modifica, molda-se a uma miríade de variáveis e não pode ser cristalizada, por isso mesmo está sempre em disputa.

E a disputa da memória e, especialmente, o trabalho dos enquadramentos oficiais geram a interdição. A memória é interditada nunca por opção voluntária dos que decidem não falar. É sempre por alguma forma de opressão coercitiva, por vezes ostensiva, por vezes sutil. A interdição prolongada conduz grupos sociais inteiros aos riscos de esquecimento e deformação da memória. Já o silêncio em si pode ser uma opção e deve ser, também, um direito. Da mesma forma como lembrar e narrar deve ser um direito, a decisão individual de calar deve ser respeitada. É uma forma escolhida por quem decide silenciar ao lidar com fatos dolorosos. Mas, convém reforçar: decidir voluntariamente silenciar não é o mesmo que ter medo de falar, de ter a memória interditada por pressões e coerções. Nas palavras de Pollak (1989, p. 13), "na ausência de toda possibilidade de se fazer compreender, o silêncio sobre si próprio – diferente do esquecimento – pode mesmo ser uma condição necessária presumida ou real para a manutenção da comunicação com o meio ambiente". Em termos de lembrar ou narrar e silenciar, o que é válido para o indivíduo é válido também para a relação entre um grupo social determinado e a sociedade ampla.

Mesmo sendo um direito, o silêncio coloca memórias relevantes para as construções identitárias em risco de esquecimento definitivo. O risco é ainda maior para grupos minoritários, que possuem recursos escassos nas disputas por memória. Além do esquecimento, outro risco presente nos embates pelo passado é a deformação: "por 'deformação' compreende-se a apropriação dessas memórias, de forma a colocá-las em quadros preestabelecidos, ou seja, enquadrá-las, em vez de questionar os enquadramentos dados" (Vieira-Souza; De Matos, 2013, p. 178). Para outro autor, importante nos estudos de memória, Tzvetan Todorov (2000), qualquer deformação, a negação do direito de lembrar, a interdição são formas de abuso da memória.

A história de escravidão na América Latina gerou diversas deformações de memória e, portanto, de narrativas do passado. Um exemplo emergiu na argumentação em torno da polêmica sobre o uso de turbantes tipicamente afros por pessoas brancas[7]. Membros de movimentos negros teceram respostas com diversos argumentos, falando sobre apropriação cultural e procurando mostrar o quanto os "brancos podem" enquanto os negros não usufruem das mesmas liberdades. E emergiu, então, um argumento de memória, que se revela na comparação com os modos como brasileiros lidam com outras etnias que compõem o complexo caldo sociocultural nacional. Quando uma pessoa come massa – pizza, macarrão, lasanha – sabe que é um alimento de origem italiana. É comum a expressão:

---

7   A partir de um fato, em que uma garota branca usando um turbante foi abordada por negras solicitando que ela retirasse o adorno, as redes sociais e a grande mídia fomentaram o debate sobre racismo. Sobre esse fato e debate, ver: Oliveira, 2017; Mena, 2017.

"a influência italiana em São Paulo". Quando, no sul do país, uma pessoa come pirogue, sabe que se trata de um prato típico polonês. Mas tratamos a feijoada como um símbolo nacional. A mesma lógica operou na polêmica em torno do uso do turbante, nos argumentos que procuraram localizar o adereço como elemento universal de vestuário. Essa apropriação nacional de elementos da cultura afro é um exemplo de enquadramento de memória: ao tornar um traço étnico um símbolo nacional ou mero adereço, deforma-se a história própria daquela etnia; é mesmo uma forma de inviabilizar segmentos sociais da memória da sociedade e, portanto, da história do país. O enquadramento, nesse caso, anula a particularidade do traço cultural ao dilui-lo no todo, no universal – nesse caso, no nacional.

Portanto, mais uma vez, o exemplo que vimos evidencia: o passado é sempre e constantemente uma reconstrução a partir do presente. Por isso o texto de Pollak evoca essa figura do colorido, dizendo que o presente é o que colore, ou seja, o que define o passado. No exemplo, as lutas por memória afro no Brasil são processos de deslocamento dos enquadramentos de memória oficialmente propostos, ou melhor, impostos à nação. O trabalho de enquadramento da memória oficial atua constantemente na sociedade e exclui, por meio do esquecimento e da interdição, outras elaborações do passado. Assim, evidencia-se a importância da revisitação das memórias constituídas e do questionamento delas por meio de memórias subterrâneas.

Perguntas & respostas

Qual a diferença entre interdição da memória e esquecimento?
A interdição da memória é sempre forçada, ocorre por meio de coerções. Já o esquecimento é um mecanismo de autoproteção para amenizar lembranças dolorosas. Ambos servem tanto para processos individuais quanto coletivos.

2.3
Sobreposições, hibridismos: resistências e estratégias de (re)elaborações do interditado

Até este ponto deste capítulo, apresentamos inicialmente informações sobre os processos de colonização da América Latina como profundas cicatrizes que compõem a formação cultural do continente. Em seguida, apresentamos a noção de interdição, dois de seus principais motivos e discutimos, utilizando a perspectiva da elaboração de memórias, como e porque essa interdição acontece. A partir desse conhecimento, agora passamos a outra etapa: a compreensão de alguns processos de resistência à interdição imposta.

O principal pressuposto, que deve estar claro para a apreensão das noções de sobreposição e hibridismos, é o de que a cultura, a memória e a história são dinâmicas. Novos fatos, perspectivas teóricas e descobertas científicas alteram as percepções do passado – mudam os tons e a paleta com que os sujeitos colorem, no presente, a memória. Por isso mesmo, retomamos aqui: o passado é uma constante disputa que, por envolver as estratégias de esquecimento e interdição, não é socialmente percebida. E, nesses conflitos, emergem as memórias subterrâneas.

Os autores dos estudos de memória citados, Halbwachs (2006), Pollak (1989; 1992) e Todorov (2000), referem-se prioritariamente a discursos, narrativas escritas e faladas. Contudo, existem outras formas de narrativas e elaborações históricas, como as imagens e os rituais – um campo riquíssimo para percebermos o que propomos chamar de *sobreposições* e *hibridismos*, que se dão em jogos de opressão e resistência.

A sobreposição é uma estratégia de interdição, em geral, com vistas ao esquecimento. Pensando em memória, trata-se da imposição de um elemento oficial sobre algo que existia anteriormente e se contrapunha ao enquadramento desejado, ameaçava de alguma forma as formas instituídas de poder. Os rituais são lugares propícios para captar essas sobreposições, porque o ato em si de sobreposição ritualística é, antes mesmo de virar história, mnemônico. Rituais são eventos de memória, evocam passado, criam sentido no presente, projetam-se para o futuro. São uma abstenção do espaço-tempo comum para a evocação de uma abertura de encontro de diferentes temporalidades.

∴ O ritual de *Corpus Christi* em Cuzco

Um exemplo torna tudo isso mais palpável e fácil de compreender. Vamos, então, à história. O lugar é o Peru e o tempo é o da colonização espanhola. O historiador Keneth Mills (1999) estuda as origens do ritual cristão do *Corpus Christi* no Cuzco colonial e percebe uma verdadeira campanha realizada pelos espanhóis a fim de localizar e extirpar práticas consideradas idólatras. O clero católico avaliava que o cristianismo se limitava à superfície da vida andina e que tinha falhado em aprofundar raízes. A acusação de idolatria, nesse contexto, referia-se a qualquer coisa que não se encaixasse na ortodoxia cristã (Morgan, 2005).

Pela defesa da ortodoxia, então, o Estado colonial espanhol forjou uma substituição: o cristianismo mapeou o catolicismo colonial sobre a religião precursora indígena. Um marco dessa estratégia é a celebração de *Corpus Christi* no solstício de verão, recolocando o rito cristão no lugar da divindade solar Inca. Ao criar essa substituição por meio da subordinação, com o rito de *Corpus Christi*, o clero católico preservou um sentido pré-cristão. E isso ainda permitiu à nobreza Inca reassegurar o próprio lugar na hierarquia nativa dos sujeitos coloniais[8], apresentando o resultado de uma negociação, já que, de alguma forma, a celebração continuaria a acontecer. Houve uma negociação, com maior perda, obviamente, para a cultura nativa, mas, ainda assim, uma reminiscência. O ritual prosseguiu ocorrendo, na mesma data – uma memória do ritual interditado –, e ainda assim se tratava de uma estratégia de enquadramento da memória nativa na história que o colonizador desejava construir (Mills, 1999; Morgan, 2005; Dean, 1999; Gruzinski, 2001).

Outra estratégia dos espanhóis foi a escolha dos lugares para construções: diversos templos foram edificados no mesmo lugar,

• • • • •

8   Outra referência sobre essa questão: Dean, 1999.

ou muito próximos, dos lugares considerados sagrados pelos andinos – como substitutos. Uma clara tentativa de **sobreposição** da religião europeia à religião andina (Mills, 1999; Morgan, 2005; Dean, 1999; Gruzinski, 2001)

A questão é que a sobreposição, no caso andino, ocorreu porque os espanhóis tiveram de assumir uma derrota parcial: o cristianismo era superficial, não alcançava os corações dos nativos. Embora a sobreposição vise o esquecimento, é comum que o resultado seja mais o hibridismo do que a adoção completa do elemento sobreposto. Assim, o historiador Mills (1999) se nega a contar uma história colonial de pura opressão. Ao contrário, busca evidências que permitem perceber resistência, falhas das autoridades cristãs em eliminar a religião precursora e o desenvolvimento de práticas sincréticas. Mills (1999) destaca a tenacidade e a flexibilidade da religião andina diante dos perseguidores. Desse modo, esse historiador retrata a religião como um conjunto complexo de práticas e relações sociais que incluem as experiências: dos que buscam proteção, fecundidade e conforto nas próprias tradições; daqueles que entrelaçam essas tradições com os modos do novo Deus dos colonizadores; dos que conscientemente rejeitam o novo em favor da renovada experiência do antigo; e daqueles que poderiam convencer seus acusadores coloniais a abandonarem a própria fé que procuravam impor e aceitarem as práticas híbridas. Em outras palavras, o exemplo da religião revela que os processos de dominação se dão com resistência, sobrevivências e conflitos (Mills, 1999; Morgan, 2005).

Por isso, a sobreposição acaba deixando as brechas para a resistência, e o mais comum é que o resultado seja a adoção de hibridismos. No caso do exemplo, um ritual cristão foi sobreposto a um ritual mais antigo. Os novos sentidos da religião que se implantava conviviam, hibridizavam, fundiam-se aos sentidos mais antigos, às memórias e tradições que conduziam os nativos à celebração do solstício. Uma estratégia de dominação, sem dúvida. Também um instrumento de resistência. A memória dos rituais antigos estava interditada pelos colonizadores. Criou-se, então, um novo ritual. O ritual interditado foi reelaborado e transformado em outra coisa. A resistência muitas vezes se dá dessa forma e, no território latino-americano, sobram exemplos de interdições que conduziram a hibridismos, sincretismos. Tentativas não completamente bem-sucedidas de imposição do esquecimento; ou um esquecimento das diferentes origens e a ritualização do novo.

Perguntas & respostas

O que é hibridismo na cultura?

Chamamos de *sobreposições* e *hibridismos* os modos como conflitos de dominação e resistência fazem surgir novas configurações socioculturais. Ele ocorre geralmente pela fusão de dois elementos de culturas diferentes.

2.4
Reafirmando: pluralidade e memória

Reafirmamos que a formação cultural latino-americana carrega as marcas históricas da colonização. Os conflitos, as dominações e as resistências geraram efeitos desastrosos, como a extinção de povos inteiros, além de elementos híbridos e traços que permanecem. Segundo o relatório da Organização das Nações Unidas (ONU), *Povos indígenas na América Latina: progressos da última década e desafios para garantir seus direitos*, de 2014 (Brasil, 2014b), a região possui cerca de 45 milhões de nativos, que representam 8% da população total. Essa população indígena divide-se em 826 comunidades. Estima-se, ainda, que são faladas cerca de 500 diferentes línguas na América do Sul. Por isso, apresentar alguns traços como símbolo de toda a região seria um processo de exclusão.

Contudo, essa diversidade é constantemente ameaçada por agendas políticas e econômicas, que negam direitos às minorias; pela própria mídia, que apresenta nativos normalmente no lugar do exótico e por meio de estereótipos. Comportamento semelhante se dá em relação à população negra. O resgate de memória e a abertura para outras narrativas, além dos enquadramentos oficiais, são fundamentais para a afirmação e a preservação da pluralidade.

Luz, câmera, reflexão!

A colonização das Américas foi retratada diversas vezes no cinema. Duas versões bem produzidas cinematograficamente e interessantes para a reflexão são as seguintes:

> 1492: a conquista do paraíso. Direção: Ridley Scott. França: Magnus Opus, 1992. 154 min.
>
> CARAMURU: a invenção do Brasil. Direção: Guel Arraes. Brasil: Columbia Tristar Films of Brasil, 2001. 88 min.
>
> Lembre-se! São filmes de ficção. Algumas perguntas interessantes quando assistimos obras cinematográficas sobre eventos históricos são: Que versão da história o filme valida/critica? Que tipo de narrativa ele constrói sobre o fato histórico? Já sabemos, o passado é sempre visto e (re)construído a partir do presente.

Síntese

Este capítulo teve como argumentos centrais os seguintes: 1) embora rejeitemos aceitar a colonização como a origem histórica da América Latina, apresentamos esse fato como um marco definidor; 2) a formação cultural latino-americana se deu por meio de conflitos, dominação e resistência que geraram perdas desastrosas (extinção de etnias, povos, línguas e outros elementos) e marcaram a cultura com hibridismos, sincretismos, sobreposições. Também é fundamento no desenvolvimento do texto, embora de modo subterrâneo, que cultura, história e política são dimensões aglutinadas. A história política necessariamente deixará marcas na cultura de uma região.

Para uma melhor compreensão do que chamamos de *sobreposição*, trouxemos os estudos de memória. Essa segunda parte do capítulo apresentou noções como a de construção coletiva da memória, reafirmando que a memória é sempre em relação a um grupo, a outras pessoas, a determinada época e a outros elementos. Diferenciamos *interdição* de **esquecimento**, colocando este último elemento como um direito daqueles que não conseguem lidar com lembranças bastante dolorosas. A interdição, no entanto, é sempre forçada, por meio de coerções. Em geral, as interdições são mantidas para o sucesso do trabalho de enquadramento da memória e formação de uma história oficial.

Assim, memórias divergentes da narrativa oficial podem ser ameaçadoras e geram reações coercitivas. Por isso, as memórias subterrâneas, periféricas, contrárias, são normalmente acessadas por meio da história oral. No caso de eventos muito distantes no passado, reinterpretações de documentos e narrativas, com retorno a originais, também são meios de reconstrução de memórias. Destacamos, sobre a questão da memória, que se trata, sempre, de construção do passado (nunca de "evocação"), e que o passado é lido e (re)construído a partir do presente.

Por fim, retomamos a questão da sobreposição, mostrando como a cultura latino-americana é o resultado de reescritas e de resistências a essas inscrições. Assim, reafirmamos a pluralidade cultural latino-americana, trazendo dados sobre a diversidade existente.

Questões para revisão

1. Discorra sobre a interdição da memória, seus processos e efeitos na formação cultural.

2. Analise as afirmações a seguir, sobre a noção de enquadramento da memória do pensador austríaco Michael Pollak (1989, 1992):

I) Para Pollak, existe um "trabalho de enquadramento da memória", realizado por instituições a fim de forjar identidades e uma coerência histórica.

II) A memória nacional é o grande exemplo de enquadramento da memória. Os Estados formatam uma memória oficial, que contribui com a unificação nacional.

III) O trabalho de resgate de memórias alternativas e contraditórias à memória oficial é normalmente realizado por meio da história oral.

IV) Uma vez que existe uma memória oficial, as memórias subterrâneas que a contradizem são tidas como perigosas, ameaçadoras.

Agora, assinale a alternativa correta:

a) Todas as afirmações são verdadeiras.

b) Todas as afirmações são falsas.

c) As afirmações I e II são verdadeiras.

d) As afirmações II e II são verdadeiras.

3. Quais são alguns dos instrumentos de formação da memória oficial dos países?

4. Sobre a operação de sobreposição de elementos culturais religiosos no caso do ritual de *Corpus Christi* em Cuzco, Peru, analise as afirmações a seguir.

I) O clero católico espanhol percebeu que a adesão dos nativos ao cristianismo era superficial e que, para os colonizadores, os nativos prosseguiam "idólatras".

II) O cristianismo colonial foi sobreposto às religiões dos nativos por meio do rito de *Corpus Christi* e da construção de igrejas cristãs em cima de lugares considerados sagrados pelos nativos.

III) O clero espanhol instituiu o ritual cristão de *Corpus Christi* no solstício de verão, que era a data de celebração da divindade solar Inca.

IV) As sobreposições culturais, como a do caso estudado, resultam necessariamente em dominação, sem brechas para negociações.

Agora, assinale a alternativa correta:

a) As afirmações I e II são verdadeiras.

b) As afirmações II e III são verdadeiras.

c) As afirmações I, II e III são verdadeiras.

d) Todas as afirmativas são verdadeiras.

5. Sobre a formação étnico-cultural da América Latina, assinale a alternativa correta:

a) Na América Latina, o espanhol, ou casteliano, é a língua falada sem exceção por toda a população.

b) A invisibilidade é benéfica para a preservação de etnias minoritárias, já que o isolamento impede que minorias sofram influências da cultura dominante.

c) A língua não é um fator importante, já que apenas 8% da população pode ser considerada bilíngue.

d) A região possui cerca de 45 milhões de nativos em 826 comunidades, sendo que são faladas cerca de 500 diferentes línguas em toda a América do Sul.

Questões para reflexão

1. As sobreposições continuaram ocorrendo na modernidade e prosseguem sendo uma estratégia de dominação. Já no século XXI, a derrubada pelo Talebã de antigas estátuas de Buda, no Afeganistão, gerou debates sobre religião e cultura e reações até mesmo da ONU. Relembre os principais fatos do caso na matéria a seguir:

   BEHZAD, N.; QARIZADAH, D. O homem que explodiu estátuas históricas para o Talebã. **BBC**, 14 mar. 2015. Disponível em: <https://www.bbc.com/portuguese/noticias/2015/03/150312_budas_taleba_pai>. Acesso em: 21 dez. 2019.

   Como as questões de interdição de memória e sobreposição expostas neste capítulo contribuem com a compreensão desse fato?

2. Antes da leitura deste capítulo, você fazia ideia da grande quantidade de línguas faladas na América do Sul? Pelo texto lido, você pôde compreender melhor como a invisibilidade dessas culturas é estratégica para o trabalho de enquadramento de memória nacional, fazendo com que os próprios cidadãos percebam o país como tendo uma única língua (ou, no máximo, mais algumas poucas línguas nativas). Reafirmar a pluralidade cultural do país no dia a dia pode contribuir com a preservação

dessas culturas? Quando, por exemplo, em uma conversa com um estrangeiro, ele perguntar que língua é falada no Brasil, o que seria correto responder?

3. Escolha um país da América do Sul ou um estado brasileiro e pesquise quantas línguas são faladas nesse território.

Parte 02

Um continente entre dois oceanos: as relações políticas e econômicas na formação da América Latina

Marcus V. A. B. de Matos

Conteúdos do capítulo:

- Este capítulo examina três aspectos importantes sobre a América Latina. Em primeiro lugar, observa as relações políticas, econômicas e culturais, construídas na história, entre o Brasil e os países da América Latina. Segundo, observa como essas dinâmicas se transformaram nos últimos dois séculos e como as divergências em torno do conceito de *pan-americanismo* protagonizaram disputas e ações políticas entre os países da América Hispânica, os Estados Unidos da América (EUA) e o Brasil. Em terceiro, busca traçar algumas observações sobre as peculiaridades e os grandes desafios políticos e econômicos que se colocaram para a região durante o século XX. Trata-se de um século no qual ocorreram duas guerras mundiais e uma Guerra Fria. Tal cenário alterou profundamente as concepções do que é a América Latina, de como ela se compreende internamente, bem como as posições e os interesses latino-americanos no cenário internacional.

Após o estudo deste capítulo, você será capaz de:

1. entender a origem, as implicações culturais e as delimitações econômicas do termo *América Latina*;
2. compreender como se desenvolveu a concepção geopolítica do conceito de *América Latina* e suas diferenças para os continentes da América do Norte e da América do Sul;
3. explicar as mudanças mais importantes na relação do Brasil com os chamados *países latino-americanos* ao longo dos séculos XIX e XX;
4. compreender as tensões nas relações históricas entre os países latino-americanos, os EUA, a Europa e a extinta URSS (União das Repúblicas Socialistas Soviéticas).

3.1
O encontro de muitas águas: o Brasil e o conceito de América Latina

Este capítulo propõe examinar aspectos importantes sobre a América Latina. Em primeiro lugar, analisa as relações históricas entre o Brasil e a América Latina. Em segundo, observa como essas dinâmicas se transformaram nos últimos dois séculos, lançando novos desafios políticos, econômicos e culturais sobre a região – a América Latina em geral, e a América do Sul, em particular – durante o século XX. Para enfrentar a dificuldade de abordar, em um mesmo texto, os problemas distintos de uma região tão grande e navegar por um espaço temporal tão amplo, vamos nos valer de uma vasta gama de autores e disciplinas.

A pesquisa bibliográfica para a elaboração deste capítulo se desenvolveu, então, buscando a contribuição de diferentes autores dos seguintes campos do conhecimento: relações internacionais, história, economia, ciência política e letras (português e espanhol). Dentre esses campos, destacamos três pela relevância que apresentam, expressa na quantidade de citações de suas obras neste capítulo. Em primeiro lugar, baseamos o conteúdo fortemente nos textos do historiador inglês e brasilianista Leslie Bethell, certamente a maior influência na estrutura deste capítulo. Tiveram também grande destaque neste texto a profunda pesquisa documental do jornalista brasileiro Elio Gaspari, talvez um dos maiores especialistas na documentação relativa às ditaduras brasileiras do século XX, e a clássica obra *As veias abertas da América Latina*, do escritor uruguaio Eduardo Galeano (1997, 2010).

Segundo Leslie Bethell (2010a), a ideia de "América Latina" surgiu com certo atraso em relação aos processos de independências dos países da América Espanhola e do Brasil. Passados mais de um século dessas lutas, nem os intelectuais, nem os governos da "América Espanhola" consideravam o Brasil como parte da América Latina. Do outro lado, os intelectuais e o governo brasileiro se preocupavam pouco com seus vizinhos, e muito mais com a Europa e, após a proclamação da República, em 1889, com os EUA. A exceção seriam os interesses brasileiros sobre a região da bacia do Rio da Prata, próximo à região da tríplice fronteira entre Brasil, Paraguai e Argentina. Esse quadro apenas se transformou, argumenta Bethell (2010a), após a Guerra Fria, quando o mundo e os EUA passaram a tratar o Brasil como parte integrante da América Latina. E, novamente, quando o Brasil, pela primeira vez, e já ao final do século XX, buscou construir uma política de integração regional – mas, dessa vez, com a América do Sul.

Em ensaio situado entre a história das ideias e a história das relações internacionais, esse autor sustenta que a origem da expressão *América Latina* pode ter sido o projeto imperial francês. Embora a afirmação não seja imune a controvérsias, o conceito teria sido utilizado, pela primeira vez, por intelectuais franceses para justificar a intervenção da França no México em 1861, sob o Império de Napoleão III. Nesse conceito, estaria implícito uma ideia de "povos latinos", em oposição à influência e à dominação "Anglo-Saxã" no continente. Essa ideia teria sido ressignificada por intelectuais da América Espanhola independente, que, entre 1850-1860, sustentaram a ideia – originalmente de Simon Bolívar, mas notabilizada por Andrés Bello – de uma consciência e identidade latino-americana, em oposição aos EUA, que constituiriam "outra" América (Bethell, 2010a).

Mas é preciso situar, na crítica, que essa primeira ideia de "América Latina" servia ao propósito das elites "brancas", pós--coloniais, e enfatizava os aspectos e as raízes comuns entre a hispano-América e a Europa. Leslie Bethell, em nota de rodapé, destaca a pesquisa de Walter Mignolo (2005), para quem a noção de *América*

Latina funcionava com o objetivo de separar essas elites das massas indígenas, mestiças e negras da região. Essa ideia, então, convergia para os propósitos de colonização de povoamento europeia, promovida por vários países da América do Sul no século XIX, e com uma contraparte nefasta: as políticas de branqueamento e extermínio da população negra, conforme será discutido nos Capítulos 5 e 6 deste livro.

Na Argentina, essa última interpretação de "América Latina", capitaneada pelos interesses econômicos e políticos das elites locais, compostas pela população branca e descendente de europeus, teria tido influência e força consideráveis. Escritores, políticos liberais e intelectuais argentinos da metade do século XIX – como Esteban Echeverría (1805-1851), Juan Bautista Alberdi (1810-1884) e Domingo Faustino Sarmiento (1811-1888) – fortaleceram a ideia de que seu país constituía a personificação da civilização europeia no coração de uma América Espanhola predominantemente bárbara e atrasada. Esses escritores, da autoproclamada *Geração de 37*, eram influenciados majoritariamente por ideias francesas, inglesas e norte-americanas e acreditavam que a Argentina tinha potencial para se tornar "os Estados Unidos da América do Sul". Os EUA, para tais autores, era um modelo superior e universal, que deveria ser seguido por todos os países (Bethell, 2010a).

Esse posicionamento dos intelectuais Argentinos, de certa forma, refletia a chamada *Doutrina Monroe*, proclamada pelo Presidente dos EUA, James Monroe, ao Congresso daquele país, em 1823. Ela pode ser considerada um alerta dos EUA aos países europeus, posicionando-se de modo que "qualquer incursão no hemisfério oeste será considerada como uma ameaça à paz e segurança dos EUA", afinal, países como Inglaterra, França, Espanha, e mesmo Rússia, tinham interesse declarado "nas terras, no trabalho e nas matérias primas" da América Latina (Livingstone, 2009, p. 11, tradução nossa). Mas, "se na época, o discurso do Presidente Monroe foi essencialmente uma fala defensiva, isolacionista, como entrou para a história, posteriormente, ele viria a ser usado para justificar a intervenção dos EUA na América Latina" (Livingstone, 2009, p. 11, tradução nossa). No entanto, vale lembrar, até esse período, a própria ideia do significado de *América Latina* ainda estava em disputa, ainda carecia de definição.

Há ainda outro fato importante para o qual Bethell (2010a) chama atenção: praticamente nenhum autor hispano-americano que utilizou no passado a expressão *América Latina* tinha a intenção de incluir o Brasil como parte dela. América Latina era apenas mais um nome para a América Espanhola. Do lado do Brasil, aponta Bethell (2010a), escritores e intelectuais do século XIX tinham plena consciência dos fatores que os separavam da hispano-América. Embora a religião católica fosse um legado comum da colonização ibérica, havia inúmeras diferenças entre o Brasil e os demais países de colonização ibérica no continente americano: a história de Portugal – e sua luta para permanecer independente da Espanha –, a geografia, a economia e a sociedade brasileiras (baseadas fortemente na monocultura agroexportadora e na escravidão africana) e, acima de tudo, as diferenças de língua, cultura e instituições. O Brasil era, afinal, um império, a única monarquia das Américas, e se considerava relativamente estável e pacificamente civilizado

– em oposição aos seus vizinhos, considerados repúblicas violentas, extremamente instáveis e bárbaras.

Preste atenção!

Um grande esforço para batizar a América Latina tomou curso ainda no século XIX. Simon Bolívar, em 1824, convidou todos os países do continente, menos os EUA, o Haiti e o Brasil, para discutir os "problemas americanos". Havia nesse esforço de articulação política uma concepção de que a América Latina significava, na verdade, a antiga América Espanhola. Esse talvez tenha sido o sentido original do *pan-americanismo*, termo que foi usado em sucessivas tentativas frustradas de criar uma confederação americana. Essa articulação representava um incômodo, talvez até uma ameaça, aos interesses do Império Brasileiro (Bethell, 2010a).

Se o **Império do Brasil** era um entrave a qualquer integração com seus vizinhos, foi o movimento Republicano no Brasil quem deu um passo adiante, afastando-se da hispano-América e se aproximando dos EUA. O Manifesto Republicano de 1870 buscava superar o isolamento político e cultural brasileiro em relação à América Espanhola, mas também aproximar o Brasil dos EUA (Bethell, 2010a). A célebre frase do manifesto, "**Somos da América e queremos ser Americanos**" (Bocaiúva; Marinho, 1870, grifo do original), vinha seguida de um ataque frontal à monarquia brasileira: "A nossa forma de governo é, em sua essência e em sua prática, antinômica e hostil ao direito e aos interesses dos Estados americanos" (Bocaiúva; Marinho, 1870).

Figura 3.1 – Capa do Jornal *A República*, de 3 de dezembro de 1870, contendo o Manifesto Republicano

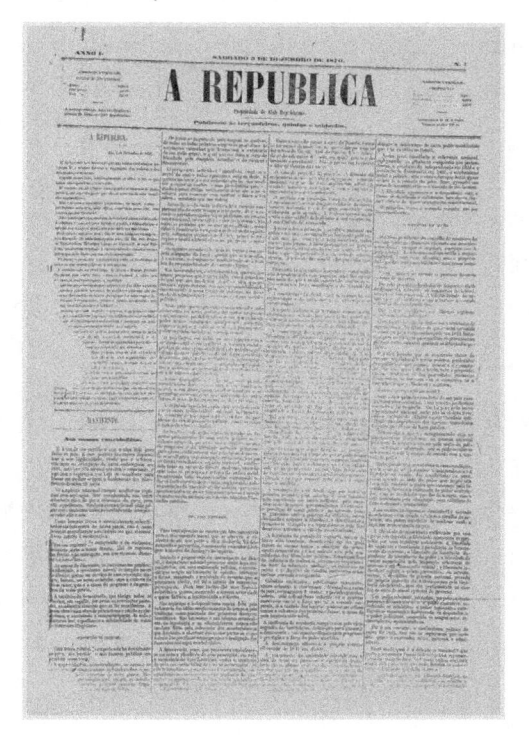

A República, Rio de Janeiro, ano I, n. 1, 3 dez. 1870. Propriedade do Clube Republicano.

A Proclamação da República, no Brasil – que passaria a se chamar *Estados Unidos do Brazil* –, seria um passo nesse sentido, uma aproximação política tímida em relação aos países vizinhos da hispano-América, e um passo largo em direção aos EUA. A consolidação dessa posição, no entanto, levaria tempo e passaria pelo sucesso e pelo fracasso de diversas articulações internacionais que tentaram, de alguma forma, propor um caminho para a integração do continente americano. A seguir, iremos observar como a ideia de *pan-americanismo* fez parte desse processo.

Perguntas & respostas

O Brasil sempre fez parte da América Latina?

Não. O conceito de *América Latina* foi disputado e ressignificado para atender a diferentes interesses geopolíticos e econômicos dos países da região.

A Segunda Guerra Mundial teve algum efeito no continente americano?

Sim, ela redefiniu os alinhamentos políticos e as ideologias predominantes no continente americano no curso do conflito armado.

3.2
As primeiras disputas pelo pan-americanismo

Se a ideia de América Latina não era completamente aceita, definida, e muito menos consensual, quando surgiu, o mesmo ocorreu com o conceito de pan-americanismo – desde cedo, alvo de disputas e projetos políticos antagônicos ou em competição (Vasconcelos,

1989). A primeira tentativa de estabelecer um acordo político sobre "problemas americanos" foi idealizada por Simon Bolívar, que organizou um Congresso no Panamá e convidou representantes de todos os governos do continente, com exceção dos EUA e do Brasil – que acabou sendo convidado posteriormente. O Congresso do Panamá, realizado entre junho e julho de 1826, não alcançou a maioria dos objetivos iniciais. As reuniões seguintes, realizadas em 1847, 1856, 1864 e, finalmente, em 1883, também não foram bem-sucedidas. Os governos brasileiros durante o Segundo Reinado (da Regência até D. Pedro II) não apoiavam o projeto de identidade e unidade interamericana. O Brasil se voltava para o Oceano Atlântico e mantinha suas relações comerciais e políticas com a Grã-Bretanha, além de relações culturais com França e Portugal. Além disso, o país não se sentia ameaçado pelos EUA como a maioria de seus vizinhos.

Segundo Bethell (2010a, p. 463-465, tradução nossa), durante esse mesmo período, os EUA começaram a promover a ideia de pan-americanismo, enfatizando os laços geográficos e históricos do continente americano, bem como as "ideias Americanas de republicanismo, liberdade e democracia [sic]". Os EUA tinham três novos objetivos para sua política externa, defendidos na primeira "Conferência Internacional de Estados Americanos" (também chamadas Conferências Pan-Americanas, realizadas em Washington, em outubro de 1889). Em primeiro lugar, institucionalizar a ideia de que o hemisfério ocidental, as Américas, era um continente totalmente separado da Europa. Em segundo lugar, promover o comércio e o investimento estadunidense em toda a região, para criar e fortalecer estruturas políticas mais previsíveis no continente. Por fim, assegurar sua própria liderança pacificamente no continente, fazendo frente a quaisquer ambições imperialistas europeias – que passariam a ser concorrentes a seus esforços. Segundo Bethell (2010a), os governos da América Hispânica, na época, teriam reagido a essas mudanças de interesses dos EUA com uma grande dose de desconfiança.

Com a Proclamação da República no Brasil, em 1889, o país passou a desenvolver laços e relações ainda maiores com os EUA e se tornou um dos grandes apoiadores dessa versão do pan-americanismo. O país manteve, no entanto, relações próximas com a Grã-Bretanha e com a Alemanha[1] – lembrando aqui os projetos de migração europeia, discutidos no Capítulo 6. Segundo Bethell (2010a), os intelectuais brasileiros da época viam o Brasil e os EUA caminhando lado a lado, como os "dois gigantes", ainda que desiguais entre si, mas líderes do continente. Ambos tinham semelhanças: nas suas grandezas territoriais; nos seus domínios de recursos naturais; e no seu potencial de crescimento econômico. Ambos eram, além disso, democracias mais "estáveis" e, portanto, diferentes da "América Espanhola", da "América Latina" (Bethell, 2010a, p. 465, tradução nossa).

Mas, paradoxalmente, a Proclamação da República no Brasil iria afetar essa leitura que os intelectuais brasileiros faziam da sua posição na América Latina – ou melhor, fora dela. A queda do império aproximou o Brasil da instabilidade política, antes considerada como um elemento típico apenas da América Hispânica. Joaquim

- - - - -

1   Lembrando aqui os projetos de migração europeia, que serão discutidos no Capítulo 6.

Nabuco (influente político brasileiro da época e ativo defensor da abolição da escravidão no país), por exemplo, teria passado a ver o Brasil como parte de um continente em estado permanente de ebulição, desgoverno e anarquia (Bethell, 2010b).

Essa "americanização" da política externa brasileira, liderada primeiramente pelo Barão do Rio Branco (Ministro das Relações Exteriores entre 1902 e 1912) e, posteriormente, por Joaquim Nabuco (Embaixador Brasileiro em Washington, de 1905 a 1910), teria criado novas barreiras para a integração do Brasil com os países vizinhos. Mesmo com a abolição da escravatura e a queda do Império Brasileiro, poucos intelectuais hispano-americanos demonstravam interesse real no Brasil. (Bethell, 2010a, p. 467).

Do outro lado, intelectuais brasileiros da época mantinham posições ambíguas em relação aos EUA e ao pan-americanismo. Aqueles que hostilizavam ambos, viam na América Espanhola uma oportunidade de colaboração, solidariedade e resistência aos interesses dos EUA na região. Em geral, porém, viam as repúblicas da América Hispânica com reservas, de maneira negativa, com pouco ou nenhum interesse nos conceitos de "América Latina", "Nuestra América" ou "Iberoamérica" (Bethell, 2010a, p. 470, tradução nossa). A oposição mais forte ao pan-americanismo liderado pelos EUA veio de um intelectual brasileiro monarquista: Eduardo Prado.

Curiosidade!

....

Em 1898, os EUA enviaram um navio para proteger cidadãos estadunidenses que residiam em Cuba, devido à guerra de independência que este país travava com a Espanha. A partir desse momento, os norte-americanos entraram na guerra contra a Espanha, ajudando a independência de Cuba, e perceberam ali uma oportunidade de anexar países ao seu território e expandir sua influência na região, construindo um "Império Americano". Na sequência, os EUA viriam a tomar e anexar os território de Porto Rico e diversas ilhas no Oceâno Pacífico, dentre elas o Havaí. A seguinte charge publicada na época demonstra a literalidade da política externa do "grande porrete" (*Big Stick*) que aquele país passou a adotar nas relações internacionais com os países latino americanos.

Figura 3.2 – Theodore Roosevelt and his Big Stick in the Caribbean, 1904

ROGERS, William Allen. **Theodore Roosevelt and his Big Stick in the Caribbean.** 1904.

A oposição de Eduardo Prado, membro fundador da Academia Brasileira de Letras (ABL), à República e ao pan-americanismo, foi ferrenha e aberta. Ela assegurou o exílio do brasileiro, assim como a censura do livro mais famoso dele, *A ilusão americana*, em três momentos da história brasileira: 1) na Primeira República; 2) no Estado Novo; e 3) na Ditadura Militar de 1964. O discurso de Prado contra o Governo Provisório, instalado após a derrubada da monarquia, ecoaria retumbantemente na história:

> O governo absoluto exercido por oito indivíduos não é a República, que quer dizer, o governo de todos. Alcunhem esta organização de república quanto quiserem; a palavra não corresponderá de modo algum à realidade. Este governo absoluto, que não foi eleito pela nação, tem nome na ciência desde o tempo de Aristóteles, e esse nome é: Tirania. (Prado, 2015, p. 201-202)

Em *A ilusão americana*, Prado (1917, p. 57) expôs seu desgosto e desprezo pela adoção da República e dos moldes políticos dos EUA, no Brasil e nos outros países da América Latina:

> As idéas liberaes do seculo, consagradas nas instituições coevas da independencia acharam uma base historica em que se firmaram. E isto deu ao Brazil setenta annos de liberdade. Mais tarde, foi em 1889 commettido no Brazil o mesmo grande erro em que os hispano-americanos tinham caído no primeiro quarto do seculo [sic], isto é, quando artificialmente se quis impor ao Brazil a formula norte-americana.

O sentido do pan-americanismo, no entanto, permaneceu em disputa por muito tempo no continente americano e foi, por diversas vezes, contraditório e mesmo paradoxal. Millery Polyné (2010) aponta alguns desses sentidos, destacando a importância do pan-americanismo para a população, especialmente nos movimentos sob a liderança de Frederich Douglass. O pan-americanismo teria servido de base material e ideológica nas lutas da população afrodescendente dos EUA, por duas razões. Em primeiro lugar, ele permitiu formar uma rede articulada entre afrodescendentes, povos indígenas, e mestiços: os povos "não brancos" do continente americano. Em segundo lugar, ele reafirmava a lealdade e o patriotismo da população negra dos EUA (sempre sob suspeição) ao seu país e sua política internacional. Douglass, segundo Polyné (2010), teria apoiado as políticas expansionistas do Partido Republicano para a América Latina e o Caribe, incluindo a expansão comercial e, até mesmo, a anexação de países – como ocorreu com a República Dominicana em 1870. Em troca, Douglass, teria conquistado posições imponentes na diplomacia dos EUA: primeiro como Secretário e, posteriormente, como Embaixador para o Haiti.

Foi exatamente no ano de 1904 que a maneira de se relacionar dos EUA com os outros países do continente se alterou. Trata-se do chamado "corolário Roosevelt à Doutrina Monroe" (Minella, 2013, p. 64), uma nova proposta de política externa elaborada pelo Presidente Theodore Roosevelt e externada ao Congresso dos EUA naquele ano. Essa proposta deixava clara uma ressignificação da Doutrina Monroe e transparecia nela um "discurso civilizacional" que se considerava autojustificado (Minella, 2013, p. 64).

Minella (2013) apresenta uma tradução desse discurso, que transcrevemos aqui:

A incapacidade permanente e o comportamento errôneo constante de um governo, cuja consequência seja a dissolução generalizada dos vínculos que formam toda sociedade civilizada, requer, na América como em qualquer outro lugar, a intervenção de uma nação que possua esse caráter; o fato de que, no âmbito do hemisfério ocidental, os Estados Unidos se sintam comprometidos com isso pela Doutrina Monroe, poderia obrigá-lo, ainda que contra sua vontade, a exercer o papel de polícia do continente naqueles casos flagrantes de incapacidade ou comportamento irresponsável. (Roosevelt, 1904, citado por Minella, 2013, p. 64)

As tensões entre o conceito de pan-americanismo e a ideia de América Latina, entretanto, não se encerraram no século XIX e no início do século XX, e viriam a tomar novos contornos a partir da Primeira Guerra Mundial, como veremos a seguir.

Importante!

O continente americano – incluindo no conceito a América do Norte, a América Central e o Caribe, além da América do Sul – teve como identidade histórica a colonização europeia, o massacre (ou genocídio) de populações nativas e a diáspora seguida de escravidão de populações africanas. Essas três marcas foram profundas e, em diferentes graus, levaram às guerras de independência dos países do continente, realizadas entre os séculos XVIII e XIX. Dessas guerras emergiram três grandes blocos de estados: 1) a federação que viria a formar os Estados Unidos da América; 2) as repúblicas que compunham a América Espanhola; e 3) o Império do Brasil – a única monarquia no continente. Os primeiros, os EUA, viriam a se tornar os protagonistas na política continental e a economia mais poderosa da região.

A primeira proposta de integração política do continente, liderada pelos EUA, ficou conhecida como *Doutrina Monroe*. Formulada pelo Presidente James Monroe, em 1823, ela serviu para frear os interesses imperialistas europeus no continente e fazer frente a intervenções militares desses países. Foi resumida como "A América é para os americanos". Essa proposta sofreu uma alteração em 1904, chamada de *Corolário Roosevelt* à Doutrina Monroe. Nela, o Presidente Theodore Roosevelt afirmava que, se necessário – aos interesses dele de garantir a ordem no continente –, os EUA poderiam se utilizar de um poder de polícia internacional para intervir nos países da América Latina. No entanto, nenhuma dessas duas políticas teve impacto sobre o Brasil, à época, considerado um caso à parte na política externa dos EUA.

3.3
As guerras, as ideologias e as veias latino-americanas

A explosão da Primeira Guerra Mundial provocou mudanças significativas nas relações entre os países da América Latina. Embora o continente não tenha experimentado as mazelas da guerra de maneira intensa e dramática como na Europa – com alta mortandade da população civil, transformação de fronteiras e extinção de países, como será discutido nos Capítulos 5 e 6 –, os alinhamentos políticos da Guerra aprofundaram fissuras e laços de aliança no continente. Bethell (2010a) destaca que o Brasil foi o único país do continente que seguiu a orientação dos EUA e declarou guerra à Alemanha, em 1917 – em contraste com a neutralidade declarada de México, Venezuela, Colômbia, Chile e Argentina. Como consequência, o Brasil obteve o apoio dos EUA e foi eleito como membro não permanente do Conselho da Liga das Nações. Após o término do mandato, em 1926, o país teria fortalecido ainda mais seus laços com os EUA, que, a essa altura, havia substituído a Grã-Bretanha na posição de principal parceiro comercial brasileiro e investidor estrangeiro. Essa relação comercial, no entanto, se resumia, do ponto de vista brasileiro, a importar bens industrializados dos EUA e exportar café em troca.

De fato, os elementos pós-coloniais das economias latino-americanas dificultavam a escolha de parceiros comerciais. A rejeição dos EUA, por exemplo, em prol de parceiros comerciais europeus não se mostrava como uma opção atrativa. Eduardo Galeano (1997, p. 143) destaca que, às vésperas da Primeira Guerra Mundial, dois terços do Produto Interno Bruto (PIB) do Chile provinha da exportação bruta de nitrato: "O Chile funcionava como um apêndice da economia britânica: era o maior fornecedor de fertilizantes para o mercado europeu, mas não tinha direito a uma vida própria". Em pouco tempo, a ciência alemã iria desenvolver um processo de obtenção de nitrato do ar, que viria a ter mais impacto para a economia chilena do que a guerra, lançando o país numa crise de proporções estrondosas.

Preste atenção!

Figura 3.3 – A Revolução Mexicana

POSADA, José Guadalupe. **Apoiadores de Emiliano Zapata atacam um trem, em cena da Revolução Mexicana.** c. 1911. Gravura sobre metal, 8,5 × 15,5 cm. Presente de Jean Charlot, 1930. The Metropolitan Museum of Art, Nova York (US).

Um dos episódios mais marcantes do século XX na América Latina foi, sem dúvida, a Revolução Mexicana. Trata-se de um conflito armado, de abrangência nacional naquele país e que durou mais de uma década, de 1910-1930. O conflito pode ser classificado como a primeira grande revolução social do século XX e suas causas foram semelhantes àquelas de diversos outros conflitos latino-americanos que ocorreram no continente. A imagem aqui em destaque retrata um dos ataques dos apoiadores do revolucionário Emiliano Zapata a um trem, que teria ocorrido em 1911.

Para saber mais!

Para saber mais sobre a Revolução Mexicana, consulte os seguintes materiais:

VILLA, M. A. **A Revolução Mexicana**: 1910-1940. São Paulo: Ática, 1993.

BUCHENAU, J. Latin American History: The Mexican Revolution – 1910-1940. **Oxford Research Encyclopedias**, set. 2015. Disponível em: <http://oxfordre.com/latinamericanhistory/view/10.1093/acrefore/9780199366439.001.0001/acrefore-9780199366439-e-21>. Acesso em: 25 ago. 2020.

Luz, câmera, reflexão!

Sobre a Revolução Mexicana, assista, e discuta com seus colegas e professores, o filme *E estrelando Pancho Villa*, de 2003, dirigido por Bruce Beresford e estrelado por Antonio Banderas. Trata-se de um filme de ação, histórico e biográfico, que retrata uma interessante característica da revolução mexicana: a presença de câmeras de vídeo que filmaram os revolucionários e suas ações, com sua permissão.

E ESTRELANDO Pancho Villa. Direção: Bruce Beresford. EUA: Warner Home Vídeo Ltda, 2003. 112 min.

Galeano (2010) aponta ainda para a similaridade das economias latino-americanas do período, relembrando que, no momento exatamente posterior ao término da Primeira Guerra Mundial, São Paulo destruiu o processo de arrendamento de terras que permitia o cultivo independente do café, fortalecendo o modelo concentrador de terras nas mãos de poucos proprietários. Essa medida iria agravar ainda mais a situação de populações inteiras de trabalhadores rurais, que se tornariam itinerantes e, posteriormente, viriam a integrar as fileiras de operários e favelados empurrados para as cidades pelo êxodo rural no país:

> a virtual abolição do sistema que permitia aos trabalhadores das plantações cultivar alimentos por conta própria. Agora, só podem fazê-lo em troca de valores que pagam trabalhando sem receber. Além disso, o latifundiário conta com colonos

contratados que têm permissão para plantar e em troca têm de iniciar novos cafezais. Quatro anos depois, quando os grãos amarelos colorem a plantação, a terra já multiplicou seu valor e chega para o colono a hora de ser mandado embora. (Galeano, 2010, p. 292)

O período entre guerras foi desafiador para os países da América Latina. A abolição dos antigos Impérios (Turco-Otomano, Britânico, Austro-Húngaro etc) levou à remodelação dos Estados Nacionais europeus, criando novos movimentos políticos e contribuindo com a crise dos refugiados[2]. Para os países da América Latina, a reconstrução europeia levou a concentração de investimentos internacionais para o Velho Continente, fazendo que os países latino-americanos tivessem de procurar novas ideias, recursos e – até mesmo – identidades. Na Europa, esse foi um momento de novos experimentos ideológicos, que originaram movimentos políticos totalitários. Dentre os mais famosos, e que viriam a ter influência sobre a América Latina e o Brasil, podemos citar o comunismo, pela "esquerda", e o fascismo e o nazismo, pela "direita". Embora os três possam ser considerados movimentos totalitários e possuam alguma semelhança nesse sentido, os valores defendidos no núcleo de cada movimento eram distintos (Arendt, 2009).

Na América Latina e no Brasil, os intelectuais do período entre as duas guerras mundiais também se interessaram em discutir a formação das suas identidades nacionais. No Brasil, o tema comum

---

2   Conforme será discutido no Capítulo 5.

de muitas obras influentes do período foi a procura pelas "raízes" brasileiras, uma busca na qual a ideia de um Brasil formado por indígenas, europeus e negros, a tese da miscigenação como origem, ganharia muita força.

Preste atenção!
....

Como exemplo dessas mudanças econômicas e políticas, na ideia que os pensadores brasileiros tinham do seu próprio país, é interessante observar os textos originais daquilo que viria a se tornar, no campo da sociologia, o chamado *pensamento social brasileiro*. Bethell (2010a) destaca os seguintes livros sobre o período: as obras *Evolução do povo brasileiro* (São Paulo, 1923) e *Raça e assimilação* (São Paulo, 1932), de José Francisco de Oliveira Viana; *O Brasil na história* (São Paulo e Rio de Janeiro, 1930) e *O Brasil nação: realidade da soberania brasileira* (2 volumes, Rio de Janeiro, 1931), de Manoel Bomfim; o clássico *Casa grande e senzala* (Rio de Janeiro, 1933) e *Sobrados e mucambos* (São Paulo, 1936), de Gilberto Freyre; o influente *As raízes do Brasil* (Rio de Janeiro, 1936), de Sérgio Buarque de Holanda; e finalmente, *Evolução política do Brasil* (São Paulo, 1933) e *Formação do Brasil contemporâneo: colônia* (São Paulo, 1942), de Caio Prado Júnior
....

No Brasil, o governo de Getúlio Vargas, durante o Estado Novo, vinculou vários desses intelectuais ao Estado para promover uma "identidade nacional". Em parte isso foi resultado do trabalho de concentração de poderes sob a figura do Ministro Gustavo Capanema, que concentrava as pastas de Educação, Saúde Pública e Cultura

(Bethell, 2010a). Essa busca acabou por gerar um projeto nacionalista que viria a ter muito mais afinidade com os países do Eixo
(Alemanha, Itália e Japão), e com os projetos fascistas e nazista, do
que com o liberalismo dos EUA ou da Europa, que combatia a expansão alemã[3]. Somado ao contexto do incentivo à imigração europeia
e as políticas de **branqueamento** do Império brasileiro no século
anterior, o Brasil poderia passar a ser, de fato, uma zona de influência
das potências do Eixo, em oposição aos EUA. O real impacto político e social do nazismo no Brasil, associado a uma cultura racista
do século XIX, é ainda uma tarefa inacabada na historiografia, mas
com evidências a cada dia mais fortes – como demonstra a recente
pesquisa de Sidney Aguilar Filho, que despertou interesse internacional (Zobel, 2014).

Embora essa mudança nas afinidades e nos alinhamentos brasileiros sejam pouco evidentes nas análises da intelectualidade da
época, ela toma contornos mais claros quando examinamos os posicionamentos e a biografia dos líderes políticos, militares políticos
e militares da alta cúpula do Governo Vargas. Afinal, a Revolução
de 1930, que levara Vargas ao poder, dividiu-se entre os ideais do
fascismo, do comunismo e do nazismo. Em primeiro lugar, figura o
General Eurico Gaspar Dutra, ministro de Vargas e, posteriormente,
Presidente do Brasil em 1946. Segundo Gaspari (2003, p. 117), Dutra
teria sido fortemente simpático ao nazismo, chegando a comemorar

• • • • •

3   Durante o período que levou à Segunda Guerra Mundial, os países que entraram
     em conflito se dividiram entre a aliança do Eixo e os Aliados (Inglaterra, França,
     Rússia e EUA). Veja mais em: USA (2020b). Essa discussão será feita em detalhes
     no Capítulo 5.

"a queda de Paris" diante das tropas alemãs. Em situação semelhante, é possível citar os nomes de Álcio Souto, "simpatizante ostensivo da Alemanha nazista" (Gaspari, 2003, p. 46); Filinto Muller, que teve laços e possivelmente treinamento na Alemanha (FGV, 2020); e Marcio de Souza Melo, que havia sido integralista (Gaspari, 2002a). Os integrantes dessas forças, simpáticos aos ideais fascistas e nazistas, teriam passado incólumes desses processos políticos e da própria Segunda Guerra Mundial, vindo a se consolidar no poder na ditadura de 1964:

> Quem olhasse a hierarquia da ditadura no início de 1946 veria poucas mudanças nos palanques. Em ocasiões especiais, podia-se notar o sumiço, nas casacas e uniformes, das condecorações distribuídas pelos embaixadores da Alemanha e da Itália. Na Europa a associação com o Eixo custara à extrema direita a vida (quando foi para as trincheiras), a fortuna (quando a depositou no projeto guerreiro) ou a credibilidade (quando tornou pública a sua posição). No Brasil, nada disso. (Gaspari, 2003, p. 115-116)

Fique Atento!

A última mudança de perspectiva dos EUA para a integração do continente ocorreu no final da década de 1920, após a Conferência Pan-Americana de 1928, em Havana, onde ficou claro o grande descontentamento da maioria dos Estados representados com a política intervencionista dos EUA. Para reverter esse quadro e expandir seu comércio e investimento para a América do Sul, os EUA adotaram a chamada *política da boa vizinhança*, formulada pelo Presidente Franklin D. Roosevelt, em 1933, e incluindo como vizinhos os países da América do Sul e o Brasil (Bethell, 2010a).

Embora boa parte da historiografia contemporânea considere que as relações dos EUA com os países da América Latina tenha se consolidado por meio da política da boa vizinhança, inaugurada pelo Presidente Franklin Roosevelt em meados da década de 1930, essa política propunha, de certa forma, a diferenciação entre os parâmetros adotados pelos EUA em relação aos países da América Central e os da América do Sul. Se a intervenção militar estadunidense nos países da América Central já não era mais necessária porque a força dos EUA se fazia consolidada, ao mesmo tempo, na América do Sul, as intervenções militares diretas se mostrariam custosas e difíceis. A solução adotada pelos EUA foi apoiar ditadores na América Central e as elites dos países da América do Sul. A Segunda Guerra Mundial proveria os EUA com a oportunidade perfeita para estender sua influência sobre a América do Sul, oferecendo aos países treinamento militar e armamentos, além de parcerias para o uso de portos e aeroportos, além da formação de alianças políticas que durariam até o período da Guerra Fria (Livingstone, 2009, p. 8-9, tradução nossa).

Contudo, em alguns momentos, a posição dos EUA em relação aos países da América do Sul teve que se dar de maneira mais enérgica. Bethell (2010a, p. 477) afirma que os EUA observaram com temor, ao final da década de 1930, a ascensão dos poderes dos países do Eixo, em particular da Alemanha, sobre a Argentina, o Chile e, acima de tudo, sobre o Brasil. O autor destaca a mudança na estratégia política e econômica dos EUA para a região, agora concentrada em ganhar "as mentes e os corações latino-americanos, através do cinema, rádio, música e da palavra impressa" (Bethell, 2010a, p. 477, tradução nossa). Essa estratégia teria sido consolidada por meio de uma retomada da ênfase na solidariedade pan-americana ou interamericana, como proposta de unidade do continente em torno da democracia, e contra a ameaça fascista. Para execução dessa proposta, foi criada a "Coordination of Commerce and Cultural Relations between the American Republics", depois remodelada como "Office for Coordinator Inter-American Affairs", a OCIAA (Bethell, 2010a, p. 477).

No caso brasileiro, no entanto, foi preciso uma atitude mais dura dos EUA para combater a influência do Eixo na política nacional e, principalmente, nas forças armadas do país. A situação da política internacional brasileira estava partida. O governo de Getúlio Vargas enfrentava problemas à esquerda, com a tentativa de tomada do poder pelos comunistas em 1935; mas também à direita, quando a Ação Integralista Brasileira (AIB) tomou a frente das formulações políticas do Estado Novo, promovendo manifestações a favor da Alemanha no país, inclusive brandindo bandeiras nazistas. Para complementar esse quadro, o embaixador da Alemanha no Brasil declarou que a AIB era parte do Terceiro Reich e requeriu tratamento especial ao grupo, além de apoio aos seus líderes por parte do governo alemão. Vargas, temendo a repressão direta dos EUA, teria, então, se afastado da AIB e banido o partido da legalidade política brasileira em 1938 (Penteado, 2006).

De fato, embora a doutrina do Estado Novo aproximasse o país do Eixo, a ameaça de invasão dos EUA ao Brasil balançou Getúlio Vargas. A afiliação dúbia do Brasil o tornou um território "em disputa" entre Alemanha e EUA, até que Vargas, diante da seriedade das ameaças dos EUA, trocou de lado em definitivo – para desgosto de muitos dos seus pares militares. Os EUA chegaram, inclusive, a ameaçar claramente o ministro da guerra brasileiro, falando em "invasão americana" para que o Brasil rompesse de vez os laços políticos, econômicos e, principalmente, militares com a Alemanha:

> Em maio de 1940, assustado com informes ingleses que previam um ataque alemão ao Brasil, o presidente Franklin Roosevelt autorizara o esboço de um cenário que viria a se chamar *Operação Pote de Ouro*, na qual 100 mil soldados americanos tomariam a costa, de Belém ao Rio de Janeiro. O plano refletia o medo americano de um golpe pró-nazista na Argentina e da simpatia dos descendentes de imigrantes do Sul. Num novo desdobramento, quando tudo o que os Estados Unidos queriam era o saliente nordestino, o adido militar americano, general Lehman Miller, fez saber ao general Dutra e ao gabinete do ministro da Aeronáutica que as bases de Belém e do Recife seriam ocupadas "por bem ou por mal". (Gaspari, 2003, p. 35-36, grifo do original)

Essa mudança de alinhamento político foi uma verdadeira virada de casaca, uma vez que incluiu a retirada de condecorações, medalhas e insígnias de treinamento militar alemães e italianas do uniforme dos militares brasileiros. Em termos de política internacional, o Governo Vargas se viu obrigado a reformular parte das suas posições em relação à América Latina, o que viria a agravar a crise política que sofreu com as mudanças de alinhamento. Isso incluiu uma tentativa de reformulação do pan-americanismo, como observado por Jorge Minella (2013, p. 9), para quem o termo teria tomado novo folego no Estado Novo:

> o conceito repercutiu no país desde suas origens nos Estados Unidos, e os desdobramentos posteriores das Conferências Pan-Americanas e das atividades da União Pan-Americana. Tal busca serviu para elucidar os elementos de um "pan-americanismo brasileiro", ou seja, de um conceito externo que foi apropriado em um diferente contexto com diferentes fins políticos durante as três primeiras décadas do século XX. Isso faz a ligação entre a "ideia pan-americana" e a política externa brasileira do período Vargas e, mais especificamente, do Estado Novo, quando o Brasil foi para a guerra. Foi visto, assim, que o Estado Novo utilizou o pan-americanismo como instrumento de aproximação aos Estados Unidos, com objetivos de premência sobre a América do Sul durante um período de crise mundial, e ao mesmo tempo viu-se obrigado a reajustar o discurso da "ideia pan-americana" aos princípios antiliberais que sustentavam o regime, sofrendo as consequências políticas desta tentativa de ajuste.

O reposicionamento do Brasil e seu ingresso na guerra ao lado dos aliados se apresentou como um desafio e uma oportunidade para o Estado Novo poder reformular alguns de seus conceitos. Um desses movimentos, segundo Bethell (2010a, p. 474, tradução nossa), foi a ênfase na "brasilidade americanista", veiculada pela imprensa oficial da época em fascículo semanal do jornal *A manhã*, com o título *Pensamento da América*. O editor do jornal, Cassiano Ricardo, publicou editorias sugerindo que o continente americano seria composto de 21 repúblicas irmãs – com exceção do Canadá – e que Brasil e EUA seriam as duas "âncoras", se prendendo a um só continente. Devido a troca de posicionamento de Vargas em relação ao fascismo, o jornal chegou a contar com a colaboração de influentes intelectuais brasileiros, como o jurista e historiador Pedro Calmon:

> Pedro Calmon, um dos maiores historiadores brasileiros, autor de *Brasil e América: história de uma política [...]*, que celebra a "união continental" para salvar a humanidade e a civilização do fascismo, foi o principal colaborador (com o historiador norte-americano William Spence Robertson) da série de volumes intitulada *História de las Américas,* editada pelo historiador argentino Ricardo Levene [...]. (Bethell, 2009, p. 305, tradução nossa)

Esse reposicionamento, no entanto, foi tão cravejado de contradições que decretou, por fim, os limites do Estado Novo. O rompimento político não declarado com as tendências filonazistas e filofascistas[4] do exército e as hostilidades com a – agora extinta – AIB eram feridas abertas no regime. O Estado Novo de Vargas não sobreviveria à "aliança com os Estados Unidos" e suas "consequências políticas graves": o regime caiu pouco depois da guerra, quando as tropas brasileiras se posicionaram do lado das democracias, dos países aliados (Minella, 2013, p. 226). Essas contradições viriam a marcar profundamente o próximo período das relações entre o Brasil, a América Latina e o mundo.

Perguntas & respostas

A Guerra Fria foi um conflito que dizia respeito apenas aos EUA e a URSS?

Não, os reflexos do conflito velado entre as duas superpotências mundiais deixaram marcas em todo o mundo e profundas cisões políticas, sociais e ideológicas no continente americano.

3.4
A Guerra Fria no calor dos trópicos

Depois da Segunda Guerra, os EUA emergiram como uma potência global – a única capaz de fazer frente ao avanço da URSS – e traçaram novas metas e estratégias de organização. Isso teria incluído

---

4   Grupos classificados como filonazistas ou filofascistas eram aqueles que compartilhavam das ideias do nazismo e do fascismo, ainda que não na sua totalidade. Ou seja, tratava-se de tendências políticas com diferentes graus de afinidade com o nazismo ou o fascismo, nas suas diferentes manifestações históricas, sem necessariamente se tratar de membros filiados de partidos nazistas ou fascistas.

a formação de órgãos públicos específicos, voltados para o planejamento estratégico militar e de política internacional. Tal esforço incluia a organização de uma articulação entre diversos órgãos de pesquisa estadunidenses, englobando o National Research Council, o American Council of Learned Societies e o Social Science Research Council. Teriam sido esses órgãos o responsáveis por repensar a maneira como o ensino e a pesquisa seria desenvolvido naquele país. Uma mudança significativa, e que viria a ter consequências na política externa dos EUA, foi a revisão do conceito de América Latina em si, que passou a incluir os 20 países ao sul do "Rio Grande" e o Brasil. Essa noção viria a pautar a leitura de diversos outros países, instituições internacionais multilaterais – incluindo a ONU (Organização das Nações Unidas) e a sua recém-criada Comisión Económica para América Latina y el Caribe (Cepal) –, organizações não governamentais (ONGs) e universidades em todo o mundo (Bethell, 2010a).

Essa mudança refletia também uma espécie de separação conceitual dos EUA em relação ao continente. Ao assumir o papel de superpotência global, os EUA ressignificariam a noção de *sociedade ocidental*, incluindo-se nela ao lado da Europa. Ao mesmo tempo, essa movimentação relegava o Brasil à América Latina – que agora o incluiria no chamado *terceiro mundo*. O Brasil passou, então, a ser reconhecido como o país potencialmente líder da América Latina, uma região politicamente instável e atrasada dos pontos de vista econômico, social e cultural. Para os EUA, no entanto, a região se tornava importante não apenas no sentido econômico e de expansão de comércio e investimentos. O papel geopolítico da América Latina passava a se destacar, também, porque ela passou a ser a região capaz de formar o maior bloco, a maior bancada de votos, em torno de propostas de unidade, na assembleia geral da ONU (Bethell, 2010a).

Eduardo Galeano (2010) narra essa mudança do papel internacional dos EUA, comparando-a com a atuação que a Inglaterra teve na região desde o século anterior. Tratava-se, segundo o autor, da consolidação de um projeto imperialista, capaz de forçar os países a adotarem políticas monetárias e comerciais em prol dos EUA. Nas palavras de Galeano (2010), era fazer o doente confundir o remédio com a doença:

> Como a Inglaterra, os Estados Unidos também exportará, a partir da Segunda Guerra Mundial, a doutrina do livre-câmbio, do livre-comércio e da livre concorrência, mas só para o consumo alheio. O Fundo Monetário Internacional e o Banco Mundial nasceram juntos para negar aos países subdesenvolvidos o direito de proteger suas indústrias nacionais, e para neles esmorecer a ação do Estado. Serão atribuídas infalíveis propriedades curativas à iniciativa privada. No entanto, os Estados Unidos não abandonarão uma política econômica que continua sendo, na atualidade, rigorosamente protecionista, e que por certo presta bom ouvido às vozes da própria história: no norte, nunca confundiram a doença com o remédio. (Galeano, 2010, p. 480)

Em termos de política internacional, Bethell (2010a) chama atenção para o fato de que as relações entre o Brasil e os EUA se estremeceram após o período da Segunda Guerra Mundial. Segundo ele, a origem desse afastamento teria sido a recusa de Vargas – agora eleito pelo voto democrático e com afiliações políticas à esquerda, liderando o Partido Trabalhista Brasileiro (PTB) – em mandar tropas para a Guerra da Coreia, em 1951, liderando uma força militar interamericana.

Os entraves que começavam a se colocar entre Brasil e EUA iriam tomar novo fôlego ao final da década de 1950, incluindo o episódio de protestos realizados no Brasil contra a visita do presidente dos EUA ao país:

Nos fins da década de 1950, a insatisfação dos latino-americanos contra as atitudes norte-americanas ficou patente na visita do vice-presidente, Richard Nixon. Houve protestos em quase todos os locais visitados e algumas tentativas de agressão, principalmente em Caracas. Assim, em 1958, Juscelino Kubitschek enviou carta ao presidente Eisenhower, na qual propunha revisão nas relações hemisféricas e nos ideais do pan-americanismo. (Franchini Neto, 2005, p. 8)

Esse afastamento iria se aprofundar nos Governos Jânio Quadros e João Goulart, que levaram a cabo sua nova proposta de uma Política Externa Independente (PEI). Com ela, o Brasil reabriu relações com a URSS – rompidas desde 1947 – e com a China (1962), e adotou posturas de apoio às lutas anticoloniais e de interpendência do chamado *terceiro mundo*, incluindo países da África e da Ásia, aprofundando as diferenças com os EUA e Cuba (Bethell, 2010a). Os dois fundamentos da PEI eram o **princípio da não intervenção** e a defesa da **autodeterminação dos povos**, que representavam uma afronta à maneira como os EUA concebiam sua política internacional desde sempre – passando pela Doutrina Monroe, pelo Corolário Roosevelt e pela política da boa vizinhança. Tratava-se, como sustenta o ex-Embaixador Carlos Alberto Leite Barbosa (2007), de uma profunda releitura das noções tradicionais da política externa brasileira, além de uma busca efetiva por tornar o país um ator relevante no cenário internacional. Essa tentativa de protagonismo brasileira, no entanto, não ficou impune.

Com o acirramento ideológico na Guerra Fria, os EUA apoiaram o golpe militar de 31 de março de 1964, derrubando o Presidente João Goulart e levando o Brasil a um período de 21 anos de ditadura (Gaspari, 2002a).

O apoio dos EUA às forças **anticomunistas** no Brasil e na América Latina teve como consequência a necessidade de pretensa ignorância da superpotência aos **filofascismos** e **filonazismos** desses grupos. Por hora, é importante lembrar que a ditadura militar brasileira teve grupos distintos de militares no poder e, mesmo durante o governo de generais que tinham maior afinidade com os presidentes dos EUA, as tensões sempre existiram. Bethell (2010a) menciona tais tensões em relação aos Governos Médici e Geisel, que, se nunca bateram de frente com os EUA, promoviam seus interesses em política internacional de forma independente, prejudicando os EUA em suas relações com países do Oriente Médio, da África e do "terceiro mundo" em geral. Gaspari (2004) resgata os bastidores dessa tensão, que marcou praticamente todas as relações entre os

Presidentes Ernesto Geisel e Jimmy Carter, principalmente em torno do tema dos direitos humanos[5].

Em termos da relação do Brasil com seus vizinhos latino-americanos, vale destacar o entrave entre os dois maiores rivais do continente: Brasil e Argentina. Bethell (2010a) nos lembra que a relação entre os dois países atingiu o ponto mais baixo e tenso na década de 1970, em torno do projeto de desenvolvimento de energia nuclear brasileiro e da construção da usina hidrelétrica de Itaipu. A ditadura militar argentina suspeitava das intenções dos generais brasileiros, e a relação entre os dois países só voltaria a se normalizar após a democratização de ambos, ao final da década de 1980. Esse esforço levaria, posteriormente, à criação do Mercosul (Mercado Comum do Sul), em 1991, integrando Brasil, Argentina, Uruguai, Paraguai e, posteriormente, Chile e Bolívia[6].

Preste atenção!

···

A Revolução Cubana

Um dos grandes desafios à integração política da América Latina no século XX foi a Revolução Cubana. No contexto da Guerra Fria, em um mundo dividido de maneira bipolar entre a influência dos EUA e a da URSS, as consequências dessa revolução foram ambíguas na América Latina e no continente americano como um todo. Para os EUA, a Revolução Cubana representou o maior desafio a

• • • • •

5   Tema que será discutido nos Capítulos 5 e 6.
6   Conforme discutido no Capítulo 4.

sua hegemonia no continente em toda a história. Para os países da América Hispânica e para o Brasil, ela representava uma contradição: de um lado, a expressão do princípio de autodeterminação dos povos e a possibilidade de que um país latino-americano, de "terceiro mundo", enfrentasse uma superpotência como os EUA; de outro, o medo da influência do socialismo e do expansionismo soviético no continente. Por conta disso, as ambiguidades na compreensão do que a Revolução Cubana representou para o continente se expressaram na maioria dos posicionamentos e discursos dos líderes latino americanos do período. Uma famosa expressão dessa ambiguidade se deu na condecoração do líder revolucionário e ministro cubano Ernesto "Che" Guevara, pelo Presidente Jânio Quadros, em 19 de agosto de 1961.

Luz, câmera, reflexão!

Assista aos seguintes filmes sobre a Revolução Cubana e discuta a relação deles com o conteúdo deste capítulo com seus colegas de turma, professores ou amigos:

DIÁRIOS de Motocicleta. Direção: Walter Salles. Brasil: Buena Vista Internacional, 2004. 126 min.

CHE: o argentino. Direção: Steven Soderbergh. ES: Morena Films, 2008. 134 min.

CHE: a guerrilha. Direção: Steven Soderbergh. ES: Morena Films, 2008. 135 min.

Mãos à Obra!

Escreva um texto crítico, para um *blog* ou postagem em redes sociais virtuais, discutindo semelhanças e diferenças culturais entre o Brasil e um de seus países vizinhos, e a possibilidade (ou não) de integração da América Latina. Para escrever seu texto, escolha um dos itens a seguir como objeto de análise, a partir do qual você deve refletir e escrever seu texto.

Música: *Represent*, do grupo de *hip-hop* cubano *Orishas*.
ORISHAS. Represent. New York: Chrysalis Records, 2000.

Futebol: Assista a um jogo de competição da Copa Libertadores da América ou da Copa Sul Americana.

Síntese

Neste capítulo, vimos que a expressão *América Latina* foi construída ao longo de muito tempo e que seu sentido se transformou de acordo com os interesses geopolíticos e econômicos em que era empregada em cada época. Verificamos que, durante o Império, o Brasil se opôs à integração da América Espanhola e se afastou dos seus países vizinhos, procurando se aproximar da Europa – relação que começou a mudar após a Proclamação da República, quando o Brasil buscou ser considerado um país de relevância internacional equivalente aos EUA.

No entanto, observamos que os EUA assumiram um papel de protagonismo no continente após os processos de independência das colônias espanholas – inclusive intervindo militarmente contra as metrópoles europeias. Com essa postura, garantiram seus interesses no continente americano, deixando ao Brasil um espaço de influência restrita à América do Sul. Vimos também que, durante os séculos XIX e até meados do XX, os intelectuais brasileiros tinham pouco interesse na integração com a chamada *América Latina* e que nem o Brasil nem os países da América Latina tinham interesse que a integração pudesse formar uma região geográfica. A integração do Brasil na América Latina se deu, em termos políticos, quando o conceito de *América Latina* adotado pelos EUA, pela Europa e por outros países mudou, passando a enfatizar menos a questão geográfica do continente americano e a dar mais ênfase às diferenças entre os países "desenvolvidos" e aqueles considerados de "terceiro mundo". Isso representa uma aproximação maior dos EUA com a Europa e tem relação direta com a consolidação das duas superpotências mundiais na Guerra Fria: EUA e URSS. Embora esse seja um movimento que teve suas origens nas décadas de 1920 e 1930, como aponta Bethel (2010a), foi apenas no contexto da Guerra Fria que tanto os países hispano-americanos quanto o Brasil passaram a considerar-se como parte da mesma região.

Questões para revisão

1. Qual é o significado histórico da expressão *América Latina*? Explique.

2. O que se pode entender por *pan-americanismo*? Explique o significado e a história desse conceito.

3. Assinale verdadeiro (V) ou falso (F) para as assertivas a seguir.

   ( ) A Doutrina Monroe significava "A América para os Americanos" e serviu inicialmente como uma maneira de articular a proteção militar dos EUA sobre os países do continente, contra os interesses imperialistas europeus.

   ( ) O Corolário Roosevelt à Doutrina Monroe foi uma justificativa para um intervencionismo agressivo dos EUA nos países da América Latina.

   ( ) A política da boa vizinhança foi uma tentativa do Brasil em reatar laços com a Argentina e o Paraguai, após o fim das hostilidades advindas da Guerra do Paraguai.

   ( ) O "terceiro mundismo" foi um movimento exclusivamente de países africanos e asiáticos, com pouca ou nenhuma participação do Brasil.

   Assinale a alternativa que apresenta a sequência correta:

   a) V, F, V, V.
   b) V, V, F, F.
   c) F, F, F, V.
   d) V, V, V, F.

4. Assinale a alternativa correta sobre a Segunda Guerra Mundial:
   a) Não teve praticamente nenhuma influência geopolítica na América Latina.
   b) Foi um momento de decisão unânime e consensual de alinhamento político dos países da América Latina e do Brasil, em defesa dos países aliados dos EUA.
   c) Foi um conflito que se encerrou colocando o Brasil ao lado dos países derrotados, pertencentes ao Eixo – Alemanha, Itália e Japão.
   d) Tornou a América Latina e o Brasil espaço de disputa ideológica e militar das potências europeias em conflito.

5. Sobre a Guerra Fria, assinale a alternativa incorreta:
   a) Foi o período de maior polarização ideológica na América Latina, ocorrido entre a Primeira e a Segunda Guerras Mundiais, e opondo Alemanha e EUA como superpotências globais.
   b) Foi o momento histórico que opôs os países socialistas liderados pela URSS ao bloco dos países capitalistas liderados pelos EUA.
   c) O nome *Guerra Fria* refere-se ao fato de que as duas superpotências mundiais nunca se enfrentaram em combate direto durante todo o conflito.
   d) Gerou extrema polarização na América Latina e demarcou de vez o uso amplo do termo *América Latina* na política internacional, incluindo na expressão o Brasil.

Questões para reflexão

1. Na sua opinião, o Brasil, ao priorizar laços e relações com os países da América Latina, tem mais a ganhar ou a perder, do ponto de vista político e econômico?

2. Qual foi a questão mais difícil de ser enfrentada na história da integração da América Latina: o preconceito racial contra indígenas e africanos? Os interesses econômicos dos EUA na região? Ou as disputas regionais e territoriais entre países vizinhos?

Surfar o encontro das águas: a liderança brasileira na América do Sul

Marcus V. A. B. de Matos

Conteúdos do capítulo:

- Quando o Brasil passou a ser uma liderança na América Latina? Como esse processo foi possível? Este capítulo explica a "virada da maré": como o Brasil saiu de coadjuvante relutante (um país que não se compreendia como parte da região) para assumir o papel de protagonista político na América do Sul. A partir da história, das relações internacionais, da teoria pós-colonial e do novo constitucionalismo latino-americano, são discutidos os processos de integração da América Latina e as organizações regionais que assumiram essa tarefa – do Mercosul (Mercado Comum do Sul) à Unasul (União de Nações Sul-Americanas). Analisa ainda o papel global assumido pelo Brasil e a influência do agrupamento Brics[1] na América Latina. A pororoca é um encontro de águas[2] que ocorre nos grandes rios quando estes encontram o mar, gerando ondas enormes, uma grande turbulência nas águas. Surfar a pororoca é mediar o conflito entre rios e mares. Neste capítulo, vamos compreender como o Brasil se destacou politicamente na América do Sul ao assumir o papel de mediador de conflitos no continente.

Após o estudo deste capítulo, você será capaz de:

1. compreender a inserção do Brasil na América Latina e desta no cenário internacional a partir da Guerra Fria;
2. entender como o Brasil passou de uma posição de desinteresse pela América Latina à liderança na América do Sul;
3. compreender a relevância da mediação na política internacional e a maneira como o Brasil liderou, assumindo o papel de mediador de conflitos regionais;
4. desenvolver um raciocínio crítico a respeito da política internacional brasileira e da dupla inserção do Brasil: como líder regional da América do Sul e como membro de um grupo de potências globais, o Brics.

• • • • •

[1] Grupo formado por Brasil, Rússia, Índia, China e África do Sul.
[2] A ideia de surfar a pororoca como metáfora para a mediação de conflitos (entre as águas do mar e dos rios) é de Luis Alberto Warat (2004), filósofo argentino radicado no Brasil, que desenvolveu sua obra no exílio, como professor da Universidade Federal de Santa Catarina (UFSC), da Universidade de Brasília (UnB), e como professor visitante na Universidade Federal do Rio de Janeiro (UFRJ). Além dos estudos no campo da mediação, Warat desenvolveu uma obra profundamente marcada pelo arte e pela crítica surrealista. Nosso título neste capítulo é uma homenagem póstuma ao nosso querido professor.

4.1

As novas ondas: o Brasil entre a América Latina e a América do Sul

Assim como no Capítulo 3, a grande influência para escrever este capítulo foi a obra *The Cambridge History of Latin America*, do historiador inglês Leslie Bethell (1985), renomado especialista na história da América Latina. Em termos de perspectiva teórica, mantivemos também o foco do clássico livro do escritor Eduardo Galeano, *As veias abertas da américa latina* (Galeano, 2010). A perspectiva dominante do capítulo continua, portanto, a ser histórica, com aporte principalmente das áreas de ciência política e relações internacionais. Também foram importantes: as pesquisas de Berry Carr (2014), professor emérito do Institute of Latin American Studies (ILAS) da Universidade de Latrobe, na Austrália; do professor de Relações Internacionais Sean Burges (2006); e da professora-pesquisadora Ana Covarrubias (2016), diretora do Centro de Estudios Internacionales, ligado ao El Colegio de México. Vale destacar, ainda, a discussão sobre as mudanças no direito constitucional na região e o papel dos movimentos sociais na política regional, em que utilizamos textos de Antonio Negri e Giuseppe Cocco (2005) e do jurista Enzo Bello (2015).

Segundo Berry Carr (2014), a América Latina sofreu grandes mudanças políticas e econômicas nos últimos 15 anos, que requerem agora o reconhecimento da diferenciação desse território em sub-regiões. Trata-se de blocos complexos e multifacetados que poderiam ser identificados nos seguintes termos: o México e a América Central; o Caribe (com países de língua inglesa, espanhola e francesa); os Andes (Venezuela, Equador, Colômbia, Bolívia e Peru); o Cone Sul (Chile, Argentina, Uruguai e Paraguai); e o Brasil, que, por suas características próprias, poderia ser classificado como uma região à parte. As regras do jogo político e econômico vêm sendo redefinidas, e tradições e certezas sobre a região vêm enfrentando novos desafios. Alguns desses desafios seriam resultado da emergência de novos atores políticos – como o novo protagonismo de populações indígenas, que levou os governos latino-americanos à adoção de políticas públicas diferenciadas para minorias –, além de novas formas de interação entre os países da região e os Estados Unidos da América (EUA), num contexto globalizado.

Outro fenômeno que merece destaque e pode ser considerado como um dos "mais significativos eventos na América Latina desde a Segunda Guerra Mundial" (Carr, 2014, p. 20, tradução nossa) é a latinização dos EUA. A comunidade hispânica dos EUA se tornou a maior minoria étnica daquele país em 2010, composta por mais de 50 milhões de pessoas, algo em torno de 16,3% da população dos EUA. Desse percentual, 31 milhões de pessoas seriam cidadãos com nacionalidade mexicana e estadunidense. Essa mudança trouxe grandes implicações para as políticas públicas internas dos EUA, bem como para a identidade global e a atuação internacional desse país na América Latina (Carr, 2014).

Em relação ao Brasil, é importante observar a virada de perspectivas e prioridades que marcam a política internacional brasileira para a região desde o final do século XX e que se aprofunda no século XXI. Trata-se do interesse brasileiro em se consolidar como liderança da América do Sul – e não da América Latina. Sean Burges

(2006) observa a origem desse fenômeno na política internacional do Governo Fernando Henrique Cardoso, que teria como principal característica o exercício da liderança de maneira totalmente distinta daquela dos EUA – que gerava desconfiança em quase todos os países da América Latina. O Brasil passou a liderar a região sem se valer de ameaças coercitivas de intervenção direta ou de "subornos" por meio do oferecimento de investimentos internacionais, que levam a uma postura subserviente dos beneficiados – táticas previamente adotadas pelos EUA.

A liderança brasileira adotou outra estratégia: a construção de um projeto inclusivo que buscava a cooperação "inconsciente e ampla dos outros Estados, através da transferência de 'propriedade' de um projeto continental" (Burges, 2006, p. 23, tradução nossa). A pesquisa de Burges (2006) examina a atuação da diplomacia brasileira em três casos concretos, sendo o principal deles a primeira reunião da Cúpula das Américas, realizada em 1994, em Miami, que comprovou a estratégia brasileira em relação a resultados e limitações. O autor afirma, também, que essa estratégia seria mais bem explicada pelo uso do conceito de hegemonia, de Antonio Gramsci, do que pelos conceitos de liderança desenvolvidos nos EUA.

Em contrário a essa perspectiva, vamos demonstrar a seguir que a estratégia brasileira pode ser explicada de maneira mais convincente pela reflexão sobre prática na qual se encontra mais ancorada e desenvolvida: a mediação. A mediação de conflitos, o estímulo, a comunicação e a busca por diálogo que possa levar ao entendimento, conforme Warat (2004), foram marcas importantes da política constitucional brasileira inaugurada na Assembleia

Nacional Constituinte de 1987 a 1988 e, argumentamos, são marcas que podem levar a uma compreensão mais adequada da atuação da diplomacia brasileira e dos interesses do país nas décadas imediatamente posteriores.

Antes, no entanto, importa retomarmos este capítulo no ponto em que havíamos deixado o tema, no Capítulo 3. No final da Guerra Fria, no período amplo compreendido entre os anos de 1960 e 1980, conforme afirma Bethell (2010a), o interesse da intelectualidade brasileira pela América Latina se renovou. Não se tratava apenas de uma ressignificação ideológica ou de solidariedade entre acadêmicos brasileiros e latino-americanos, mas também da consequência de vários anos de regimes ditatoriais, em diversos países da região, que levaram milhares de intelectuais latino-americanos ao exílio – seja em outros países da América Latina, seja nos EUA ou na Europa.

Preste Atenção!

Podemos citar uma série de parcerias entre intelectuais latino--americanos e Brasileiros como exemplos concretos dessas trocas e influências que ocorreram no exílio, durante as ditaduras e governos autoritários na região: 1) a colaboração entre Fernando Henrique Cardoso e o escritor chileno Enzo Faletto, que escreveram juntos a obra *Dependência e desenvolvimento na América Latina: ensaio de interpretação sociológica* (Cardoso; Faletto, 2004); 2) o treinamento e a influência de Raul Prebish sobre Celso Furtado, que levou este último à formação da Comisión Económica para América Latina y el Caribe (Cepal), no âmbito da Organização das Nações Unidas (ONU), e a escrever os livros *Subdesenvolvimento e estagnação na América Latina* (Furtado, 1968) e *Formação econômica da América Latina* (Furtado, 1969); e 3) a influência do antropólogo Darcy Ribeiro, autor de *As Américas e a civilização: processo de formação e causa do desenvolvimento cultural desigual dos povos americanos* (Ribeiro, 2007) e de *América Latina: a pátria grande* (Ribeiro, 2014), na intelectualidade latino-americana. Essas novas reflexões sobre o papel do Brasil na América Latina tiveram espaço maior nas universidades, nas empresas e, finalmente, na atuação do governo brasileiro no mundo.

O fato que importa chamar atenção aqui é que o final da Guerra Fria inspirou novos arranjos na política internacional e o fenômeno da *globalização*[3] abriu portas para colocar em prática essas novas concepções, essa redescoberta do papel brasileiro no continente e dos laços do país com a América Latina. O papel do Brasil viria a ser outro, e sua presença internacional se tornou muito mais significativa, especialmente nos governos de Fernando Henrique Cardoso (1994-2002) e Luiz Inácio Lula da Silva (2003-2010). O Brasil assumiu, nesse novo contexto, grande responsabilidade internacional em relações Norte-Sul – entre países ricos e países em desenvolvimento – e o protagonismo em relações Sul-Sul (Bethell, 2010a), ou seja, relações entre países em desenvolvimento, algo que lembraria a antiga Política Externa Independente (PEI), discutida no Capítulo 3.

---

3   Fenômeno que será também discutido no Capítulo 5.

Porém, antes de o Brasil assumir essa posição de maior destaque no cenário internacional – protagonizando debates sobre comércio internacional, reforma de instituições multilaterais e mudança climática –, ocorreram alterações significativas na concepção de política externa brasileira. O resultado dessas mudanças levou o Brasil a ser considerado um dos "poderes globais emergentes" no século XXI, junto com a China e a Índia (Bethell, 2010a, p. 485, tradução nossa). É essa mudança de direção que passamos a discutir a partir deste ponto.

4.2
A virada da maré: o Brasil como líder da América do Sul

A transformação do posicionamento internacional do Brasil em relação à América do Sul ficou evidente após a atuação brasileira na reunião da Cúpula das Américas, em dezembro de 1994, e nos cinco encontros que se seguiram. A partir desse encontro de 1994, houve uma mudança, consciente e deliberada, de postura brasileira, que levou o então Presidente Fernando Henrique Cardoso a reunir todos os presidentes da América do Sul em Brasília, no ano de 2000. Nessa ocasião, o Brasil resistiu à agenda de integração econômica dos EUA para a região e, ao mesmo tempo – e pela primeira vez em sua história –, procurou "desenvolver ativamente uma política de engajamento, tanto econômica quanto política, com seus vizinhos da América do Sul" (Bethell, 2010a, p. 485, tradução nossa). Essa nova atitude nas relações internacionais colocou outra disputa em pauta, não mais entre Brasil e os EUA, mas entre o Brasil e outro "gigante" latino americano: o México.

Ana Covarrubias (2016) argumenta que as relações entre Brasil e México nunca foram boas. No período compreendido entre o início da década de 1990 e o final do século XX, essas relações se tornaram ainda mais tensas, em que Brasil e México buscaram projeção internacional de maneira conflitante. O crescimento e o protagonismo do Brasil causou ressentimento no governo mexicano da época, que passou a tentar conter a crescente influência brasileira e, posteriormente, a conter danos, tentando evitar a própria exclusão do México das iniciativas políticas e econômicas regionais. Para Bethell (2010a), os episódios que marcam o ápice desse processo de tensão entre os dois países são: a filiação do México à América do Norte, com o Canadá e os EUA; e o início do protagonismo brasileiro na América do Sul.

As bases para a liderança brasileira dependiam, como aponta Burges (2006), da articulação da ideia da América do Sul como uma região geopolítica distinta. Esse foi o projeto de liderança explicitamente abraçado pelo Ministério das Relações Exteriores durante os dez anos de influência de Fernando Henrique Cardoso no país. Os métodos utilizados para consolidar esse projeto não seguiram a cartilha tradicional de liderança, e afastando-se significativamente dos modelos impositivos e de "suborno", chegando finalmente naquilo que Burges (2006, p. 23-24, tradução nossa) chama de um "estilo gerador de consensos", cuja operação consiste em "discussão e inclusão". A base conceitual desse método, segundo o autor, é o conceito de hegemonia[4] – conforme exposto na obra de Antonio Gramsci. Para Burges (2006), esse estilo de liderança também era resultado do fato de que o Brasil não tinha condições de se impor com base em promessas de investimentos em países parceiros naquela ocasião. Essa estratégia teve sucesso até certo ponto, tendo garantido a autonomia e a independência do Brasil no continente e no sistema internacional. Ela também teria sido bem-sucedida em travar os esforços dos EUA para a inclusão da América do Sul no acordo comercial da Área de Livre Comércio das Américas (Alca), debatida na Cúpula das Américas, em 1994. No entanto, a dificuldade mais significativa dessa estratégia, que explicita seus limites, foi dar seguimento aos acordos políticos, por meio de investimentos econômicos e de infraestrutura para a integração completa da América do Sul. Enquanto a integração regional teve algum sucesso – como na formação dos blocos econômicos do Mercosul[5] e da Comunidade Andina[6] –, a formação política de um bloco unificado enfrentou claras dificuldades no período, só vindo a existir em 2004 (Burges, 2006).

Mas a formação do Mercosul, em si, merece destaque nesse cenário. Ainda que funcionando sob a lógica da política neoliberal, como ressalta Barry Carr (2014), o Mercosul surgiu em 1991 como uma associação com fins tanto políticos quanto econômicos.

• • • • •

4   Conceito discutido também nos Capítulos 1 e 7.
5   Mercosul, ou *Mercosur*, é o Mercado Comum do Sul, formado a partir da assinatura do Tratado de Assunção, em 1991, compreendendo, inicialmente, o Brasil, a Argentina, o Uruguai e o Paraguai, e, posteriormente, a adesão condicional da Bolívia e da Venezuela. Veja mais em: Mercosur (2020).
6   Comunidade Andina, ou *Comunidad Andina* (CAN), é um bloco econômico formado atualmente por Bolívia, Colômbia, Equador e Peru. O bloco já teve a participação do Chile e da Venezuela, países que, posteriormente, abandonaram o acordo. Veja mais em: Comunidad Andina (2020).

Formalmente, tratava-se de um acordo de liberação de tarifas alfandegárias, porém o tratado tinha, desde o início, o objetivo de consolidar os governos democráticos na região, impedindo o retorno das ditaduras militares das décadas anteriores. Os objetivos iniciais do Mercosul foram ambiciosos e incluíam metas de governança regional, além da promoção de cultura e consciência regionais. Em contraste, a Alca, proposta em 1994, que se tratava de um acordo clássico de livre-comércio, sofreu sérias restrições por parte dos países sul-americanos, especialmente do Brasil. O fracasso da Alca foi um marco espetacular das limitações impostas pela estratégia brasileira contra a hegemonia dos EUA no continente.

Outro ponto em que seria possível observar essas limitações da estratégia brasileira, segundo Burges (2006), é a articulação da Iniciativa para a Integração da Infraestrutura Regional Sul-Americana (IIRSA)[7], um acordo de 12 países da América do Sul para colaboração e integração nas áreas de transporte, energia e telecomunicações. As redes de transmissão de energia elétrica e gás acordadas no início da IIRSA, em 2000, só existiam realmente no Brasil e mostravam os limites da estratégia de liderança do país baseada em articulação consensual: a falta de investimentos substanciais, por parte do governo brasileiro, nos custos do projeto de integração sul-americana. Esses investimentos, que teriam sido impossíveis ao Brasil na época, afetaram diretamente a efetividade da estratégia de liderança do país, postergando significativamente efeitos e resultados dessa ação.

• • • • •

7   A IIRSA é atualmente um fórum técnico dentro da Cosiplan (Consejo Suramericano de Infraestructura y Planeamiento de Unasur). Saiba mais em: Cosiplan (2020).

Ainda assim, com demora e limitações, a estratégia brasileira alcançou resultados. Em dezembro de 2004, durante o governo do Presidente Luiz Inácio Lula da Silva, uma reunião realizada em Cusco, no Peru, celebrou a formação da Comunidade Sul-Americana de Nações, composta por 12 países, incluindo a Guiana e o Suriname. Na reunião seguinte, realizada em Brasília em maio de 2008, essa comunidade se transformou na *União de Nações Sul-Americanas* (Unasur). Esse foi o resultado mais significativo da virada de posicionamento brasileiro no cenário internacional desde a década de 1990. A estratégia do Brasil, expressa pelo Ministério das Relações Exteriores, o Itamaraty, considerou que tornar o Brasil uma potência regional era condição necessária e essencial para torná-lo um país de influência global (Bethell, 2010a).

Importante!

....

Os métodos para a liderança brasileira na América do Sul: consenso, hegemonia e mediação

A proposta de Sean Burges (2006) de utilizar o conceito de hegemonia para explicar a atuação da diplomacia brasileira na construção de consensos entre os países da América do Sul não é equivocada. No entanto, se ela explica a mudança de estratégia dos órgãos diplomáticos no cenário internacional, assim como os efeitos dessa mudança, não elucida as bases metodológicas da estratégia adotada. O argumento que desenvolvemos nesta subseção é o de que o processo de democratização do país, que teve seu ápice nos trabalhos da Assembleia Nacional Constituinte (ANC) de 1987 a 1988, foi um passo fundamental para a emergência dos métodos utilizados no modelo de liderança brasileiro. A origem desses métodos teve uma profunda relação com a forma de articulação política que marcou o processo constituinte brasileiro no final da década de 1980. A democratização do Brasil foi um processo marcado por profunda participação política popular. Após a crise econômica e a queda política da ditadura militar (1964-1985)[8], a ANC marcou o início de novas formas de participação política no Brasil, que haviam sido interrompidas no início da década de 1960. Esses métodos de participação previam a mobilização de partidos políticos, movimentos sociais, grupos representativos e indivíduos para o envio de propostas às comissões da ANC (Pilatti, 2008). Trata-se de uma maneira de organização política, de fazer política, que delineou a reconstrução democrática do Brasil. Essa forma de participação inclui desde o envio de propostas de projetos de lei para comissões, a realização de reuniões e conferências no nível estadual e municipal, até a realização de audiências públicas nos Poderes Legislativo e Judiciário[9]. Esse modelo de organização política desenvolvia-se no país desde a ANC e se tornou, já na década de 1990, o ponto de contato institucional entre a participação popular e o Poder Público. Esse nicho de atuação política e mobilização se transformou no principal eixo de articulação de políticas públicas setoriais no país, com a

• • • • •

8   Assunto que será discutido no Capítulo 7.
9   Sobre audiências públicas no Poder Legislativo, veja: art. 58, parágrafo 2°, inciso II, da Constituição Federal de 1988 (Brasil, 1988). Sobre o Poder Judiciário, veja o art. 102, parágrafo 1° , também da Constituição Federal, além das leis que regulamentam a matéria: Lei n. 9.868, de 10 de novembro de 1999 (Brasil, 1999a); Lei n. 9.882, de 3 de dezembro de 1999 (Brasil, 1999b).

realização de **conferências públicas** nos três níveis federativos (federal, estadual e municipal) e a instituição de **conselhos**, no âmbito do Poder Executivo (De Matos, 2012). Podemos citar como exemplos: a Conferência Nacional de Direitos Humanos[10], realizada em 12 edições, de 1996 até 2010, que gerou boa parte dos documentos utilizados como base pelo governo brasileiro para implementar políticas públicas na área; e a Conferência Nacional de Comunicação (Confecom)[11], realizada em primeira e única edição, em 2009.

Essas conferências e os conselhos respectivos – como o Conselho Nacional de Juventude (Conjuve) e o Conselho Nacional de Segurança Alimentar (Consea), para citar dois outros exemplos –, sem dúvida, tiveram grande importância no cenário político. Mas os métodos que promovem a manutenção do sucesso desses processos passam não apenas pela busca de **hegemonia** e de garantia de determinados interesses no processo político: eles dependem, profundamente, da noção de **mediação**. Embora o conceito de mediação seja desenvolvido neste livro, no Capítulo 8, em relação à mídia e suas mediações, ele encontra também um sentido próprio e relevante no âmbito das disputas políticas e jurídicas (Pozzatti Junior; Kendra, 2015).

Os métodos de mediação voltados para os conflitos no âmbito político e jurídico visam, principalmente, estimular as partes em um conflito a buscarem pontos em comum para a construção de um entendimento mútuo. Eles envolvem comunicação, sem dúvida, além de diálogo constante. A mediação tem sido utilizada no Brasil, com

• • • • •

10   Para maiores detalhes sobre cada Conferência Nacional de Direitos Humanos, veja: Conferências (2020).
11   Para maiores informações a respeito da Confecom, confira: Conferência (2010).

relativo sucesso, na inclusão de demandas jurídicas de comunidades pobres, de favelas, perante o Poder Judiciário (Ribeiro; Strozenberg, 2001). O sucesso da mediação depende, fundamentalmente, do papel de liderança exercido pela figura do **mediador**. Esse papel deve ser exercido por alguém que demonstra sincero interesse em aprender com a própria experiência e a experiência dos outros e que busca no outro sinais de entendimento e aceitação para, só então, trazer à tona propostas de transformação que podem resultar na solução de problemas comuns (Warat, 2004).

Esse talvez tenha sido o papel adotado pela diplomacia brasileira para a articulação de sua liderança na América do Sul: o lugar de líder que não busca apenas exercer influência pela força ou pela compra de apoio, mas que se coloca como mediador entre as partes interessadas, os próprios interesses e as dificuldades a serem enfrentadas. Trata-se de um processo que só pode ser aprimorado pela experiência e que, diante da história política brasileira recente, pode ser uma explicação convincente para a origem do método de liderança do Brasil no cenário internacional. Modelos de articulação política interna, concretos, testados, comprovados e originados na ANC podem ter influenciado na construção da estratégia brasileira de hegemonia no cenário latino-americano e internacional.

4.3
Do neoliberalismo ao novo constitucionalismo latino-americano

A rápida inserção política, econômica e diplomática da América Latina no cenário global certamente foi marcante como parte das transformações ocorridas na primeira década do século XXI. Esse processo foi também fortemente afetado pelo "efeito desestabilizante" da crise financeira global (2008-2010); pelas crises nas dívidas dos países europeus (2010-2013); e pelo crescimento econômico e político de países asiáticos, como a China e a Índia. Nesse contexto, o que pode ser considerado surpreendente, do ponto de vista da atuação econômica e política dos países da América Latina, é o surgimento de uma "gestão econômica flexível e não ideológica" (Carr, 2014, p. 4, tradução nossa).

Essa mudança na gestão econômica representa uma nova postura dos governos latino-americanos em relação à aderência rígida aos princípios da economia neoliberal, segundo Carr (2014, p. 4-5, tradução nossa): esses princípios predominaram na administração da região nas décadas de 1970, 1980 e 1990, mas agora se veem relegados, rejeitados como uma "devoção religiosa ao mercado" e ao "dogmatismo" econômico. Esse novo curso econômico abraçou políticas públicas que reconheceram a importância da intervenção estatal na infraestrutura dos países – nos investimentos em tecnologia, energia, transportes, mas também em educação, finanças, trabalho, bem como numa realocação das relações entre as esferas pública e privada. Não se trata, no entanto, de um rompimento com os valores centrais do **neoliberalismo**, mas de uma readequação desses valores com propostas políticas mais próximas do **desenvol-vimentismo** e da construção de **Estados de bem-estar social**[12]. Esta foi uma resposta popular aos caminhos políticos e econômicos escolhidos nas décadas anteriores. Com economias marcadas por grande concentração de renda e brutal desigualdade social, as crises econômicas na América Latina costumavam ter consequências nefastas sobre as camadas mais pobres das populações dos países da região. Durante décadas, foram pífias as tentativas de inclusão das camadas mais pobres na economia e no mercado dos países da América Latina, marcados por privatizações e exclusão social. Essa situação, que levou a novos arranjos políticos no final do século XX, foi descrevida dramaticamente por Eduardo Galeano (2010, p. 20) em seu aspecto mais brutal, a fome:

> São secretas as matanças da miséria na América Latina. A cada ano, silenciosamente, sem estrépito algum, explodem três bombas de Hiroshima sobre esses povos que têm o costume de sofrer de boca calada. Essa violência sistemática, não aparente, mas real, vem aumentando: seus crimes não são noticiados pelos diários populares, mas pelas estatísticas da FAO. [...] a impunidade ainda é possível porque os pobres não podem desencadear a guerra mundial, mas o império se preocupa: incapaz de multiplicar os pães, faz o possível para suprimir os comensais. "Combata a pobreza, mate um mendigo", grafitou um mestre do humor negro num muro de La Paz.

• • • • •

12   Para a noção de "desenvolvimentismo", veja: Cardoso e Faletto (2004) e Furtado (1968). Para compreender a ideia de Estado de bem-estar social, veja: Fiori (1995).

Os governos "de esquerda" – ou de cor "rosa", como prefere Carr (2014, p. 5-6, tradução nossa) – formaram o maior bloco político da América Latina no início do século XXI. Essa virada política pode ser explicada como uma resposta das camadas mais populares da América Latina aos séculos de exclusão que viveram até então. Esses governos deram um papel maior ao Estado para remodelar as políticas públicas em seus países, porém sem romper com os elementos centrais do "pacote neoliberal". Carr (2014) observa uma tendência que chama de *neo-estruturalismo* nas políticas econômicas desses governos, que consiste em defender a intervenção do Estado na economia, porém, com o objetivo de promover "instituições e políticas públicas mais estáveis, adaptação, coerência e coordenação de mercados" (Carr, 2014, p. 6, tradução nossa). Essa preocupação em garantir instituições de maior "qualidade" pública e menos clientelismo e personalismo foi bem recebida pelos EUA, uma vez que não representa um rompimento completo com as políticas neoliberais.

∴ O déficit democrático: problema institucional ou de desenvolvimento?

O grande desafio que afeta a maioria dos países da América Latina, e da América do Sul em particular, é a consolidação dos processos democráticos e institucionais que se iniciou na região na década de 1980. Trata-se de um desafio que foi enfrentado primeiramente na esfera política, com o fim das ditaduras militares de "direita"[13], na

• • • • •

13 Para uma definição básica da distinção política entre "esquerda" e "direita", consulte: Bobbio (2001).

Argentina, no Brasil, no Chile e no Uruguai. Se as transformações ocorridas conseguiram promover pluralismo e uma renovação na atuação da sociedade civil na arena política, elas carregam ainda um "déficit democrático" associado à continuidade de práticas institucionais e estruturas criadas durantes as últimas ditaduras[14], sob a ótica dos direitos humanos. Somada a esse quadro, a economia dos países citados continuou com altos níveis de pobreza e exclusão social e não houve, nas décadas de 1980 e 1990, nenhuma tentativa de inclusão das populações marginalizadas, que foram incluídas nos processos políticos com o final das ditaduras, mas não incluídas nos mercados (Carr, 2014).

Nas próprias palavras de Carr (2014, p. 6-7, tradução nossa):

> A era do neoliberalismo deu seguimento ao assim chamado "Consenso de Washington", que garantiu que a visão neoliberal não sofresse grandes distúrbios; em quase todos os lugares [da América Latina], prevaleceu o mesmo bloco de políticas com a liberalização das barreiras alfandegárias; privatização; equilíbrio macroeconômico acima de tudo. [...] A única mudança significativa na esfera socioeconômica nestas duas décadas foi uma modesta, mas regionalmente desigual, adoção de políticas públicas promovendo investimentos sociais e em educação.

---

14 Tema que será retomado no Capítulo 6.

No entanto, a adoção de políticas sociais de baixo custo – e, portanto, compatíveis com as políticas neoliberais – foi consolidada com reformas econômicas que buscavam manter os privilégios das elites desses países. No Brasil, por exemplo, o resultado desses movimentos contraditórios foi sentido mais fortemente na dialética de coligações políticas que passou a existir no país desde a ANC de 1987 a 1988. Prevaleceu ali a política de acordos entre partidos que representavam a maioria da população mais pobre, incluindo minorias (como negros, mulheres, indígenas, deficientes etc.), além dos partidos políticos representantes das classes dominantes. Essa política de acordos se fez expressar de maneira inequívoca durante os trabalhos das comissões da ANC, como aponta Pilatti (2008), mas também nas composições parlamentares do Congresso brasileiro e demais parlamentos da América do Sul.

Essa dialética própria de acordos parlamentares levou a ANC de 1987-1988 a adotar políticas por vezes contraditórias, tensiona-das dentro dos próprios textos constitucionais. A Constituição da República Federativa do Brasil de 1988 (Brasil, 1988) é um exemplo claro dessas contradições, uma vez que seu texto contém tanto medidas associadas à ideia de desenvolvimento e intervencionismo do Estado nas áreas econômicas e social quanto medidas de prote-ção à livre iniciativa do mercado e ao não intervencionismo estatal na economia. Se, por um lado, o texto constitucional enfatiza os direitos e deveres do cidadão e dá ênfase à cidadania ativa no pro-cesso político, por outro, ele se detém aos marcos liberais de pro-teção à propriedade privada e dá margem para limitar a aplicação e efetivação desses próprios dispositivos constitucionais – como ocorre, inúmeras vezes, por meio da interpretação dos princípios constitucionais pelas Cortes Superiores – no caso do Brasil, pelo Supremo Tribunal Federal (STF).

Essas contradições fazem parte do problema apontado aqui como *deficit democrático*: a ideia de que a mera adoção de eleições livres e de adesão a políticas de livre-mercado não é capaz de corrigir graves desigualdades sociais e étnicas. No caso brasileiro, a ênfase da Constituição em políticas sociais e públicas voltadas para a população excluída por meio do conceito de cidadania é uma característica que mantém em muitos autores a esperança de que a Carta Magna de 1988 ainda venha a ter um papel de liberação e promoção da igualdade (Pilatti, 2013). Ainda assim, o caso brasileiro não é idêntico aos outros processos constituintes da América do Sul, razão por que não pode servir como modelo universal. Basta observar que, em outros países, como no Chile, a Carta Constitucional em vigor ainda é a mesma da última ditadura militar desse país.

O déficit democrático precisa ser enfrentado tanto no âmbito das liberdades políticas quanto no âmbito das desigualdades sociais. É preciso enfrentar as barreiras institucionais à atuação política de cada cidadão, na condição de indivíduo, bem como as barreiras econômicas, que se refletem em profundas desigualdades de oportunidades e acesso a políticas públicas (educação superior, empregos de qualidade, profissões elitizadas) para grupos minoritários e populações inteiras excluídas do mercado há muitas gerações. Esse enfrentamento ocorreu na região por meio da atuação de movimentos sociais, que representavam a articulação política de populações excluídas dos processos políticos e econômicos e pela promoção de medidas jurídicas de defesa dessas populações, no que ficou conhecido como *novo constitucionalismo latino-americano*. Ambas as questões serão discutidas a seguir.

∴ Os movimentos sociais, o controle constitucional e o poder constituinte da multidão

Existe um longo debate no campo do direito constitucional sobre quem deve ter a última palavra na interpretação da Constituição, do ponto de vista institucional. Trata-se de uma questão central na teoria constitucional e que dividiu, ao longo da história, juristas de diferentes correntes políticas. A título de exemplo, um dos principais embates nesse campo se deu entre um famoso jurista liberal, o austríaco Hans Kelsen, e seu opositor, o jurista (e colaborador do nazismo) alemão Carl Schmitt (Suganami, 2007). Enquanto o primeiro defendia que a última palavra na interpretação da Constituição – e, portanto, a última decisão, suprema, na esfera política e jurídica – deveria ser dada pelo Poder Legislativo, Schmitt defendia que a decisão suprema deveria ser tomada pelo Poder Executivo.

Esse embate acabou interrompido pela Segunda Guerra Mundial e, com o exílio nos EUA, Kelsen trocou sua posição em favor da teoria constitucional norteamericana: a última interpretação da Constituição deveria ser dada pela Corte Constitucional (ou Corte Suprema), ou seja, pelo Poder Judiciário. A teoria que influenciou Kelsen a mudar de posição foi aquela posteriormente sintetizada pelo jurista Alexander Bickel, para quem o Poder Judiciário, por não exercer direta e seletivamente o poder, mas apenas quando provocado, seria o **poder menos perigoso** para concentrar a última palavra na decisão constitucional (Bickel, 2011). Essa posição é hoje altamente questionável, dado o nível extremo de atuação política do Poder Judiciário, também chamada de *ativismo judicial* (Powers; Rothman, 2002), em países da América Latina.

Esse debate, que discorre sobre a importância política da Constituição sob o ponto de vista institucional, não esgota, no entanto, as possibilidades de alternativas democráticas à questão. Há muitas maneiras de disputar o sentido da Constituição num contexto democrático, para além do Poder Judiciário. São formas de participação popular que se constituem como "controles não institucionalizados do povo" sobre a Constituição (Canotilho, 2003, p. 1455). Trata-se da existência de um espaço político público **desconfiado**, **móvel**, **vigilante** e **bem informado**, que é insubstituível nos Estados constitucionais. Esse tipo de controle só pode ser exercido com base em uma dinâmica popular que proponha alternativas políticas passíveis de domesticar o poder da mídia, impor justificações aos atos políticos e defender o "espaço dos cidadãos perante os privilégios neocorporativos" (Canotilho, 2003, p. 1455).

Uma das formas de exercício desse controle diante dos desafios globais atuais ocorre por meio de organizações da sociedade civil – nacional ou internacional. Esse papel tem sido desempenhado por movimentos sociais e organizações não governamentais (ONGs) que promovem campanhas de convencimento público e protestos, operando dentro de limites permitidos ou, por vezes, "às margens do que é definido como legalmente admissível pelos governos de um local ou de uma época" (Giddens, 2005, p. 357). O papel dos **movimentos sociais**, em particular, tem grande importância na construção da democracia, na consolidação de direitos constitucionais e na articulação de políticas públicas para segmentos específicos da população:

> Os movimentos sociais geralmente surgem com o objetivo de provocar mudanças em uma questão pública, como a expansão dos direitos civis para um segmento da população [...]. Muitas vezes, as leis ou as políticas sofrem alterações em consequência da ação dos movimentos sociais. Essas mudanças na legislação podem produzir efeitos de amplo alcance. (Giddens, 2005, p. 357)

No contexto latino-americano, esse papel tem sido marcado fortemente pela defesa de espaços políticos públicos e pela construção de direitos voltados a grupos socialmente excluídos pelo Estado. Esses grupos, historicamente marginalizados, consistem, por vezes, em minorias étnicas – ou até mesmo maiorias! – excluídas dos processos políticos e econômicos há séculos. Alguns autores ressaltam a importância de movimentos sociais ligados à questão da educação e da afirmação étnica na América Latina:

> Os movimentos culturais, assim como as redes de cursos, administrados em autogestão, para a universalização do acesso dos negros e dos pobres às universidades "públicas" (na realidade, "estatais") convergem na construção de um espaço comum de

resistência e produção que constrói alteridade, seja em relação ao Estado, seja em relação ao mercado [sic] e deslocam a retórica consensual dos direitos do homem para o terreno ético dos modos de existência de homens dotados de direitos. (Negri; Cocco, 2005, p. 57)

Para o pesquisador José Maurício Domingues (2007, p. 7), a questão da etnicidade presente nos movimentos sociais latino-americanos se tornou central, e o crescimento recente desse movimentos tem a ver com o desenvolvimento atual da modernidade e suas questões identitárias[15]. Analisando a grande pluralização dos movimentos sociais, é necessário compreender "a potencialidade desses movimentos, suas formas de organização, seu conteúdo e a contribuição que dão à mudança nos modos de vida e na vida social de maneira geral" (Domingues, 2007, p. 7).

Entretanto, a discussão sobre a atuação desses movimentos vai além da questão do controle sobre a constituição. Na América Latina, onde o déficit democrático e institucional desafia as formas políticas tradicionais do Estado e da Constituição, esses novos atores sociais podem constituir uma forma alternativa de **poder constituinte** – ou seja, do poder capaz de instaurar uma nova Constituição. Nesse sentido, o jurista português José Gomes Canotilho (2003) aponta para a relevância do poder constituinte e para o desafio de construção desse elemento em um mundo globalizado. Quanto a esse aspecto, que tensiona as realidades nacionais com a integração

• • • • •

15   Conforme discutido nos Capítulos 1 e 2.

regional, talvez seja interessante traçarmos um paralelo entre a realidade da integração da União Europeia (UE) com a realidade da América Latina:

> Nos tempos mais recentes o poder constituinte surge ainda como "conceito-limite" do **direito constitucional nacional**. O processo de integração europeia tem suscitado a questão de saber se é possível erguer-se uma ordem comunitária supraconstitucional assente num "poder constituinte europeu" ou, pelo menos, no exercício do poder constituinte originário dos estados soberanos. Qualquer que seja a resposta, o problema está posto: é ou não política e juridicamente concebível um poder **constituinte interdependente** ou **pós-soberano** assente no exercício comum do poder constituinte originário dos povos? (Canotilho, 2003, p. 67-68, grifo do original)

Negri e Cocco (2005, p. 17), trazendo o debate especificamente para o contexto latino-americano, apontam para uma "nova figura subjetiva" que possui sua "própria expressão constituinte": a **multidão**. A figura da multidão seria uma forma de enfrentamento do poder econômico global por meio da construção constitucional de uma política democrática. De acordo com a tese dos autores, "a rejeição das políticas neoliberais aparece como um êxodo constitutivo de uma possível transformação radical, para além da representação constitucional, uma política da multidão" (Negri; Cocco, 2005, p. 169-170)

Na política da multidão e em seu poder constituinte, a crise do Estado pode encontrar uma alternativa à dinâmica do globalismo econômico do mercado: a negação da representação política na democracia tradicional e a construção de novas instituições políticas não baseadas em mitos e ritos da soberania estatal excludente (Negri; Cocco, 2005). Dessa maneira, seria possível a criação de laços sociais e jurídicos até agora impensáveis:

> A autonomia dos movimentos sociais das classes subalternas já não pode ser considerada como um adversário, mas deve ser reconhecida como motor da atividade do governo. A autonomia da multidão se dá em uma relação fecunda e produtiva com os dispositivos programáticos e com as dinâmicas administrativas dos novos governos sul-americanos. Este deslocamento é significativo em nível global [sic]. Ele enfrenta o tema da representação política – que já explodiu ou pelo menos manifestou-se em todos os regimes constitucionais – mostrando que uma nova e radical dinâmica democrática pode ser construída na dialética entre movimentos e governos. (Negri; Cocco, 2005, p. 187)

Nesse sentido, é possível defender um tipo de **Estado de bem-estar social** articulado ao poder constituinte, com base na democracia social no interior de cada território nacional, mas projetando-se para uma governança compartilhada da interdependência regional e global. Essa constatação parte da percepção dos movimentos, da multidão constituinte, de que "construir democracia interna e governar a interdependência global são um único e mesmo problema" (Negri; Cocco, 2005, p. 191). É necessário, ao mesmo tempo, articular uma nova concepção constitucional, do ponto de vista teórico e prático, para tornar efetivas, na economia e na sociedade, as conquistas no campo político.

Afinal, de nada adianta, na América Latina, "ficar buscando o Estado moderno" nos modelos europeus (Negri; Cocco, 2005, p. 202). O Estado nacional latino-americano, formado institucionalmente de vestígios coloniais, "nunca se transformou em uma realidade efetiva, sempre foi um instrumento das elites para a exploração, radicado na prática do racismo e da exclusão" (Negri; Cocco, 2005, p. 202). É possível, no entanto, perceber um poder constituinte novo, que surge na relação de interlocução inconclusa entre movimentos e governos. Essa relação pode ser articulada de baixo para cima, como experimentação contínua, focada na construção de um direito comum, que vá "além do direito público e privado" (Negri; Cocco, 2005, p. 208), privilegiando as formações coletivas centradas em um possível acordo constituinte que promova a superação do Estado-nação, em prol de um Estado do bem-estar social coletivo. Esse é o desafio político de consolidação daquilo que se denominou um *novo tipo de constitucionalismo*, formado na América Latina.

∴ O novo constitucionalismo latino-americano e o pensamento decolonial

Figura 4.1 – Mulheres indígenas voltando do Congresso do Movimento para o Socialismo (MAS), em Oruro (Bolívia, janeiro de 2009)

O século XXI viu emergir na América Latina um movimento social indígena renovado, capaz de se articular politicamente e transformar suas demandas sociais e econômicas em críticas culturais e disputas institucionais. Esse fenômeno, que, segundo Barry Carr (2014), se tornou especialmente forte na região Andina, formada por Bolívia, Equador e Peru, também pôde ser sentido no México, na Guatemala e no Chile.

Importante!

No Brasil, é importante lembrar, houve a articulação de um grande protesto indígena contra a celebração oficial dos 500 anos do Descobrimento do Brasil – em parceria com Portugal –, no ano 2000, que foi duramente reprimido pelas autoridades, deixando dezenas de feridos e fazendo centenas de prisões (Protesto..., 2000).

Esses movimentos representaram uma das mais significativas transformações políticas na região, colocando a questão indígena no centro do debate político. As demandas colocadas por esses movimentos tomaram a forma da disputa pela reforma constitucional como fundamento para a legitimação da existência do Estado. Esse fenômeno foi particularmente forte nos processos constituintes da Bolívia e do Equador, ocorridos respectivamente em 2009 e 2008, que não apenas garantiram representações indígenas nos Parlamentos, como também reconheceram autonomia e direitos de propriedade originária a esses povos e lançaram narrativas fundacionais próprias, nativas, nos preâmbulos das constituições e ao longo dos textos constitucionais. Com essa estratégia, os movimentos sociais indígenas se tornaram atores políticos relevantes nos cenários dos países sul-americanos, ora apoiando, ora criticando duramente os governos de esquerda – a "onda rosa" – em relação a processos legislativos e interesses partidários (Carr, 2014).

Essas transformações – que, na sua forma constitucional, ficaram conhecidas como o *novo constitucionalismo latino-americano* – foram capazes de, em primeiro lugar, dar um novo sentido para o conceito de *cidadania* na América Latina, tornando-o multidimensional e capaz de associar a garantia de liberdades políticas a necessidades econômicas e sociais. Esse conteúdo mais abrangente do conceito de cidadania incluiu demandas de "redistribuição e reconhecimento", expandindo-se no sentido de formar um novo sujeito constituinte (Bello, 2012, p. 129) – talvez mais próximo do conceito de *multidão*, discutido anteriormente.

É importante observar, como propõe Enzo Bello (2015), a convergência entre essas demandas políticas e sociais do novo constitucionalismo latino-americano e o pensamento decolonial[16]. Bello (2015) sustenta que é, sim, possível traçar essa relação a partir das demandas de ambos os conceitos por "transformação" nos seus contextos. A convergência entre os dois movimentos se daria na transformação do conceito de cidadania expandido na forma do reconhecimento dos "direitos relativos às tradições ancestrais enquanto elementos constitutivos do cidadão" (Bello, 2015, p. 59).

Essa convergência ficou ainda mais clara quando analisados os seguintes processos constituintes do novo constitucionalismo latino-americano, expresso nas cartas constitucionais de quase todos os países que o promoveram:

---

16   Conceito que foi discutido, no Capítulo 1, nos termos do pós-colonialismo.

(i) a incorporação de eixos epistemológicos (Pachamama e Bien Vivir) provenientes dos saberes ancestrais historicamente obscurecidos pelos colonizadores; (ii) a "refundação" (reestruturação) de instituições tradicionais oriundas da colonização, adaptadas às peculiaridades desses países ("Estado Plurinacional e Intercultural" na Bolívia e no Equador, "Tribunal Constitucional Plurinacional" na Bolívia, entre outros); (iii) o reconhecimento de "novos direitos a personagens antigos, e de direitos antigos a novos personagens" (Bello, 2012, p. 63); e (iv) a criação e ampliação de canais de participação popular nas estruturas do Estado. (Bello, 2015, p. 57)

É importante destacar, no entanto, que a consolidação desses processos é um desafio ainda aberto, uma vez que depende da correlação de forças políticas entre os movimentos sociais que os promoveram e as velhas elites dominantes da América Latina. Trata-se de um processo vivo, constante, mas que certamente remodelou as relações políticas, sociais e econômicas na região de forma inédita, convergindo com demandas importantes de povos historicamente excluídos dos processos políticos latino-americanos. Cabe questionar, ainda, quais seriam os reflexos desses movimentos para fora do continente – seja da América do Sul, seja da América Latina . Isso é o que faremos na sessão a seguir.

4.4
O retorno do "terceiro mundo"? A América Latina e o Brics

O último aspecto que precisa ser destacado neste capítulo diz respeito ao crescimento, na América Latina, da influência de países que, tradicionalmente, não possuíam relações fortes com a região. Trata-se do resultado da ascensão do grupo de países identificados como Brics – Brasil, Rússia, Índia, China e África do Sul. Essa influência seria o resultado de dois impulsos econômicos concomitantes e complementares: 1) a busca de investimentos internacionais e a diversificação de parceiros comerciais por parte dos países latino-americanos; e 2) a procura frenética por matéria-prima por parte de países asiáticos – petróleo, ferro, soja e outras *commodities*[17]. Como resultado desse movimento duplo, a China tornou-se o maior importador de países brasileiros em 2010, desbancando os EUA. Em números, o crescimento das exportações brasileiras para a China passou de 1 bilhão de dólares, em 2000, para 41,2 bilhões de dólares, em 2012. No mesmo período, as importações brasileiras de produtos chineses cresceram de 1,2 bilhões de dólares para 75 bilhões de dólares (Carr, 2014).

A China também passou a exercer influência sobre outros países da América Latina – tanto como um mercado gigantesco quanto como uma fonte de investimentos. Esses investimentos

. . . . .

17   *Commodities* são produtos pouco diferenciados, considerados primários no mercado
        e cuja característica não varia de acordo com sua origem ou com quem o produziu
        – como grãos, petróleo, carne, café, etc.

não apresentavam distinção entre aliados políticos, do ponto de vista ideológico. A prova disso é o fato de que a China passou a ter relações comerciais mais fortes com a Colômbia – um país politicamente e militarmente aliado dos EUA. A influência chinesa não significa, então, a adoção de uma política de conflito entre China e EUA, embora o domínio deste último país, em termos de comércio internacional na região, possa ser ameaçado (Carr, 2014).

É importante observar que essas mudanças não se deram apenas na esfera econômica. A influência do Brics nos países da América Latina também cresceu, fortalecendo uma diplomacia horizontal, Sul-Sul, em parte como resultado do fortalecimento da região como um bloco, da diminuição da dominação dos EUA e do enfraquecimento do que ainda havia de hegemonia europeia. Na primeira década do século XXI, os maiores países da América Latina (Argentina, Brasil, México) também se empoderaram diante das demandas frenéticas por seus recursos energéticos. Esse papel de destaque permitiu a esses países maior ousadia em relação à diplomacia, além da adoção de políticas internacionais mais independentes, por exemplo: o papel do Brasil na Conferência das Nações Unidas sobre Mudança Climática, em 2009; a oposição quase unânime dos países latino-americanos em condenar o apoio norteamericano ao golpe militar em Honduras, no mesmo ano, e em expulsar esse país da Organização dos Estados Americanos – OEA (Carr, 2014).

Há, no entanto, diversas críticas que desafiam a ideia de que o Brics possa ser uma releitura das políticas internacionais de "terceiro mundismo" das décadas de 1960-1970[18]. Alguns autores, como Beausang (2012), destacam que há muitos empecilhos colocados aos países do Brics – como desigualdade social, ideologias e restrição de ideias, além da falta de inovação, no que seria o triângulo inovação-igualdade-desenvolvimento –, de forma que a influência global deste dificilmente será duradoura. Outros autores, como Bond e Garcia (2015), sustentam que o Brics não representa uma oposição contundente e significativa aos países ricos e desenvolvidos e, frequentemente, produzem uma espécie de cooperação antagonista: tudo que demanda é o direito de sentar à mesa com os poderosos, em vez de resistir e somar com os países mais pobres (Bond; Garcia, 2015).

Perguntas & respostas

Quais foram os impulsos definitivos para o que o Brasil assumisse um papel de protagonismo maior no continente americano?

Foram vários, mas, dentre eles, podemos destacar uma nova ressignificação conceitual da expressão *América Latina*, gradualmente restringida, para a adoção da América do Sul, destacando o novo cenário geopolítico de interesse brasileiro.

18   Assunto discutido no Capítulo 3.

Mãos à obra!

Imagine que você é dono de uma pequena agência de turismo e elabore um roteiro de viagem por, pelo menos, três países da América Latina que mais te interessam, destacando: aspectos culturais, questões políticas e de segurança e os principais pontos turísticos desses países.

Luz, câmera, reflexão!

Escreva um texto para redes sociais, de no máximo, 500 palavras, destacando as semelhanças e as diferenças da situação de pobreza e de favelas na Índia e no Brasil, com base em dois filmes:

- QUEM QUER ser um milionário. Direção: Danny Boyle. EUA: Fox Searchlight Pictures, 2009. 120 min.
- CENTRAL do Brasil. Direção: Walter Salles. Brasil: Europa Filmes, 1998. 113 min.

Antes de postar nas suas redes sociais, peça ajuda a um colega de turma ou seu(sua) instrutor(a) ou professor(a) para conferir o texto. Discuta suas conclusões, escolha uma foto significativa e poste!

Síntese

Neste capítulo, defendemos a ideia de que a estratégia brasileira na política internacional, que levou o país à posição de destaque global que detém hoje, foi resultado de duas mudanças. A primeira, uma mudança nas concepções geopolíticas, que promoveram a transformação da posição do Brasil no continente americano: de uma relação dúbia de pertencimento à América Latina a de ator protagonista e liderança na América do Sul. A segunda, fundamental para a implementação da primeira, foi uma transformação metodológica na estratégia de articulação dos países latino-americanos e sul-americanos em oposição aos EUA. Em vez de exercer liderança pela imposição de sua força, ou cooptação de aliados em trocas de investimentos, o Brasil optou por ouvir, promover o diálogo e mediar conflitos de interesses entre os países da América do Sul.

Nas décadas seguintes, o que se viu foi o desdobramento dos resultados dessas duas transformações. O Brasil passou de liderança da América Latina a ator global. A região passou a questionar propostas dos EUA e a desenvolver políticas e projetos constitucionais com base na própria realidade. Assim, a crítica pós-colonial encontrou seu projeto político mais forte no novo constitucionalismo latino-americano. Blocos comerciais, como o Mercosul e a Comunidade Andina, passaram a almejar voos mais altos, e surgiu a integração política desses países na Unasur. No entanto, a impossibilidade de o Brasil protagonizar investimentos em infraestrutura na região abre espaço para o surgimento de novas relações e o crescimento da influência de outros atores globais na América Latina: a China, a Rússia e o Brics, bloco que o Brasil integra.

A posição de destaque do Brasil, de construir hegemonia na América Latina, deu-se também como resultado dos próprios processos políticos do país. Após 1988, o Brasil criou espaços de colaboração, participação política, conferências públicas e diálogo. Esse contexto se reflete na diplomacia, em que o país assume papel de mediador. O mediador é como um surfista na pororoca: no encontro de muitas águas, dos rios e dos mares, ele aprende com a experiência dos outros, demonstra amor às partes em conflito (as águas) e estimula a solução de problemas. Passa pelas ondas, mas não as domina. Surfa, dialoga.

Questões para revisão

1. Explique quais foram as principais transformações políticas na América Latina nas últimas duas décadas.

2. De acordo com o principal argumento deste capítulo, a liderança brasileira na América do Sul pode ser mais bem explicada a partir dos seguintes conceitos:
   a) Atuação coercitiva e liderança de mercado.
   b) Oferecimento de investimentos financeiros e em infraestrutura comum.
   c) Intervenção direta e hegemonia.
   d) Hegemonia e mediação.

3. Assinale a alternativa que **não** indica uma instituição regional latino-americana consolidada nesse novo contexto de transformações políticas e econômicas:

   a) Alca.

   b) Mercosul.

   c) Unasul.

   d) Comunidade Andina.

4. Quais são as principais características daquilo que ficou conhecido como *novo constitucionalismo latino-americano*?

5. A respeito do neoliberalismo e do Brics, assinale a alternativa correta:

   a) O Brics, grupo composto por Brasil, Rússia, Indonésia, China e Sudão, apresenta uma discordância em relação aos princípios neoliberais na economia.

   b) O Brics, grupo composto por Brasil, Rússia, Índia, China e África do Sul, apresenta uma alternativa ao capitalismo de mercado global, questionando ativamente os princípios neoliberais na economia.

   c) O Brics, de certa maneira, retoma a agenda do "terceiro-mundismo", na medida em que promove o diálogo Sul-Sul e as parcerias entre países em desenvolvimento.

   d) O Brics atua sempre de forma para fortalecer o triângulo da inovação, da igualdade e do desenvolvimento, e isso garantirá a influência duradoura desse bloco no cenário global.

Questões para reflexão

1. O Brasil se consolidou como liderança da América do Sul. A hegemonia política do país, no entanto, não gerou grande desenvolvimento econômico e de infraestrutura na região, que continua importando bens industriais e exportando matéria-prima e produtos primários. A interação com o Brics facilita ou fortalece a permanência desse modelo econômico na região?

2. O reconhecimento dos direitos dos povos indígenas parece uma realidade bastante presente nos países sul-americanos, com exceção do Brasil. Seria necessário alterar a Constituição brasileira para reconhecer direitos originários e nativos desses povos? Como isso poderia ser feito?

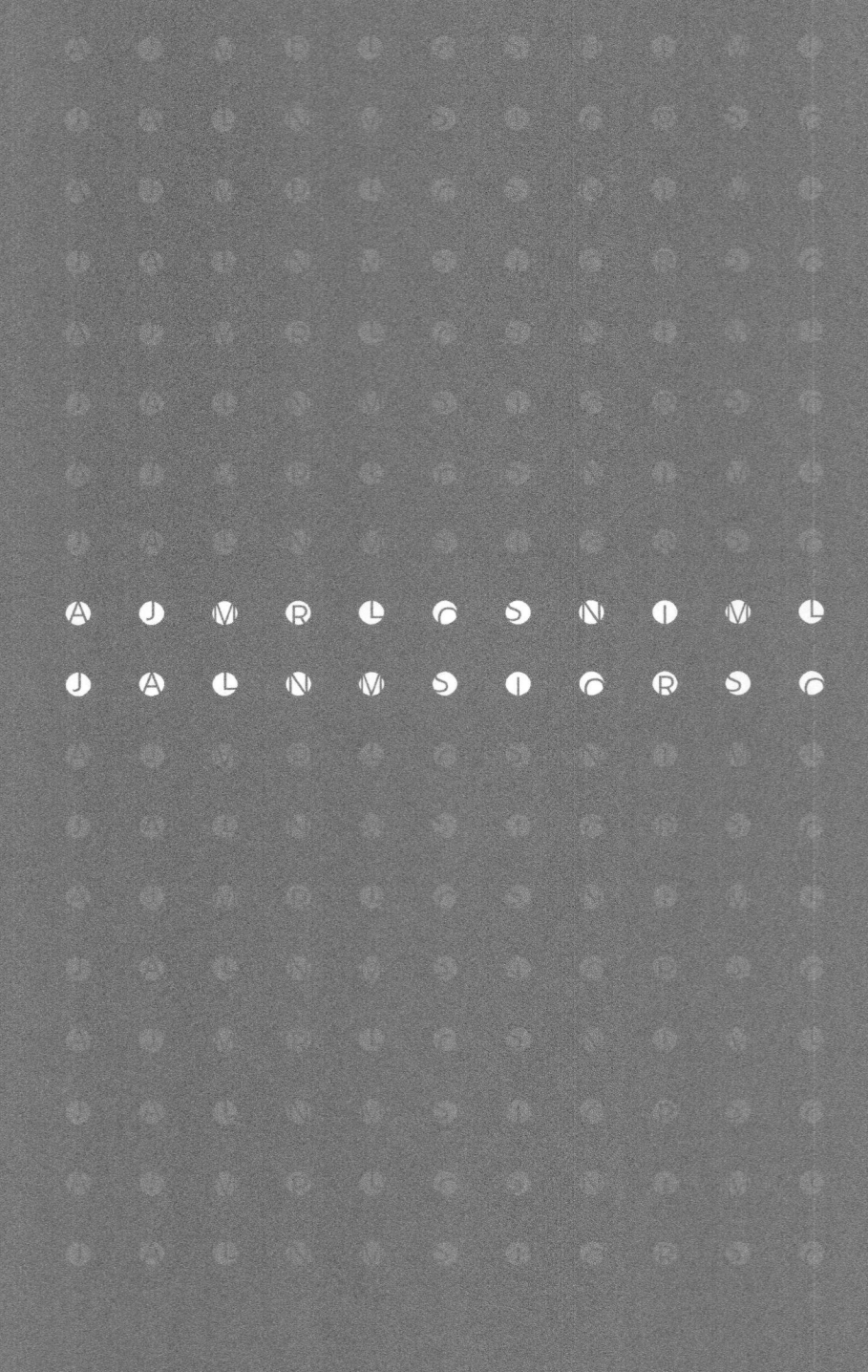

Parte 03

Direitos humanos: da sua fundação ao seu "fim"

Marcus V. A. B. de Matos

Conteúdos do capítulo:

- Este capítulo apresenta dois dos principais marcos da "fundação" dos direitos humanos no século XX, além de questionar alguns dos pressupostos comuns acerca do tema. Assim, põe em pauta a Declaração Universal dos Direitos Humanos da ONU, de 1948, e as lutas dos movimentos sociais das décadas de 1960-1970 pelos direitos de minorias excluídas. O argumento central é o de que os direitos humanos se tornaram uma bandeira universal, adotada por praticamente todos os Estados e governos, mas também uma bandeira inócua; assim, seria possível aos Estados declará-los, assinar tratados internacionais e, ao mesmo tempo, violá-los, desrespeitá-los e descumpri-los impunemente. Seriam os direitos humanos o resultado inevitável da globalização dos mercados ou o fruto constante de uma luta entre sociedade e Estado num contexto de imperialismo? O texto deste capítulo segue em busca da resposta a essa questão.

Após o estudo deste capítulo, você será capaz de:

1. compreender o que são os direitos humanos do ponto de vista ético, político e jurídico;
2. indicar os dois marcos de fundação dos direitos humanos: a Declaração Universal dos Direitos Humanos de 1948 e a formação de um movimento internacional de direitos humanos após 1968;
3. entender a relação entre os direitos humanos e os valores éticos e políticos adotados pelos vencedores da Segunda Guerra Mundial;
4. explicar a importância da inclusão de todos os seres humanos sob a proteção jurídica internacional dos direitos humanos;
5. criticar leituras equivocadas dos direitos humanos na América Latina e no mundo.

5.1
A formação dos direitos humanos

Os **direitos humanos** se tornaram um discurso central, incontornável, supostamente neutro, e triunfante, no século XXI. Seja para a garantia de direitos de minorias perseguidas, seja para justificar cortes de políticas públicas, o tema é presença certa nos debates públicos acalorados de nossa época (Douzinas, 2009). Resultado de centenas de anos de lutas e da ressignificação violenta da noção de **direitos** no período das revoluções liberais – incluindo a Guerra Civil Inglesa (1688), a Revolução Francesa (1789) e a Revolução Americana (1765) –, os direitos humanos assumiram sua forma mais atual a partir de dois momentos cruciais que marcaram o século passado. O primeiro está ligado a uma versão "negativa" dos direitos humanos, que trata principalmente de restringir ações dos Estados contra indivíduos e povos no âmbito do direito internacional. O segundo momento se refere a uma versão "positiva", que defende a igualdade e a equidade de direitos entre grupos étnicos e de identidades diferentes, bem como o direito desses grupos de lutar por essa igualdade, dentro de um mesmo Estado.

No entanto, a versão de direitos humanos mais comumente aceita hoje é resultado exatamente da apropriação dos direitos humanos por parte de Estados e governos. Trata-se de uma versão, digamos, adocicada, diluída do conteúdo original – muitas vezes conflituosa e resultado de revoluções e guerras (Hunt, 2009). Na busca por legitimidade internacional, governos dos mais diferentes vieses políticos adotaram, ao final do século XX, um discurso comum sobre essa questão. Todos parecem estar de acordo com os direitos humanos na condição de discurso, mesmo que, na prática, esses discursos sejam inócuos e possam ser considerados hipócritas.

Países ricos, com alto índice de desenvolvimento humano, já se utilizaram de um discurso "moral" e "ideológico" sobre os direitos humanos, inclusive, para intervir militarmente em outros países, supostamente violadores desses direitos. Essas intervenções, em nome dos direitos humanos, alimentaram guerras, ocupações militares e inúmeras outras violações de direitos. Essa situação levou vários juristas a denunciarem os direitos humanos, especialmente no âmbito do direito internacional, como mais uma moeda de troca que serviria, principalmente, aos interesses políticos de países europeus e aos Estados Unidos da América – EUA (Douzinas, 2009). Passaremos agora a examinar dois marcos de fundação da versão atual, moderna, liberal, dos direitos humanos.

∴ Os direitos humanos após 1948: guerra, minorias e genocídio

O primeiro marco que consideraremos aqui surgiu da dissociação dos direitos humanos do direito de cidadania, explicitada pela primeira vez na condição dos refugiados da Primeira Guerra Mundial. Na ocasião, a guerra provocou a realocação de fronteiras, em que cidadãos de países extintos – como o Império Austro-Húngaro e o Império Turco-Otomano – se viram sem pátria e sem direitos. Esse processo criou o conceito de minorias étnicas – grupos minoritários que passaram a viver em outros países, com direitos restritos, sofrendo xenofobia, racismo e segregação. O ápice desses eventos culminou na Segunda Guerra Mundial, com o extermínio de minorias étnicas inteiras por países do Eixo – como foi o caso dos judeus, a "maior minoria" da Alemanha na época. A resposta internacional, com a vitória dos Aliados, teve duas consequências diretas[1].

---

1   Os Aliados representavam a oposição aos países do Eixo. Era uma ampla aliança que resultou vencedora da Segunda Guerra Mundial.

Figura 5.1– Crianças judias no campo de concentração de Auschwitz

Vintage_Space/Alamy/Fotoarena

Fotografia de cena do filme soviético sobre a libertação de Auschwitz, feita pela unidade filmográfica do Primeiro Pelotão Ucraniano. O filme foi gravado por vários meses, a partir de 27 de janeiro de 1945, por Alexander Voronzow e seu grupo.

A primeira consequência foi o julgamento de líderes políticos, militares e empresários nazistas, responsáveis pelo extermínio dos judeus e outros grupos étnicos minoritários. Esses processos, conhecidos como *Tribunais de Nuremberg*, julgaram 141 indivíduos acusados de variados crimes e graus de participação neles durante a guerra (Roland, 2013). Os julgamentos realizados em Nuremberg colocaram em xeque as duas principais concepções de "direitos" da época: o **direito natural** e o **direito positivo**. Essas diferentes concepções entraram em choque durante esses julgamentos: os acusados, com frequência, alegavam não ter cometido crime algum, afinal, suas ações teriam seguido, estritamente, as leis que estavam em vigor na Alemanha nazista. Sendo assim, sustentavam, não poderiam ser condenados por ações e fatos que não configuravam crime na época em que ocorreram.

O dilema era claro para os juízes: se considerassem apenas as leis da Alemanha nazista como válidas, os acusados sairiam livres. Se considerassem que os acusados haviam violado algum outro tipo de "lei natural", de valores universais, haveria chance de condená-los. O **direito natural** (ou **jusnaturalismo**) era, até então, concebido como a ideia de que há leis naturais, baseadas em Deus ou na Natureza, que não podem ser alteradas e devem ser respeitadas por todos os governos, por uma questão de justiça. Essas questões de justiça foram expandidas, pelas teorias modernas do direito natural, como concepções de direitos humanos (Finnis, 2004). O **direito positivo**, por sua vez, representava a noção de que o direito **válido** só pode ser aquele legitimamente imposto, **positivado**, validado por uma autoridade, por um Estado. Assim, para identificar o direito válido em um país, era necessário reconhecer as leis legitimamente, promulgando-as por meio das fontes legislativas, institucionais, como os parlamentos ou tribunais, que alcançariam esse objetivo (Hart, 1958).

Os debates giraram em torno dessas duas teorias. A solução encontrada foi resumida na (hoje) famosa Fórmula de Radbruch, elaborada pelo jurista alemão Gustav Radbruch. Segundo essa fórmula, um juiz deve observar as leis promulgadas em um país, o **direito positivo**, como critério fundamental para reconhecer a validade dessas leis e poder aplicá-las em um caso concreto. Esse critério não é, porém, suficiente para produzir justiça. Seria necessário, também, complementar essa perspectiva com o **direito natural** e com a noção de que as leis não podem ser profundamente injustas, violando **direitos humanos fundamentais** (Mertens, 2003). Esses argumentos culminaram, finalmente, na condenação dos políticos, empresários, civis e militares que colaboraram com o nazismo – embora juristas e juízes alemães que poderiam ter sido julgados por motivos semelhantes tenham escapado das penas...

Preste atenção!

....

É importante lembrar que há diversos casos, registrados na história, de fuga de militares nazistas para países da América Latina. Essas fugas se deram com diferentes graus de colaboração entre os derrotados do Eixo, que seriam condenados por crimes de guerra, e os governos autoritários da América Latina (bem como as ditaduras fascistas de Portugal e Espanha), que tinham simpatia pelo regime Nazista. Para saber mais sobre essa questão, veja, por exemplo: Goni (2003). Um dos casos mais famosos de fugitivos nazistas de alta patente foi o de Adolf Eichmann, posteriormente capturado pelo serviço secreto israelense e levado para julgamento em Israel. Sobre a questão, consulte Arendt (1999).

....

A segunda consequência da vitória dos Aliados na guerra foi o resultado legislativo daquilo que foi julgado nos Tribunais de Nuremberg: a criação do crime de **genocídio** pela Organização das

Nações Unidas (ONU), que serviu de base para condenar qualquer tentativa futura de extermínio de um povo ou minoria étnica (United Nations, 1948)[2]. Ao mesmo tempo, a ONU proclamou a Declaração Universal dos Direitos Humanos (ONU, 1948), contendo normas e princípios válidos universalmente. Essas normas, proclamadas no âmbito do direito internacional, foram posteriormente assumidas como base para o estabelecimento de tribunais excepcionais, destinados a julgar crimes contra os direitos humanos nos moldes de Nuremberg. Desse desdobramento foi criado, em 2002, o Tribunal Penal Internacional (TPI), com o objetivo específico de julgar crimes contra os direitos humanos no âmbito internacional (Ambos; Japiassú, 2005). Decorrente da assinatura e da promulgação do Estatuto de Roma (United Nations, 1998), o funcionamento do TPI foi ratificado, recepcionado pela legislação brasileira no mesmo ano, por meio do Decreto n. 4.388, de 25 de setembro de 2002 (Brasil, 2002).

Em linhas gerais, podemos dizer que esse foi o primeiro marco da criação dos direitos humanos como os conhecemos hoje e da inserção deles no âmbito do **direito internacional público** (Hunt, 2009). Trata-se, como afirmamos anteriormente, de uma concepção "negativa" dos direitos humanos, com ênfase naquilo que restringe a ação de governos e Estados sobre indivíduos e povos. As consequências positivas da Declaração Universal dos Direitos Humanos de 1948 só viriam a ser elaboradas e defendidas politicamente, em leituras mais amplas, quase 20 anos depois.

---

2   Essa Convenção da ONU foi recepcionada e entrou em vigor no ordenamento jurídico brasileiro com a Lei n. 2.889, de 1º de outubro de 1956 (Brasil, 1956).

∴ Direitos humanos após 1968: movimentos sociais, ideologia e identidade

O segundo marco da concepção de direitos humanos atual que destacamos aqui emergiu entre as décadas de 1950 e 1980. Trata-se do resultado de dois movimentos distintos, porém relacionados: 1) as lutas de independência de países africanos e asiáticos no processo de descolonização; e 2) a onda global de manifestações políticas que tomou conta de diversos países no final da década de 1960. Ambos os movimentos podem ser considerados como processos de **inclusão** de pessoas e grupos étnicos distintos no *hall* da humanidade. É isso mesmo: são processos de reconhecimento de humanidade a seres humanos que, até então, não eram considerados como tais – eram tratados como propriedade (de outra nação ou indivíduo) ou como formas inferiorizadas de vida (humana). Trata-se do reconhecimento de direitos humanos, direitos fundamentais, a quem antes não os tinha – direitos políticos, sociais ou de identidade. Os direitos humanos se tornaram, assim, uma **nova utopia**, um novo marco de esperança e ação política (Moyn, 2010).

Figura 5.2 – As diferentes minorias se libertam e emergem para fora do campo (de concentração)

GDJ/Pixabay.com

Esse novo marco das concepções de direitos humanos se desdobrou de duas formas complementares. Uma delas foi resultado direto dos movimentos de independência de povos africanos e asiáticos que ocorreram nas décadas de 1950-1970. Trata-se da luta de povos dominados, colonizados, ou refugiados e apátridas, pelo direito de ter um Estado próprio. Em muitos dos casos, o processo de formação de um exército nacional, capaz de controlar o próprio território, deu-se por meio de acordos de médio e longo prazos para a devolução dos territórios pelas forças de ocupação estrangeiras. Esses movimentos[3] lutaram pelo direito de autodeterminação, mas também por novas concepções de *humanidade* e *direitos humanos* que fossem capazes de incluir nessas expressões as pessoas e os povos **não brancos, não europeus, não ocidentais.**

Do ponto de vista do **direito internacional**, esses movimentos contribuíram para a construção da ideia de "terceiro mundo" (Tomlinson, 2003): um mundo que ainda não havia sido incluído completamente entre os detentores de direitos da humanidade e que lutaria pela própria inclusão. Posteriormente, essa expressão passou a se referir também aos países que não queriam se alinhar politicamente com as duas superpotências mundiais durante a Guerra Fria. Esses países não eram parte do "primeiro mundo", o mundo capitalista, capitaneado pelos países alinhados aos EUA, mas também não eram parte do "segundo mundo", o mundo das nações sob a influência e o domínio da União das Repúblicas Socialistas

---

3   Esses movimentos, caracterizados como processos de "descolonização", foram
discutidos no Capítulo 1.

Soviéticas (URSS). Os direitos humanos, no âmbito internacional, se consolidou como uma forma de crítica à atuação desses dois blocos de países no período da Guerra Fria. Também gerou a "cooperação Sul-Sul", ou o "terceiro mundismo", assunto discutido nos Capítulos 1, 3 e 4, e teriam profunda influência na luta contra o imperialismo.

A outra forma como esse novo marco dos direitos humanos se desdobrou, constituído como uma nova utopia, deu-se no âmbito dos próprios Estados nacionais. A partir dessa nova ideia de igualdade, de fato, entre todos os seres humanos – conquistada, na prática, pelos processos de luta de independência dos povos colonizados –, diversas minorias étnicas, cotidianamente lesadas em seus direitos, iniciaram uma longa batalha contra políticas públicas discriminatórias e racistas. Ao mesmo tempo, grupos organizados, movimentos de estudantes, mulheres e trabalhadores, no mundo inteiro, começaram também a questionar os alinhamentos políticos e os modelos econômicos adotados no contexto da Guerra Fria. Eles proclamavam a necessidade de novas ideias e novos valores políticos que acabaram por formar um movimento internacional na luta por direitos humanos. E, é importante frisar, esses movimentos ocorreram em ambos os lados do conflito na Guerra Fria. Em diversos países (EUA, França, Tchecoslováquia, Hungria, Alemanha) houve protestos significativos, que incluíam greves, boicotes, "sentaços" e passeatas.

Importante!

Nos EUA, esses protestos se intensificaram durante a década de 1950 nos Estados do Sul, onde a segregação racial era legalizada por meio das Leis Jim Crow[4], que permitia que houvesse serviços públicos (transporte, educação) e estabelecimentos privados reservados apenas para pessoas brancas. Essas leis produziam um verdadeiro *apartheid*, uma profunda segregação entre negros e brancos, e essa situação levou a população à revolta em diversos Estados. Um dos casos mais famosos, estopim dessa insatisfação contra a segregação, foi o boicote aos ônibus no município de Montgomery, no Estado do Alabama, que ocorreu em 1955, quando Rosa Parks se recusou a obedecer ao motorista de um ônibus, que a obrigava a sentar na parte de trás do ônibus, reservada aos negros. Esse movimento se desdobrou em várias frentes, ficando conhecido como *movimento de luta por direitos civis iguais*, por parte de populações afro-americanas nos EUA. As duas lideranças do movimento com maior projeção foram: 1) o Pastor Martin Luther King Junior, que pregava uma resistência pacífica aos regimes segregacionistas dos Estados do sul dos EUA (Frady, 2005); e 2) Malcom X, que promovia a resistência ao racismo por meio da luta dos afro-americanos contra sua exploração (X; Haley, 1987). Ambos os líderes, vale lembrar, foram brutalmente assassinados. A repercussão dessas lutas, no auge da Guerra Fria,

---

4   Veja imagens e informações sobre essas leis consultando a seguinte fonte (em inglês): Jim Crow Laws (2020).

foi imensa e internacional, inspirando a resistência contra ditaduras, leis injustas e regimes racistas. A luta contra o racismo nos EUA contribuiu para a formação de um movimento internacional em defesa dos direitos humanos nas décadas de 1970 e 1980.

Preste atenção!

Figura 5.3 – Entrada do Museu do Apartheid, segregada entre brancos e negros

Finn stock/Shutterstock

O regime do *apartheid*, na África do Sul, foi uma das ditaduras que mais se baseou em ideias racistas na história recente. Em 1948, a África do Sul, ex-colônia holandesa e inglesa, instaurou leis de segregação racial que garantiam a existência de uma elite, branca, com direitos de voto e privilégios múltiplos, e relegava todos os povos africanos do país (classificados como *"raça negra"*), os indianos e mestiços (classificados como *"raça de cor mista"*) a posições subalternas na política, na educação e na economia. Nas décadas de 1960 e 1970, a população negra da África do Sul reagiu, organizada em torno do Congresso Nacional Africano (ANC), que viria a se tornar o braço político de uma longa guerrilha, liderada por Nelson Mandela – que organizou greves, boicotes nacionais e internacionais e atos de sabotagem contra o regime. A ditadura do *apartheid* durou até 1994, quando foi adotada uma nova constituição naquele país. Toda a luta contra o *apartheid* teve imensa repercussão internacional, no contexto da Guerra Fria, e sempre foi compreendida não apenas como resistência a uma ditadura, mas também como uma batalha em defesa da igualdade, da não descriminação racial e dos direitos humanos. A entrada do Museu do Apartheid (Figura 5.3) até hoje permanece segregada, para que os turistas que o visitam possam entender, sentir na pele, a sensação da segregação racial: ao passar na bilheteria, as pessoas são randomicamente classificadas como *blankes/whites* (brancos) ou *nie-blankes/non-whites* (não brancos) e obrigadas a entrar por portas separadas daquelas dos seus familiares e/ou amigos. Para saber mais, veja: Apartheid (2017).

Do outro lado da "cortina de ferro"[5] que separava os dois blocos de países na Europa durante a Guerra Fria, os direitos humanos também encontraram seu novo papel. Na União Soviética, dissidentes e lideranças intelectuais começaram movimentos para documentar

5   A expressão *cortina de ferro* foi cunhada pelo Primeiro Ministro Britânico Wiston Churchil para se referir a maneira como a URSS fechou as fronteiras de países europeus sob sua influência. Em seu famoso discurso, Churchil diz que "uma cortina de ferro desceu sobre a europa" (International Churchill Society, 2020, tradução nossa).

abusos contra liberdades civis, julgamentos forjados e persegui-ções políticas (Alexeyeva, 1987). Esse processo atingiu seu auge nos eventos que ficariam conhecidos na história como a *Primavera de Praga*, em 1968. Praga, cidade capital da (então) República da Tchecoslováquia, foi palco da tentativa de uma transformação signi-ficativa na política interna da URSS. Com base em uma iniciativa reformista, e a partir do próprio partido comunista daquele país, as lideranças propunham um socialismo de rosto humano, com a democratização e a liberação de vários aspectos do regime sovié-tico (Horvath, 2013). Essas iniciativas, vale também lembrar, foram suprimidas pela invasão de tropas russas e soviéticas ao país no final do mesmo ano.

Trata-se, então, de uma compreensão de direitos humanos "positiva", tanto no sentido comum da palavra quanto no sentido do direito positivo. Uma concepção de direitos humanos preocupada com a própria efetividade: não bastaria dar garantias formais a todas as pessoas, no direito internacional, sem que parte delas pudesse desfrutar desses direitos, efetivamente, em seus próprios países. Incluem-se nessa concepção as ideias de liberdades políti-cas, direitos e oportunidades iguais para grupos diferentes (afro-descendentes, mulheres, imigrantes, população LGBTT (Lésbicas, Gays, Bissexuais, Travestis, Transexuais e Transgêneros), além de ações afirmativas para tornar concretos esses direitos abstratos. Essas concepções se equilibram entre dois marcos, como veremos a seguir: 1) o da globalização, em perspectivas liberais; e 2) o do Império, com sua respectiva crítica.

Perguntas & respostas

....

Quais são os dois marcos fundacionais dos direitos humanos no século XX?

O primeiro marco fundante dos direitos humanos no século XX ocorreu em 1948, sistematizado pela Declaração Universal dos Direitos Humanos (ONU, 1948). O segundo se deu em 1968, caracterizado pelas manifestações nacionais que produziram um verdadeiro movimento internacional em defesa dos direitos humanos.

....

5.2

Direitos humanos: entre a globalização e o Império

Jürgen Habermas (2003) entende que os direitos humanos, mesmo com origem europeia, representariam hoje uma "linguagem universal" que regularia normativamente as relações de intercâmbio global. Os direitos humanos seriam a única linguagem possível para os oponentes e vítimas de regimes assassinos e guerras civis levantarem suas vozes contra a "violência, a repressão, a perseguição e o desrespeito à sua dignidade humana" (Habermas, 2003, p. 204). Contudo, Heinz Klug (2005, p. 85, tradução nossa) afirma que, embora os direitos humanos tenham se tornado "um fato da vida" – como propõe Richard Rorty –, o discurso hegemônico sobre os direitos humanos coexiste com uma persistente violação e impunidade.

Em uma tentativa de encontrar a fundação filosófica dos direitos humanos no direito internacional, Seyla Benhabib (2006, p. 13-14) sustenta que tanto a definição de crimes contra a humanidade quanto a ideia de **genocídio** como sendo o "único e verdadeiro" crime contra a humanidade são devedoras dos Tribunais de Nuremberg e do Julgamento de Adolf Eichmann após a Segunda Guerra Mundial – cortes que são consideradas como tribunais de exceção. No entanto, a relação curiosa de proximidade na origem entre as concepções contemporâneas sobre direitos humanos e tribunais de exceção são interpretadas pela autora de forma diversa.

Segundo Benhabib (2006, p. 16, tradução nossa), essa relação revela um contexto de transição de um modelo de direito internacional baseado em tratados celebrados entre Estados para um "direito cosmopolita" – entendido como direito internacional público que obriga e vincula a vontade soberana das nações –, e está na origem das "normas de justiça cosmopolita": normas caracterizadas por se aplicarem a indivíduos, e não aos Estados e aos agentes destes. Essas transformações coincidiriam com a emergência de uma **sociedade civil mundial**, que poderia ser explicada de duas perspectivas diferentes.

A perspectiva da **globalização** é aquela especialmente utilizada por autores que, na visão de Benhabib (2006, p. 16, tradução nossa), entendem essas transformações como um fenômeno primariamente econômico e, por isso, reduzem as normas de justiça cosmopolita a uma versão "fraca" dos direitos humanos, ligados ao avanço dos mercados e ao comércio internacional: "vida, liberdade, equidade, e prosperidade". Outra perspectiva é a do **Império**, sustentada por autores que veem no sistema global capitalista uma "rede anônima de regras e relações" que prende os indivíduos e que levaria os Estados e o direito a uma situação de emergências das normas legais internacionais para regulação, proteção e controle dos fluxos tecnológicos, comunicativos, informacionais e de segurança nas infraestruturas do capitalismo. O Império seria uma hegemonia sem um centro hierárquico definido.

Seguindo esse raciocínio, nenhuma das duas explicações – nem Império, nem globalização – daria conta das transformações descritas e daquilo que a autora estabelece como o **paradoxo da legitimação democrática**: o fato de que normas legais e padrões produzidos fora das legislaturas democráticas – ou seja, os direitos humanos – possam regular as próprias democracias estatais. Esta é a questão central para Benhabib (2006, p. 17, tradução nossa): o conflito entre a "necessária limitação das formas de democracia representativa" e a soberania dos Estados, expressa no "direito de autodeterminação" dos povos.

Juliana Magalhães (2013) descreve o mesmo fato por outra ótica. Segundo a autora, o discurso sobre os direitos humanos na condição de "reivindicação universal" se estabelece como "contrapartida do discurso da globalização" (Magalhães, 2013, p. 12). Assim, os direitos humanos parecem ser uma resposta adequada para que uma socie-dade que se enxerga "global" encontre uma referência "universal" para o problema de fundação do direito e da política localizada "para além do Estado nacional". Mesmo assim, essa fundação não passaria de uma "ficção", diante da qual poderiam ser feitos diversos usos simbólicos da noção de direitos humanos – incluindo reivindicações diante da constante violação desses direitos e a compatibilização dessas violações de direitos com suas "promessas não cumpridas" (Magalhães, 2010, p. 47-48).

Para os autores que entendem a globalização como a "transnacionalização dos mercados" – e, portanto, responsável pelas extremas desigualdades sociais no mundo contemporâneo –, seria possível elaborar nesse discurso a ideia de uma transnacionalização das "mazelas sociais" e da exclusão social. Dessa forma, em vez de observar as desigualdades internas aos próprios Estados, seria possível observar os próprios Estados e as respectivas populações como sendo os "excluídos da sociedade global". Nesse contexto, os direitos humanos poderiam ser vistos como um "corretivo" tanto para as "desumanidades do mercado" como para a "desintegração social" supostamente promovida pela "lógica do capital" (Magalhães, 2013, p. 12-13).

Para Magalhães (2013, p. 15), essa mudança de enfoque é correlata ao papel paradoxal dos direitos humanos em termos teóricos: uma tentativa de "reconduzir a um princípio fundante o paradoxo da unidade da diferença entre direito e política". Os direitos humanos desempenham, então, o papel discursivo – e teórico – de se constituírem como uma resposta à exclusão social: "drama maior de uma sociedade que, porque pretendeu uma universal inclusão de todos os homens, também praticou uma forma universal de exclusão social" (Magalhães, 2013, p. 15). Para a autora, contrariando as teorias tradicionais, a apologia dos direitos humanos na sociedade contemporânea seria o reflexo direto do "agudo mal-estar moderno em face da exclusão social" (Magalhães, 2013, p. 15).

Se os direitos humanos constituem um discurso sobre os mecanismos de inclusão dos homens na sociedade, mas que não tem as condições de incluir esses homens, então sua função principal seria outra: expressar as formas toleráveis de exclusão social. A afirmação de direitos como solução jurídica – e semântica – seria uma construção tipicamente moderna, pois apenas a modernidade "ofereceu as pré-condições que tornaram possível o reconhecimento e, portanto, também a efetivação (ainda que esta tenha se dado, sobretudo, por negação) dos direitos" (Magalhães, 2013, p. 15, 17).

No entanto, é justamente esse aspecto discursivo que interessa à perspectiva de abordagem de Seyla Benhabib (2006, p. 18, tradução nossa), cujo principal objetivo é levar as normas do "discurso ético" sobre direitos humanos para além das fronteiras do Estado-nação. Numa perspectiva universalista – e do ponto de vista moral –, a autora defende que todas as "fronteiras" requerem justificativa moral e, por isso, devem ser limitadas por uma abordagem discursiva. Este seria o desafio para a política soberana dos Estados: atender aos limites do que seria permitido como "práticas de inclusão e exclusão" dentro de suas fronteiras (Benhabib, 2006, p. 18, tradução nossa).

Para dar conta dessa proposta, Benhabib (2006, p. 19-20, tradução nossa) insiste na discussão sobre as divergências e mediações necessárias entre "moral e ética", bem como entre "moral e política". Nesse sentido, sustenta que as "normas cosmopolitas", os direitos humanos, não são nem "meramente morais", nem "apenas legais": seriam, na verdade, um ponto de intersecção entre ambos, uma "moralidade da legalidade", que se aplicaria mais a um contexto global do que nacional em cada Estado-nação (Benhabib, 2006, p. 19-20, tradução nossa). Entretanto, uma "crítica moral da legalidade" representa, de certa forma, uma perspectiva "extrajurídica", para além da lógica do direito e da legalidade; talvez, uma moralidade com "força de lei" (Benhabib, 2006, p. 19-20, tradução nossa). Essa ideia se coaduna com a perspectiva de Hanna Arendt (2007) de superação tanto do direito natural quanto do positivismo jurídico como base para a compreensão dos direitos humanos.

5.3
O "fim", o recomeço e o impacto dos direitos humanos

Estariam os direitos humanos perto do seu fim? Teriam eles cumprido seu papel e esgotado suas possibilidades políticas para o século XXI? Seriam os direitos humanos apenas metas burocráticas irrisórias, criadas para que governos violentos fujam da adequada fiscalização internacional e possam sentar-se à mesa de negócios com países europeus? Caberia falar em direitos humanos a partir de uma perspectiva pós-colonial, respeitando os marcos culturais indígenas, asiáticos ou africanos? Teriam esses direitos, ainda, algum papel a cumprir em relação a populações economicamente excluídas e politicamente perseguidas, por exemplo, em países da América Latina? Essas são algumas das perguntas fundamentais que devem ser feitas sobre os direitos humanos. Sua definição, sua origem e sua função política certamente dependem das respostas dadas a elas por governos, empresas multinacionais, movimentos políticos e sociais, além de organizações da sociedade civil.

Autores ligados a concepções kantianas e universalistas tendem a ver os direitos humanos sob a ótica do liberalismo e da democracia – podemos enxergar aqui os discursos de Hannah Arendt (2007), Heinz Klug (2005), Jürgen Habermas (2003) e Seyla Benhabib (2006). Essa perspectiva tende atribuir um valor positivo ao desenvolvimento contemporâneo das teorias dos direitos humanos. Por outro lado, aqueles autores que têm como prerrogativa um entendimento sobre a construção semântica dos direitos humanos e a negação como paradoxo explicativo tendem a uma visão menos entusiasta da afirmação desses direitos. Talvez esse seja o caso das teses de Lynn Hunt (2009) e Juliana Magalhães (2013), que enxergam nos direitos humanos o paradoxo e a diferença entre os indivíduos e o direito. Além disso, Magalhães (2013, p. 271-272) percebe nesses direitos um "esforço de civilização" que pode levar à "barbárie".

Essa leitura, certamente, converge com as concepções críticas dos marcos **neoliberais** dos direitos humanos, como as expressas por Costas Douzinas (2009) e Samuel Moyn (2010). Para Douzinas (2009), o "fim" dos direitos humanos pode ser compreendido com duplo sentido. Em um primeiro sentido, referimo-nos aqui à finalidade clássica dos direitos humanos: assegurar liberdades políticas, direitos fundamentais – trata-se do "direito a ter direitos". Em um segundo sentido, critica-se a forma como governos e Estados se apropriaram desses direitos, tornando-os meras expressões inócuas de promessas não cumpridas – logo, estamos diante do seu esgotamento, do seu "fim"

Na América Latina, os direitos humanos sempre tiveram um papel politicamente relevante. Em particular, sua versão pós-1968 teve um impacto fundamental na região, permitindo a criação de um espaço de crítica às práticas policiais e políticas de diversas ditaduras, regimes autoritários, consolidados nas décadas de 1960 e 1970 (Gaspari, 2004). Enquanto muitos países da América Latina se alinhavam a um ou outro bloco da Guerra Fria, os discursos sobre direitos humanos viriam a se tornar uma chave capaz de criticar ambos os lados do conflito: tanto as ditaduras autoritárias erguidas com apoio dos EUA quanto as guerrilhas e os grupos armados apoiados pela URSS[6].

Luz, câmera, reflexão!

A relação entre direitos humanos e filmes é parte da refundação dessa categoria de direitos em sua versão moderna. A prova disso é que os julgamentos de Nuremberg foram filmados (por cineastas soviéticos), com o objetivo de registrar, na história, aquele momento que serviria como fundação da nova ordem mundial – no caso, a Guerra Fria. As imagens foram transformadas em documento, em filmes do gênero documentário, algo que pudesse ter um *status* de verdade, de testemunho da história (Martins et al., 2009). Mas essa relação não envolve apenas o gênero documentário. Há uma série de filmes de narrativas ficcionais produzidos no cinema popular que não apenas servem para discutir, debater o que são os direitos humanos hoje. Os filmes também fazem parte dos discursos oficiais, das leituras acadêmicas, e são até mesmo capazes de produzir sentidos, de construir versões sobre os

---

6   No Capítulo 7 discutiremos os detalhes e as consequências dessas críticas.

direitos humanos (Construindo memória, 2009). Como os direitos humanos encontram sua maior potência como discurso, os fatos e a ficção se mesclam na compreensão que temos sobre os direitos humanos. Assim, podemos dizer que o cinema não apenas mostra, ou revela... ele também constrói os sentidos nos quais se desenvolvem os discursos sobre os direitos humanos.

Veja a seguir alguns filmes e séries que servem para refletir sobre esses marcos, mas que também contribuem diretamente para a compreensão que temos sobre o que são os direitos humanos.

- **Revoluções liberais e direitos do homem (1789)**

OS MISERÁVEIS. Direção: Bille August. EUA: Universal Pictures, 1998. 134 min.

OS MISERÁVEIS. Direção: Tom Hooper. EUA: Working Title Films, 2012. 158 min.

Musical estrelado por Hugh Jackman, Russell Crowe e Anne Hathaway. Ambas as versões cinematográficas, baseadas no livro de mesmo nome, de Victor Hugo, contam a história das crises que se seguiram à primeira afirmação de direitos humanos universais na história, no contexto social e político posterior às Revoluções Liberais.

- **Direitos humanos pós-1945**

THE NUREMBERG trials. Direção: Elizaveta Svilova. União Soviética: [s.n.], 1947. 58 min.
Filme documentário soviético produzido com imagens dos julgamentos. Trata-se de um documentário realizado com o intuito de produzir um arquivo para consulta posterior.

O JULGAMENTO de Nuremberg. Direção: Yves Simoneau. EUA: Warner, 2000. 180 min.
Filme norte-americano estrelado por Alec Baldwin. Trata-se de um filme de ficção baseado em fatos reais, reinterpretando os acontecimentos em torno do Julgamento de Nuremberg.

BAND of brothers. Direção: Steven Spielberg; Tom Hanks; Stephen Ambrose. EUA: HBO, 2001. Minissérie.
Minissérie sobre a Segunda Guerra Mundial com episódios baseados nos depoimentos de sobreviventes. No episódio 9, soldados encontram um "campo de concentração" abandonado pelos nazistas.

- **Direitos humanos pós-1968**

MISSISSIPI em Chamas. Direção: Alan Parker. EUA: Fox Film, 1988. 128 min.
Filme que retrata a luta da Polícia Federal dos EUA (FBI) contra a organização racista Ku Kux Klan, no sul desse país.

> X-MEN: o filme. Direção: Bryan Singer. EUA: 20th Century Fox. 104 min.
>
> Trata-se de uma série de dez filmes baseados nos personagens de estórias em quadrinhos criados por Stan Lee e Jack Kurby. Desde o primeiro filme fica bastante claro que os escritores, ao criar os líderes antagônicos Professor Xavier e Magneto, aparentemente basearam-se nos líderes políticos das lutas por Direitos Civis dos Afrodescendentes nos EUA, Martin Luther King Jr. e Malcom X.
>
> SELMA. Direção: Ava DuVernay. EUA: Paramount Pictures, 2014. 128 min.
>
> Filme que retrata a luta de Martin Luther King Jr. e do movimento para garantir o direito ao voto dos afrodescendentes no Estado do Alabama, nos EUA, em 1965.

Para saber mais

É comum encontrarmos na internet, e mesmo nos livros de direito, a definição de direitos humanos dividida em três "gerações de direitos". Nessa divisão, há uma certa "missão civilizatória" dos direitos humanos (Magalhães, 2013, p. 274) e, ao mesmo tempo, um pressuposto de que esses direitos se desenvolveram de forma evolutiva, progressiva, contínua, tendo pouca relação com os movimentos históricos e as lutas concretas desses movimentos. Essa não é uma perspectiva comprovável, verificável, nem cientificamente aceitável. No entanto, apenas para fins didáticos, é importante termos em mente que essa divisão tem influência sobre movimentos sociais e operadores do direito. Uma dessas divisões esquemáticas está disponível no *site* da DHNet – Rede Direitos Humanos. Nessa lista "geracional", cada geração de direitos é associada aos textos legais e pactos internacionais que teriam proclamado, ou positivado, esses direitos.

> DIREITOS humanos. **DHNet**, [S.d]. Disponível em: <http://dhnet.
> org.br/direitos/textos/geracaodh/dhgeracoes.html>. Acesso
> em: 20 abr. 2020.

Mãos à obra

Imagine que você é um jornalista a serviço de uma empresa de comunicação local, ou um assessor de comunicação de um vereador no seu município, investigando violações de direitos humanos na sua cidade. Leia o texto a seguir e elabore uma entrevista sobre concepções de direitos humanos, contendo de três a cinco perguntas, direcionada a uma autoridade da sua cidade (policial, juiz, secretário municipal etc).

> Os ideais perdem seu valor quando chamam a polícia e a força
> aérea para promovê-los [...]. Os Direitos Humanos devem ser
> cumpridos sem a sua garantia pela força. O desafio é fazê-los
> voltar à missão original, à proteção da dignidade e igualdade
> para os aprisionados, torturados e dominados. (Douzinas,
> 2009)

Leia o texto completo em:

DOUZINAS, C. Os ideais perdem seu valor quando chamam a polícia e a força aérea para promovê-los. **IHU On-line**, 18 maio 2009. Entrevista concedida a Márcia Junges. Tradução de Luis Marcos Sander. Disponível em: <http://www.ihuonline. unisinos.br/artigo/2563-costas-douzinas>. Acesso em: 25 ago. 2020.

Síntese

Neste capítulo discutimos a formação do conceito de *direitos humanos* e suas consequências práticas para a vida das pessoas. Traçamos a origem desses direitos nas revoluções liberais e sua evolução em dois grandes marcos: o primeiro, no período do pós-guerra, iniciado em 1945, tendo seu grande marco regulatório na Declaração Universal dos Direitos Humanos da ONU, de 1948; o segundo, no período após as grandes manifestações políticas de 1968, que marcaram o início de um movimento internacional em defesa dos direitos humanos.

A primeira concepção de *direitos humanos* é aquela que define o crime de genocídio, limitando o papel dos Estados democráticos a proteger as minorias em seus países. Ela é, portanto, uma criação do direito internacional, no qual produz seus maiores efeitos. A segunda concepção vai além: não basta aos Estados democráticos (ou seja, governado por escolhas da maioria) proteger as minorias em suas fronteiras; ele precisa efetivamente promover esses direitos que, pelas vias legislativas e políticas normais, não seriam efetivados. Essa segunda concepção de *direitos humanos* é promovida no âmbito político local, nacional, por meio de políticas públicas que combatam a discriminação de minorias e promovam os direitos de grupos excluídos na sociedade.

Por fim, observamos os paradoxos dos direitos humanos: os limites do seu discurso de inclusão universal das pessoas no âmbito do direito que esbarram nas barreiras concretas de exclusão do mercado global. Na condição de discurso, os direitos humanos permitem a inclusão ética e política de grupos minoritários, porém, também traçam as fronteiras econômicas da exclusão social aceitável pela sociedade. Esse é o grande paradoxo dos direitos humanos.

Questões para revisão

1. Leia atentamente o trecho a seguir e responda:

os direitos humanos têm apenas paradoxos a oferecer. Apesar das declarações sobre o direito universal à vida, todo dia chegam notícias atrozes de Darfur, do Congo, da Palestina e de Mumbai. Apesar das declarações piedosas sobre a igualdade e a dignidade, em nenhum outro período houve uma maior distância econômica entre o norte e o sul, ou entre os ricos e os pobres. Segundo um relatório da Oxfam, em outubro mais de um bilhão de pessoas não têm comida suficiente para sobreviver. Os direitos humanos são uma expressão da vontade humana em resistir à dominação pública e privada e sua opressão. Sua força une dissidentes chineses, defensores de refugiados, imigrantes e presos da guerra contra o terror, bem como crianças em idade escolar na Grécia. No entanto, nas mãos de governos ocidentais se tornaram a versão mais recente da missão civilizadora. No oeste, a ascensão do capitalismo neoliberal coincidiu com a virada cosmopolita e humanitária. (Douzinas, 2008)

Assinale a única alternativa que explica a visão do autor citado sobre os direitos humanos e seu "fim":

a) Os direitos humanos são uma farsa ocidental e a nada servem, exceto para defender "bandidos".

b) Quando transformados em discurso legitimador dos Estados ocidentais, dos países ricos e do capitalismo global, os direitos humanos se tornam motivo para intervenções humanitárias e guerras, que causam ainda mais violações de direitos humanos.

c) Os direitos humanos só são possíveis nas sociedades ocidentais culturalmente cristãs e desenvolvidas.

d) Os direitos humanos são plenamente compatíveis com as desigualdades sociais, e não há nenhuma contradição ou paradoxo nisso.

2. De acordo com o conhecimento adquirido neste capítulo, o que é mais importante em relação à compreensão do que são os direitos humanos?

a) Identificar a que "geração de direitos" eles pertencem.

b) Saber que os direitos humanos sempre foram universais, autoevidentes e garantidos pelos Estados e governos.

c) Perceber as relações entre os direitos humanos, a história, os movimentos sociais e as concepções políticas modernas.

d) Entender que os direitos humanos não têm nenhuma validade teórica nem eficácia prática, pois são apenas resultado de escolhas ideológicas.

3. Assinale a alternativa que apresenta os dois marcos fundantes dos direitos humanos na Era Moderna, examinados neste capítulo, e que correspondem a uma leitura "negativa" e "positiva" desses direitos:

a) A Declaração Universal dos Direitos do Homem na Revolução Francesa (1789) e a Constituição dos Estados Unidos da América (1787).

b) A independência das colônias africanas e asiáticas na década de 1950 e os Tribunais de Nuremberg.

c) A globalização e a luta contra o imperialismo.

d) A Declaração Universal dos Direitos Humanos (1948) e as manifestações políticas globais de 1968.

4. De que forma seria possível compreender os direitos humanos como uma tensão em relação às noções de globalização e de Império?

5. Quais são os paradoxos que podem ser apontados na noção atual de direitos humanos?

Questões para reflexão

1. Os direitos humanos são, ideologicamente, "de esquerda" ou "de direita"? Quais seriam os argumentos que cada uma das tendências políticas poderia levantar para defender seus pontos de vista?

2. Se os direitos humanos servem, principalmente, para denunciar os abusos dos Estados contra os indivíduos (como nos crimes de genocídio, nos casos de execução sumária ou de tortura), como é possível que os próprios Estados sejam vistos como "promotores" de direitos humanos?

As violações dos direitos humanos na América Latina

Marcus V. A. B. de Matos

Conteúdos do capítulo:

- Este capítulo busca problematizar o contexto cultural e político em que os direitos humanos se desenvolvem, na América Latina, como expressão da própria negação. Para alcançar esse objetivo, buscaremos um ponto de reflexão teórica: o tenebroso ponto de encontro biopolítico entre teorias contemporâneas sobre os direitos humanos e as teorias do Estado de exceção. Para dar peso concreto a esse arriscado caminho reflexivo, descreveremos como esse encontro teórico ocorreu na história, na prática das violações de direitos humanos que são mais comuns em países da América Latina: a negação da propriedade da terra e o genocídio dos povos indígenas; a permanência de níveis altos de pobreza e desigualdade social; as consequências políticas e jurídicas atuais das ditaduras instaladas no século passado, com regimes de tortura e desaparecimento de pessoas.

Após o estudo deste capítulo, você será capaz de:

1. entender a relação entre as políticas de proteção de minorias e a garantia do Estado democrático de direito na América Latina;
2. compreender a relação entre as ditaduras militares na história recente da América Latina e a atualidade de violações de direitos humanos na região;
3. relacionar o direito à terra aos povos originários do continente americano como uma garantia fundamental aos direitos humanos;
4. explicar as relações éticas e políticas entre colonização, genocídio e racismo na sociedade brasileira;
5. perceber como as violações de direitos humanos são maiores entre os pobres e as minorias éticas na América Latina.

Figura 6.1 – Imagem de "A Mão", no Memorial da América Latina, de Oscar Niemeyer – São Paulo, SP, 1987

Victor Hugo K F/Shutterstock

6.1
Direitos humanos e Estado de exceção: os fundamentos da biopolítica na América Latina

Segundo Juliana Neueschwander Magalhães (2013), o discurso sobre diretos humanos atual tornou-se banal, autoevidente e autorreferente. Na impossibilidade de concretização desse discurso, o horizonte dele se torna mínimo e, dessa forma, os direitos humanos são afirmados apenas quando se tornam objeto de reivindicação – ou seja, são direitos definidos pela sua negação, pela sua violação. Esse seria, segundo a autora, o caráter paradoxal dos direitos humanos, possível de ser constatado com base na semântica da expressão (Magalhães, 2010). O núcleo desses direitos é um lugar incerto, que surge como uma resposta ao problema da separação de poderes e da diferenciação dos sistemas político e jurídico na modernidade. Mesmo quando afirmadas de maneira positiva, as teorias sobre os direitos humanos são um paradoxo oculto que tentam servir de fundamento para a separação, paradoxal, do direito e da política (Magalhães, 2013).

Em sentido aparentemente semelhante, Giorgio Agamben (2004a, p. 12) define o Estado de exceção como sendo "a forma legal daquilo que não pode ter forma legal", como uma "terra de ninguém, entre o direito público e o fato político e entre a ordem jurídica e a vida". Explicar o Estado de exceção seria descrever, paradoxalmente, a forma jurídica do "não direito", da própria negação do direito. Trata-se de uma investigação sobre esta "zona incerta", em que está a suposta diferença "entre o político e o jurídico", para se compreender, de fato, a ação política na história ocidental. Agamben (1998) propõe, ainda, a noção de *Homo sacer*, do direito romano, para explicar a relação entre a política e o direito que formaria a biopolítica do nosso tempo: a possiblidade de decisão política sobre a vida humana. O *Homo sacer* seria um condenado político sem nenhum direito, alguém a quem o direito a ter direitos teria sido negado – como um banimento para fora do ordenamento jurídico.

Neste capítulo, vamos articular esses dois grandes marcos teóricos para explicar algumas das principais violações de direitos humanos, e sua persistência, na América Latina. Pressupondo a possibilidade de encontrarmos semelhanças e pontos comuns entre ambas as **negações**, buscamos aqui, em um primeiro momento, enxergar o horizonte de representação do "não direito": a possibilidade de representação de uma negação como ausência ou da paradoxal afirmação de uma "não afirmação"[1]. Nossa hipótese principal é de que ambas as noções, de **direitos humanos** e **Estado de exceção**, têm em comum a pretensão de fundação sobre um vazio que se expressa como negação, e por meio de paradoxos constitutivos. A fundação de ambos os conceitos se dá sobre uma ausência de momento fundante original, que pode ser atribuída à passagem traumática da modernidade à pós-modernidade, marcada pela **técnica** e pela **violência**.

Contudo, para os objetivos deste capítulo, não tomaremos os termos *modernidade* e *pós-modernidade* como opostos; adotaremos aqui a perspectiva de Agnes Heller (2005), para quem a modernidade

---

[1] Direito/não direito é a distinção fundamental, a chave explicativa por meio da qual autores como Rafaele Di Giorge e Juliana Magalhães leem o direito na teoria dos sistemas luhmaniana. Saiba mais em: Magalhães (2019) e Luhmann (2005).

não tem fundamentos porque surge por meio da destruição e desconstrução de todos os fundamentos. O paradoxo central da modernidade – que garante a existência de todos os outros paradoxos modernos – é exatamente haver uma não fundação como momento fundante (Heller, 2005). De maneira semelhante, caminharemos pela história das violações de direitos humanos no continente de maneira **anacrônica**, buscando fagulhas paradigmáticas do contemporâneo naquilo que é arcaico (Agamben, 2009). O passado, recente e distante, guarda a chave para a interpretação das marcas das violações de direitos que vemos hoje.

∴ Entre o político e o jurídico: o Estado de exceção como discurso e negação constitutiva dos direitos humanos

A relação entre direitos humanos e Estado de exceção não é apenas paradigmática e contemporânea. Ela assume, também, um caráter complementar. Se os direitos humanos, conforme discutimos no Capítulo 6, podem ser concebidos, em sua origem moderna, como o "direito a ter direitos", como a base da ideia de cidadania nos Estados modernos, o Estado de exceção, em contrapartida, é exatamente a negação desse direito mais básico, capaz de excluir alguém – que deixaria de gozar do *status* jurídico de pessoa – do próprio ordenamento jurídico estatal, negando a essa pessoa todos os direitos, desde os mais básicos e fundamentais (como a vida e a liberdade) até os mais complexos (o direito ao trabalho, à educação, à liberdade de expressão e à identidade etc.).

Hanna Arendt (2009, p. 300-302) atribui o "declínio do Estado-nação e o fim dos direitos do homem" ao período de explosão da Primeira Guerra Mundial, marcado por intensas e sangrentas guerras civis. Esses conflitos foram seguidos de migrações de numerosos grupos humanos que, uma vez fora dos países de origem, tornavam-se sujeitos apátridas e, perdendo seus Estados – já que alguns Impérios deixaram de existir nos conflitos –, perdiam também seus direitos humanos e "todos os seus direitos". Esses grupos humanos – os apátridas e as minorias – eram forçados a viver sob tratados de exceção ou sob condições de "absoluta ausência de lei": haviam perdido direitos que, até então, eram tidos como "inalienáveis", ou seja, os direitos do homem (Arendt, 2009, p. 332). Essa situação, de seres humanos sem direito algum, deteriorou-se, segundo a autora, até que o "campo de internamento" que, até a Segunda Guerra Mundial era a exceção, tornou-se a regra para os "grupos apátridas" (Arendt, 2009, p. 332).

Já o filósofo italiano Giorgio Agamben (2004a, p. 12) aponta que a dificuldade de definição do "Estado de exceção" se dá devido à estreita relação dessa situação com a "guerra civil, a insurreição e a resistência". Para o autor, o século XX é o berço de um fenômeno paradoxal que ele descreve como sendo a instauração de uma "guerra civil legal", por meio do Estado de exceção: a face do totalitarismo moderno que permite a eliminação física de "categorias inteiras de cidadãos que, por qualquer razão, pareçam não integráveis ao sistema político". Esse tipo de medida, ainda que não declarada no "sentido técnico", vem se tornando, desde o século XX, um "paradigma de governo dominante na política contemporânea", uma "técnica de governo" (Agamben, 2004a, p. 13).

A Primeira Guerra Mundial despontou como o período de "laboratório em que se experimentaram e se aperfeiçoaram os mecanismos e dispositivos funcionais do Estado de exceção como paradigma de governo" (Agamben, 2004a, p. 19). É nessa época que ficou mais evidente uma "executivização da política", caracterizada pela "erosão dos poderes legislativos do Parlamento" que, hoje, se limitaria a "ratificar disposições promulgadas pelo executivo sob a forma de decretos com força de lei" (Agamben, 2004a, p. 19). Uma das características essenciais do Estado de exceção é, então, a abolição provisória da distinção entre Poderes Legislativo, Executivo e Judiciário.

O Estado de exceção é, assim, a consequência de uma política determinada pelos paradigmas da economia e da segurança e demonstra como as decisões técnicas tomaram o lugar das discussões políticas nos parlamentos, se refletindo em uma visão tecnicista da política e do direito. Como exemplo, pode ser observada a promulgação do **estado de sítio** na França, durante a Primeira Guerra Mundial, quando os mesmos plenos poderes da emergência militar foram passados para a emergência econômica, em janeiro de 1924: na ocasião, "a ampliação dos poderes do executivo na esfera do legislativo" fez com que a "a emergência militar (...) desse lugar à emergência econômica por meio de uma assimilação implícita entre guerra e economia" (Agamben, 2004a, p. 26).

Dentre muitos outros exemplos possíveis que reforçam a posição do autor citado, destacamos o caso da Alemanha, o da Suíça e o uso de medidas de exceção pelos EUA, já no século XXI. No primeiro exemplo, entre 1925 e 1929, o governo alemão utilizou indiscriminadamente o dispositivo do art. 48 da Constituição de Weimar, "declarando o Estado de exceção e promulgando decretos de urgência em mais de 250 ocasiões", aponta Agamben (2004a, p. 29). Esses decretos serviram tanto para "prender milhares de militantes comunistas" quanto para "enfrentar a queda do marco [...] confirmando a tendência moderna de fazer coincidirem emergência político-militar e crise econômica" (Agamben, 2004a, p. 29). Já a Suíça é o exemplo utilizado por Agamben (2004a, p. 32) para demonstrar que "a teoria do Estado de exceção não é de modo algum patrimônio exclusivo da tradição antidemocrática". Ao contrário, ela deve ser parte integrante da teoria democrática desenvolvida nos séculos XX e XXI. Segundo o autor, no dia 3 de agosto de 1914, a Assembleia Federal da Suíça conferiu ao Conselho Federal "o poder ilimitado para tomar todas as medidas necessárias para garantir a segurança, a integridade e a neutralidade da Suíça" (Agamben, 2004a, p. 30). Essa promulgação de poderes amplos e indeterminados para a busca da segurança confirma a tese do autor de que, em situações de emergência militar ou econômica, a democracia protegida torna-se a regra. O Estado de exceção é a forma jurídica do controle biopolítico promovido pelos meios técnicos: "é a estrutura original em que o direito inclui em si mesmo o vivente por meio de sua própria suspensão" (Agamben, 2004a, p. 14).

O exemplo da promulgação da Military Order, de 13 de novembro de 2001, pelo presidente dos EUA (Agamben, 2004b), é crucial para compreendermos o processo pelo qual o emprego de meios técnicos viabiliza o Estado de exceção. Essa foi a medida que autorizou, pela primeira vez naquele país, a detenção por tempo indefinido de não cidadãos suspeitos de envolvimento com atividades terroristas. No mesmo sentido, a promulgação do USA Patriot Act, pelo Senado dos EUA, no dia 26 de outubro de 2001, permitiu a prisão sumária de estrangeiros suspeitos e deflagrou uma série de incidentes políticos internacionais, na medida em que impôs o controle de entrada no país por meio de fotografias, impressões digitais e outros recursos que o próprio Agamben denunciou como "tatuagem" biopolítica (Agamben, 2004b)[2].

O Estado de exceção funciona como o aparato jurídico-político pelo qual um indivíduo pode ser despido de sua roupa de "ser humano". Uma vez sujeito a estar do lado de fora do ordenamento jurídico, esse indivíduo perderia todos os seus direitos, podendo ser submetido a práticas de tortura, execução e desaparecimento de seu corpo. Esses métodos, que foram empregados em muitas ditaduras no mundo – e em especial na América Latina, como veremos a seguir –, podem também ser utilizados em regimes democráticos, desde que o contexto político permita a supressão de direitos de determinada categoria de cidadãos. Foi o caso daquilo que ficou conhecido, nos EUA, como o *regime da guerra ao terror*. Sobre esse período, Heinz Klug (2005, p. 85, tradução nossa) atesta que, mesmo após a retórica geral, condenando a tortura no Iraque, Afeganistão e outras "frentes da guerra ao terror" – revelada em fotos digitais para todo o mundo –, na prática, a defesa dos direitos humanos permaneceu "contextual". Mesmo com a investigação de centenas de situações e alegação de tortura e abusos de direitos humanos conduzidas por

• • • • •

2   O próprio Giorgio Agamben foi uma das vítimas dessas medidas de controle, abandonando seu emprego de professor nos EUA para não se submeter aos novos aparatos de vigilância que surgiram naquele país (Agamben, 2004b).

militares norte-americanos, a maior parte dos casos nesse período foi inconclusiva, pois as vítimas não puderam ser localizadas ou as provas foram insuficientes. Essa situação exemplifica que "a prática dos direitos humanos permanece entre os requerimentos formais de um processo altamente técnico e as realidades de poder e confronto no mundo" (Klug, 2005, p. 103, tradução nossa).

Além disso, outro fenômeno correlato se processa desde os ataques terroristas aos EUA em 11 de setembro de 2001: em nome da "guerra ao terrorismo", certas categorias de pessoas foram lançadas fora das normas internacionais de proteção – como as normas determinadas nas Convenções de Genebra[3]. Klug (2005, p. 95, tradução nossa) afirma que, apesar da posição de poder exercida pelos defensores desses argumentos, "o discurso dos direitos humanos se reafirma, mesmo enquanto as violações continuam". O poder do discurso dos direitos humanos, em contraposição, está embasado não apenas nas profundezas das organizações institucionais – considerando desde a Organização das Nações Unidas (ONU) até organizações não governamentais (ONGs) –, mas também no processo de internacionalização que promove ligações fundamentais entre as lutas por direitos humanos e os processos políticos nacionais, transformando violações contra "outros" em potenciais ameaças às constituições nacionais.

---

3   As Convenções de Genebra são uma série de tratados internacionais que dizem respeito à ajuda humanitária e ao tratamento que deve ser dispensado a refugiados, à população civil durante guerras e a prisioneiros de guerra. Para saber mais, confira: Comparato (2020) e CICV (2010).

Na América Latina, as tensões entre os paradigmas dos Direitos Humanos e do Estado de exceção se constituem, mutuamente e paradoxalmente, como resultado de um processo histórico e contextual complexo, violento e desafiador. Trata-se de processos arcaicos e contemporâneos, anacrônicos e constitutivos, que se alternam entre conciliação e conflito, gerando sociedades e Estados em constantes disputas. É nessa perspectiva, de navegar por consequências presentes de causas já distantes no tempo, que retomaremos agora os problemas postos pela colonização e pelas invasões europeias como práticas de genocídio da população nativa de diversos países.

6.2
O direito à terra como direito à vida: genocídio indígena e colonização

Os temas da colonização e do pensamento pós-colonial foram discutidos anteriormente nos Capítulos 1, 2 e 4. Neste capítulo, interessa-nos abordar um fato histórico: a conquista das terras do continente americano pelos colonizadores (Espanha e Portugal), assim como as consequências desse fato do ponto de vista dos direitos humanos. Trata-se, de antemão, de uma perspectiva anacrônica, que vai buscar a origem das violações de direitos humanos na América Latina na própria origem do continente. O anacronismo da proposta está em enxergar na guerra de conquista colonial um genocídio, um crime contra a humanidade, conforme discutido no Capítulo 5, antes mesmo do próprio conceito ser definido pelo direito internacional.

No entanto, o anacronismo se justifica por mais de uma razão. Em primeiro lugar, pelos próprios termos nos quais o debate jurídico e teológico sobre a conquista foi posto, ainda no século XVI. Seguindo-se a descoberta do continente americano por Cristóvão Colombo em 1492, Portugal e Espanha tiveram de chegar a um acordo sobre a divisão das terras que viriam a ser descobertas por ambos os países, por meio de suas avançadas técnicas de navegação na época. Até aquele momento, as terras, no direito internacional, eram frequentemente divididas pelo papa, mediante documentos denominados *bulas papais*, que concediam propriedade fundiária com bases nas leis do direito natural e com justificativa divina. O famoso Tratado de Tordesilhas, de 1494, é justamente uma das primeiras transições entre o direito medieval, mediado pela Igreja romana, e o direito internacional moderno, realizado por meio da celebração de tratados e acordos internacionais entre nações. (Harrisse, 1897)

Não é possível alegar, então, que a conquista das terras americanas se deu sem nenhuma regra, ou que o extermínio ocorreu em uma guerra que não era regida por lei alguma: desde o princípio da descoberta, a Igreja observava e provia as regras do jogo da conquista.

Figura 6.2 – Tratado de Tordesilhas (1494)

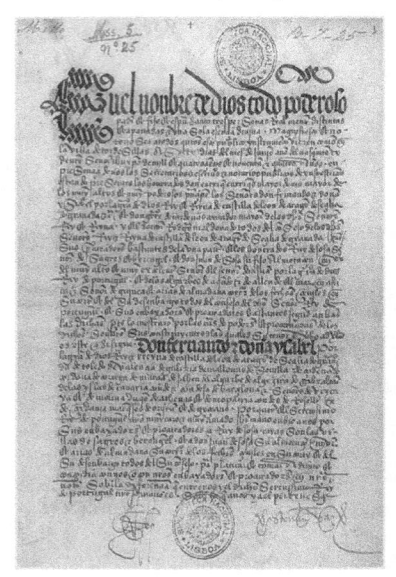

É interessante notar, nessa transição entre o teológico e o jurídico, e com o aumento das tensões entre o papado e as coroas da Espanha e de Portugal, que a primeira defesa das populações indígenas, e do direito à propriedade das terras dessas populações, tenha vindo justamente de religiosos. Bartolomé de Las Casas (1992, 1997), um teólogo dominicano, escreveu sua obra *Indianista* em defesa dos direitos das populações indígenas do continente americano diante da tomada das terras dessas populações pelos imperadores e reis da Espanha e de Portugal. O Tratado de Tordesilhas não poderia, segundo Las Casas (1992, p. 15), retirar dos povos nativos, ainda que "infiéis" (não cristãos), o direito de propriedade das terras. Nas próprias palavras desse teólogo, o direito dos reis (os "superiores") dos povos indígenas de possuir essas terras era equivalente ao direito dos reis da Espanha e de Portugal em possuir as próprias terras:

Quaisquer nações e povos, por infiéis que sejam, possuidores de terras e de reinos independentes, nos quais viveram desde o início, são povos livres e que não reconhecem fora de si nenhum superior, exceto os seus próprios, e este superior ou estes superiores tem a mesma pleníssima potestade e os mesmos direitos do príncipe supremo em seus reinos, que os que agora possui o imperador em seu império. (Las Casas, 1992, p. 21)

Mas é importante observar que tal posicionamento se trata de uma exceção. Se teses como essa foram incrivelmente humanas e dignas, não foram capazes de impedir uma guerra aberta contra os povos indígenas do continente americano nem a "falácia quase macabra de que a guerra se fazia para estabelecer um manto protetor aos índios" (Souza Filho, 1992, p. 8). Foi em nome dessa suposta proteção que se cometeram alguns dos maiores massacres contra as populações indígenas e, posteriormente, foram estabelecidos "institutos jurídicos que pudessem enquadrar os povos derrotados nos campos de batalha nos limites dos novos Estados que nasciam ou se implantavam no Novo Mundo" (Souza Filho, 1992, p. 8).

Infelizmente, o genocídio das populações indígenas na América Latina não foi uma prática restrita aos colonizadores e a países europeus. Após a independência dos países latino-americanos, essas populações continuaram a ser desterradas, tuteladas e exterminadas por políticas públicas paternalistas, por táticas de assimilação cultural ou por guerras expressas ou veladas – como ocorreu em diversas partes do Brasil e da Argentina, em processos até hoje não muito bem documentados e que determinaram a extinção de povos inteiros (Negri; Cocco, 2005). Na verdade, esses processos de extermínio de povos indígenas tiveram um impulso ainda maior com o avanço das colonizações tardias, ou seja, com a imigração europeia incentivada no século XIX, também chamada de *colonização de povoamento*, ou *settler colonialism* (Cavanagh; Veracini, 2016).

Apesar da trágica e triste história escrita sobre as populações indígenas na América Latina, os povos nativos da região ainda prevalecem, chegando a compor 70% da população de alguns países. Muitos povos indígenas ainda permanecem isolados das maiorias populacionais de seus países, mantendo práticas culturais e posse ou propriedade de suas terras. Esse isolamento, que pode ser visto como uma forma de preservação cultural, no entanto, também contribuiu para o extermínio e o fim de muitos povos e culturas. Em outra frente, a descoberta de minérios e petróleo em terras indígenas também contribuiu para sua destruição. Em 2007, a ONU promulgou a Declaração das Nações Unidas sobre os Direitos dos Povos Indígenas (UNDRIP – United Nations Declaration on the Rigts of Indigenous People) (Nações Unidas, 2008), para enfrentar esses desafios contemporâneos. Contudo, há uma distância muito grande entre os atos legislativos, os instrumentos legais de defesa desses povos e a realidade desafiadora que enfrentam (Ruge, 2009).

A ameaça de invasão e usurpação das terras indígenas é um problema permanente e atual. Rainer Grote (1999) nos lembra que, mesmo nos países considerados com a legislação mais avançada, como o Brasil, a Colômbia, o Paraguai e o Equador, a implementação dos direitos e a proteção do direito de propriedade dos povos indígenas é pífia e sofre entre dois polos de poder, que alternam-se da indiferença das autoridades à oposição de interesses econômicos e políticos poderosos. "O direito de propriedade as suas terras ancestrais é frequentemente ignorado pelas autoridades estatais [...] mesmo em casos em que esses direitos já foram reconhecidos pelos tribunais" (Grote, 1999, p. 528, tradução nossa).

Os mecanismos de reconhecimento de terras indígenas na América Latina, por mais avançados que sejam em termos políticos, deixam às vezes dúvidas sobre as próprias características jurídicas, e a terra indígena pode ser considerada posse, propriedade coletiva, propriedade privada ou até *joint venture*, um empreendimento conjunto entre povos e empresas multinacionais. A terra indígena, que não é somente um meio de produção, mas também de identidade e cultura, é constantemente objeto de disputa, nas últimas décadas, em países como o Brasil, o México, o Peru e a Nicarágua (Bravo, 2011)

Uma das formas de resistências a esse movimento de morte e desapropriação, que seguiu um caminho diferente do paternalismo e da pouca participação política permitida a esses povos, foi justamente o movimento conhecido como *novo constitucionalismo latino-americano*, discutido no Capítulo 4 deste livro.

Preste atenção!

....

O Relatório Figueiredo

Seja por meio de guerras declaradas no período colonial, seja por meio de disputas de terras aparentemente isoladas, o extermínio da população indígena no Brasil já foi classificado como *genocídio* pela imprensa internacional e denunciado na ONU. Em 1968, em plena ditadura militar, o Brasil lançou uma investigação para apurar crimes cometidos contra povos indígenas, desde 1940, por funcionários do extinto Serviço de Proteção ao Índio (SPI). A iconografia produzida e exibida pelo SPI em sua sede, no Rio de Janeiro, indicava um processo civilizatório de assimilação em andamento (Martins, 2013) que, na verdade, acobertou um trabalho minucioso de extermínio. De acordo com Norwan Lewis (1969), repórter inglês que teve acesso ao documento e acompanhou o trabalho da comissão de inquérito presidida por Jader Figueiredo, os casos de tortura, estupro e extermínio levavam a crer que a situação dos povos indígenas seguia dramática no Brasil, como um genocídio. A título de exemplo, a matéria de Lewis cita o caso da 7ª Inspetoria do SPI, no Paraná, em que havia provas de "índios sendo torturados, tendo seus pés esmagados entre duas tábuas de madeira [...] com as esposas sendo torturadas alternadamente com seus maridos" (Lewis, 1969, p. 47, tradução nossa). Casos como esse se repetiam pelo país inteiro, somados a crimes de estupro, extermínio com táticas de guerra biológica, uso de dinamites contra pessoas desarmadas e a simples execução em massa de tribos inteiras. As investigações levaram a julgamento o SPI e 134 dos funcionários da instituição. O SPI foi fechado, mas nenhum acusado foi preso. Por trás dos funcionários, frequentemente corruptos, emergia, segundo Lewis (1969), a figura tenebrosa do "fazendeiro": alguém que, das sombras, alimentava essas práticas, com apoio de políticos e autoridades policiais. Com a impunidade a esses crimes, ocorreu um suspeito incêndio que teria "destruído" as 7 mil páginas do Relatório Figueiredo. Ele reapareceu, misteriosamente, 45 anos depois, para vergonha daqueles que praticaram e também daqueles que acobertaram esses crimes (Survival International, 2013).

Para saber mais

O tema das violações dos direitos indígenas é central em toda a América Latina. Assista ao vídeo da Comisión Económica para América Latina y el Caribe (Cepal) sobre a situação dos indígenas na América Latina:

CEPAL – Comisión Económica para América Latina y el Caribe. **Os povos indígenas na América Latina**. Disponível em: <https://www.youtube.com/watch?v=we27BkAwGbc>. Acesso em: 20 abr. 2020.

Para compreender como essa situação chegou ao ponto calamitoso atual e entender seu desenvolvimento na história recente, quando governos tentaram apagar as marcas de crimes e violações de direitos humanos contra povos indígenas, leia a matéria completa do jornalista Norman Lewis (em inglês):

LEWIS, N. Genocide. **Sunday Times Magazine**, p. 35-55, 23 Feb. 1969. Disponível em: <http://assets.survivalinternational.org/documents/1094/genocide-norman-lewis-1969.pdf>. Acesso em: 20 abr. 2020.

....

6.3
Memória e verdade: o legado das violações de direitos humanos nas ditaduras latino-americanas

Após o término da Segunda Guerra Mundial, o mundo mergulhou no período da chamada Guerra Fria[4]. Na América Latina, esse período foi de intensa disputa e instabilidade política, alimentada pelas duas grandes potências mundiais da época: os EUA e a União das Repúblicas Socialistas Soviéticas (URSS). Em praticamente todo o continente, essa dualidade se extremava ao ponto de tentar impedir a consolidação de propostas alternativas a esses dois blocos, capitalista e comunista, respectivamente[5].

• • • • •

4   Conforme vimos nos Capítulos 3 e 5.
5   Como no caso das políticas independentes ou "terceiro mundistas", discutidas também nos Capítulos 3 e 4.

Figura 6.3 – Retratos de centenas de detidos desaparecidos exibidos no Museu da Memória e Direitos Humanos em Santiago, 11 de janeiro de 2010

Victor Ruiz Caballero/Reuters/Fotoarena

As estratégias de cada bloco seguiram quase que um padrão: a URSS apoiava partidos comunistas ligados a Moscou e incentivava financeiramente grupos revolucionários para desestabilizar os regimes políticos (algo que só iria se alterar com o triunfo da guerrilha cubana, a maior revolução do continente, que durou de 1953 até 1959 e teve a adesão reticente do regime castrista ao bloco soviético). Após disputas internas nesse bloco, Cuba assumiu a responsabilidade de fomentar guerrilhas socialistas por todo o continente (Gaspari, 2002a), ao mesmo tempo consolidando e desafiando a hegemonia soviética. Do outro lado, os EUA lutavam para impedir que o que ocorreu em Cuba se repetisse em outros países da América Latina. Para consolidar sua posição, os EUA trabalharam tanto para fortalecer seus aliados políticos no continente quanto para desestabilizar governos simpáticos ou abertamente favoráveis ao **socialismo** (Guardiola-Rivera, 2013).

Importante!

Neste capítulo nos interessa discutir os fatos consumados dos regimes que surgiram na América Latina exatamente durante o período da Guerra Fria: ditaduras militares, em geral com o apoio militar ou financeiro dos EUA. Resgatar as ações do Estado no período citado é o desafio mais importante, e ainda atual no continente, porque boa parte dos problemas de violações de direitos humanos na América Latina são diretamente ligados, ainda hoje, à atuação de forças de segurança (militares ou civis) estatais, ainda hoje.

Essas marcas se fazem sentir principalmente na fragilidade do **Estado democrático de direito**, quando líderes sociais e políticos ou defensores de direitos humanos que enfrentam o Estado em suas práticas são torturados, executados e eventualmente desaparecem.

Preste atenção!

Apenas a título de exemplo da fragilidade do Estado democrático de direito no Brasil, podemos nos lembrar do recente assassinato da vereadora Marielle Franco – que havia sido presidente da Comissão de Direitos Humanos da Assembleia Legislativa do Estado do Rio de Janeiro (Alerj) – que ocorreu em 14 de março de 2018. O modelo de execução de Marielle lembra, em muitos aspectos, os assassinatos políticos da ditadura militar brasileira, quando crimes eram cometidos para não deixar provas. Tomemos como exemplos o famoso assassinato de Zuzu Angel (Olsen; Payne; Reiter, 2009) ou as tentativas de assassinato e sequestro de Piedad Córdoba, senadora na Colômbia com o perfil parecido com o de Marielle.

Para saber mais sobre o caso de Marielle Franco e sua repercussão para o tema deste capítulo, veja: Carneiro (2018) e Souza (2018). Leia sobre a senadora Piedad Córdoba consultando a seguinte fonte (em espanhol): Moya (2013). Saiba mais sobre as ameaças de morte sofridas por essa senadora consultando a seguinte fonte (em espanhol): Cárdenas (2017).

....

Mas qual seria a relação dos crimes atuais (assassinatos políticos, torturas, execuções e desaparecimento de corpos) com os regimes ditatoriais do século XX? A resposta segue a linha do que propõe o sociólogo Félix Reátegui Carrillo (2009), professor de Direitos Humanos da Pontifícia Universidade Católica do Peru. Segundo o autor, os processos de violência estatal só podem ser interrompidos conforme as instituições policiais e as forças de segurança passem a agir de forma democrática. Esse compromisso com a democracia só seria possível, na experiência do período pós-ditadura no Peru, após o momento em que as dores causadas pelas violações de direitos humanos terminassem e dessem espaço para a reelaboração cultural da memória sobre a violência. No Peru, a Comisión de la Verdad y Reconciliación, instalada para apurar os crimes da época, concluiu que tanto o grupo guerrilheiro Sendero Luminoso (mas não apenas ele) quanto as forças estatais utilizaram-se de "execuções extra-judiciais, desaparecimentos, torturas, violações sexuais e outras", causando algo em torno de "70 mil mortes" (Carrillo, 2009, p. 47).

Outros países passaram por situações semelhantes, com golpes militares seguidos de instalação de regimes de exceção – quase sempre mantendo em funcionamento as instituições básicas do Estado, como parlamentos com poderes restritos e membros pré-selecionados. Não se trata, portanto, de uma coincidência, mas de regimes cujo funcionamento autoritário seguiu certos padrões, para obter apoio dos vizinhos latino-americanos e, principalmente, dos EUA. Ditaduras militares se espalharam pelo continente entre 1960 e 1980, vitimando regimes e presidentes democraticamente eleitos na Argentina, no Brasil, no Chile, na Colômbia, no Uruguai, dentre outros países. Em geral, esses regimes militares suspenderam os direitos civis da população e provocaram um número alarmante de mortos e desaparecidos políticos. Na Argentina, que lidera o *ranking*, o número de mortos e desaparecidos pode ultrapassar a cifra dos 30 mil (Blakemore, 2019). No Brasil, foram executadas e desaparecidas 434 pessoas, porém, exiladas e torturadas outros vários milhares (Brasil, 2014). No Chile, a cifra de mortos e desaparecidos é de 3.000 cidadãos chilenos, e o número de presos e torturados chega a 30 mil (Military Regime, 2014). A Colômbia, embora nunca tenha se tornado formalmente uma ditadura militar, seguiu com sua guerra civil, vitimando oficialmente 220 mil pessoas, em um conflito em andamento até 2013 (GMH, 2013).

Além dos assassinatos seletivos praticados pelas forças armadas e policiais desses países, há ainda o uso deliberado e técnico da tortura contra presos políticos. Os números, nesse caso, são mais difíceis de precisar, mas são alarmantes. No caso do Brasil, que teve um número menor de assassinatos políticos e desaparecimentos, sabe-se hoje de uma espécie de uso extremado da tortura como tática política, que teria sido aplicada a pelo menos 17 mil pessoas (Dassin, 1986). O primeiro presidente e uma das lideranças mais importantes da ditadura militar brasileira, o Marechal Humberto de Alencar Castello Branco, afirmava não apenas a existência da tortura nos porões da ditadura militar, como também o uso sistemático e tático dela: "Nós torturamos pra não fuzilar" (Gaspari, 2002a, p. 136). A tortura, nesse sentido, teria se transformado em "arma política" (Gaspari, 2002b, p. 304), conforme denúncias da Anistia Internacional na época, relatando que prisioneiros eram torturados mesmo antes de se iniciar qualquer tipo de interrogatório.

É sabido, também, que esses regimes tiveram apoio mútuo e técnico dos EUA, especificamente da Central Americana de Inteligência (CIA), para formular tais métodos. Parte desse apoio foi articulado na Operação Condor: uma ação de cooperação nas áreas de inteligência e espionagem, com acordos não escritos (Gaspari, 2002a) entre os países que se alinharam no combate ao comunismo no continente. Se nos restringirmos a comparar apenas três países sul-americanos cujos regimes colaboraram intensamente – a Argentina, o Brasil e o Chile –, é possível afirmar que todos utilizavam, em diferentes graus, os mesmos métodos de repressão política: esquadrões de extermínio e chacinas; forças policiais que operavam em segredo; censura; toques de recolher; campos de concentração; e tortura. Todos os três regimes tinham relações com o fascismo, com a extrema direita e com o autoritarismo. A relação desses países com os EUA, no entanto, dava-se pelo anticomunismo extremado (Malta, 2018).

Dos três regimes comparados, o Brasil desponta como tendo sido o menos repressivo e por ter constituído um regime jurídico e político que comportava, constantemente, a própria suspensão dentro de uma maquiagem de legalidade – um Estado de exceção, propriamente. Essa característica do regime brasileiro poderia ser parcialmente atribuída ao fato de que, dentro do Exército Brasileiro, havia dois grupos em constante conflito: 1) um grupo supostamente próximo a ideais político-liberais e conservadores, liderado pelo Marechal Castello Branco e pelos Generais Ernesto Geisel e Golbery do Couto e Silva; e 2) outro grupo, abertamente fascista, autointitulado de "linha dura" e liderado por figuras como o General Artur da Costa e Silva, General Emílio Garrastazu Médici, além do Coronel Carlos Alberto Brilhante Ulstra e do General Hugo Abreu. Esses dois grupos se digladiaram por dentro do poder, com tentativas de golpes de Estado e atentados terroristas contra seus antagonistas (Gaspari, 2003).

Em contraste, os regimes do Chile e da Argentina foram muito mais repressivos e opressores. Isso se deu também por conta dos ideais fascistas que se espalharam pela América Latina no período imediatamente anterior à Guerra Fria, ao final da Segunda Guerra Mundial. A Argentina, inclusive, colaborou diretamente com países do

Eixo, funcionando como rota de fuga para nazistas e fascistas (Goni, 2003)[6]. Mas, para além de posicionamentos ideológicos, as semelhanças dos métodos repressivos empregados nesses três países podem ser atribuídas ao sistema de cooperação militar da Operação Condor, que incluía não apenas Argentina, Brasil e Chile, como também Bolívia, Paraguai e Uruguai, por volta de 1975 (Mcsherry, 2002).

∴ Anistias, comissões da verdade e os desafios para a democracia na América Latina

O término dos regimes de exceção na América Latina foi, quase que uniformemente, seguido por processos de anistia aos crimes políticos cometidos durante as ditaduras militares. Inicialmente pensada como um instrumento para o retorno de exilados e indivíduos perseguidos por terem cometidos crimes políticos, as anistias acabaram também funcionando para perdoar os crimes comuns cometidos por oficiais dos regimes ditatoriais – aqueles que torturaram, executaram, desapareceram com corpos, estupraram e, em alguns casos, roubaram filhos dos inimigos e os criaram como os próprios filhos. Com o retorno da democracia na maior parte dos países da América do Sul, criaram-se as comissões da verdade, que tiveram dois sentidos.

• • • • •

6   Conforme discutido no Capítulo 5 deste livro, em nota de rodapé.

Em países que decidiram rever suas leis de anistia – e, logo, julgar os agentes de segurança que cometeram crimes comuns, como tortura e sevícia de prisioneiros e prisioneiras –, essas comissões tiveram o papel de registrar a história de casos emblemáticos, que depois poderiam ser analisados judicialmente. Esse foi o cenário na Argentina, na Bolívia, no Chile, em El Salvador, na Guatemala, no Haiti, na Nicarágua, no Panamá, no Peru e no Uruguai. Em outros países, como o Brasil, a República Dominicana, o Equador, o México e o Paraguai, os processos de anistia não levaram, necessariamente, ao estabelecimento imediato de comissões da verdade, nem a posteriores julgamentos de crimes comuns cometidos por militares. Nesses países, em que as próprias ditaduras enxergaram o próprio esgotamento político e fizeram o processo de transição para os regimes democráticos, o estabelecimento de comissões da verdade foi um desafio difícil (Olsen; Payne; Reiter, 2009).

Nos países que não realizaram esses processos plenamente, de reconstrução e esclarecimento dos crimes de estado e violações de direitos humanos durante as ditaduras, nem levaram a julgamento os perpetradores dos crimes, é possível observar uma consequência grave, um efeito institucional direto do silêncio: a enorme impunidade nos crimes de homicídio e tortura. Para além do estabelecimento de uma narrativa, de um discurso capaz de esclarecer, conciliar, promover entendimento, resta o enfraquecimento seletivo das instituições destinadas a investigar, prender e produzir provas contra criminosos, em especial nos homicídios. Essa é uma das principais razões pelas quais a América Latina lidera o mundo em um dos piores índices: essa região do continente americano possui a mais alta taxa de homicídios do mundo (UNODC, 2013). A lógica dessa afirmação pode parecer sofisticada, mas não é. O raciocínio é simples: durante anos de ditadura, as forças de segurança foram treinadas para assassinar e torturar pessoas sem gerar provas, e com garantia governamental de que esses crimes ficariam impunes. Consequentemente, essas técnicas permanecem na cultura institucional das agências de investigação – acostumadas a encobrir crimes contra opositores políticos – e nas forças de segurança, treinadas para matar os cidadãos que deveriam proteger.

Esse quadro levou tais países a regimes democráticos com altíssimos índices de homicídios, que não são combatidos e investigados devidamente porque, segundo Ojea (2014), muito provavelmente, grande parte deles são ainda cometidos por policiais, para os quais a única maneira de livrar os colegas, outros policiais, da prisão, é não investigando os crimes – o que dá a esses agentes um perigoso **poder de exceção**, de decisão sobre a morte, seletiva, de opositores, que podem ser políticos, juízes, defensores de direitos humanos ou líderes comunitários. De acordo, com Inzunza e Vieiras (2017), esse poder, considerando os dados alarmantes sobre homicídios na América Latina, é ainda vigente.

6.4
Direitos humanos e biocontrole: o poder de "fazer morrer" na América Latina

Figura 6.4 – Escravidão no Brasil, de Jean-Baptiste Debret – entre 1768 e 1848

DEBRET, Jean-Baptiste. Feitores corrigindo negros. 1834-1839. Viagem pitoresca e histórica ao Brasil, de 1816 a 1831. Impressão, ilustração. Paris (FR).

Ao trazer a discussão sobre execuções sumárias e desaparecimento de corpos para países da América Latina, é importante considerar que lidamos com realidades em que o controle biopolítico sempre ocorreu contra grandes parcelas da população, sem respeitar limites constitucionais ou direitos humanos. Nesses casos, os meios técnicos e jurídicos sempre foram utilizados para possibilitar a instauração de um Estado de exceção permanente contra determinadas parcelas da população: os índios, os negros, os dissidentes políticos e as populações com comportamento desviante da maioria.

Antônio Negri e Giuseppe Cocco (2005) discutem as associações entre Estado, biopoder e economia na região, levando em consideração a sua história. A América Latina seria paradigmática para pensar essas questões, pois foi a única do mundo que, "apesar das altas taxas de crescimento econômico [...] no decorrer de todo o século XX, não conseguiu diminuir a desigualdade e manteve-se como o continente mais desigual do mundo" (Negri; Cocco, p. 19). Trata-se de um continente em que a formação do Estado foi profundamente marcada por seu modo de inserção na economia mundial: processos que foram responsáveis pela instauração, na região, de relações sociais do tipo "patriarcal-colonial", que operaram para a aniquilação sistemática de um corpo social nativo – etnicamente distinto, formado por indígenas e negros, de duas formas: "o extermínio puro e simples [...] e a mestiçagem" (Negri; Cocco, 2005, p. 76).

A mestiçagem é a forma como ocorre o "controle biopolítico das infinitas modulações dos fluxos de sangue" (Negri; Cocco, 2005, p. 78). Trata-se de uma tática de guerra desenvolvida na América Latina pelos colonizadores para dominar os Estados e depois diferenciar a população por meio da noção de **hierarquia étnica**. Assim, regiões de mestiçagem entre índios e negros eram associadas ao atraso, ao fracasso econômico; enquanto regiões colonizadas por europeus, japoneses e outros povos que migraram ao final do século XIX eram associadas à modernidade, ao desenvolvimento, ao crescimento econômico (Souza, 2009). Os mestiços desses povos europeus eram considerados etnicamente superiores aos mestiços nativos e africanos, sendo alvo de políticas públicas de desenvolvimento. Aos outros, restava o aparato de segurança do Estado.

Negri e Cocco (2005) exemplificam, na prática, como a mestiçagem influencia na seleção criminal daqueles indivíduos que estão na linha final da hierarquia étnica. Demonstra os modos como populações inteiras sofrem a seletividade do poder de segurança do Estado, aquilo que Giorgio Agamben (2004a) denomina como uma das formas da "executivização" da política no Estado de exceção. Trata-se da exclusão social que, ao mesmo tempo que justifica e constitui a razão de ser dos direitos humanos, está em negação: a criminalização da pobreza e das classes baixas nos grandes Estados da América Latina. Assim, conforme Negri e Cocco (2005, p. 103):

> a guerra social contra os pobres tem características endêmicas nesses países, fortemente determinadas por fatores étnico-raciais, biopolíticos! [...] uma vez fechado o parênteses da brutal repressão à luta armada e, portanto, dos "setores médios" nela envolvidos, a guerra social (tortura, execuções sumárias como métodos banalizados de controle social) volta à sua normalidade biopolítica que permanece até os nossos dias.

O fato de o crescimento econômico estar desvinculado do desenvolvimento na América Latina já revela, segundo Negri e Cocco (2005), uma associação entre esse crescimento e o biopoder, que conduz uma guerra de extermínio contra as minorias – ou, no caso da população negra brasileira, contra maiorias biopolíticas. A fundamentação dessa ação política seria a "discriminação racial que associa a exclusão sistemática dos serviços públicos de base, especialmente o ensino básico e médio [...], a uma indiferença homicida em relação aos problemas de saúde" (Negri; Cocco, 2005, p. 108). Para os autores, a "resposta do biopoder é feroz [...]. A guerra de extermínio transforma-se em guerra urbana" (Negri; Cocco, 2005, p. 109).

Os dados, entretanto, não resumem as dimensões desumanas e o imensurável sofrimento causado pela guerra biopolítica contra negros, mestiços e pobres. A maior parte da população nos Estados latino-americanos é objeto de um poder de fazer morrer que se exemplifica nas prisões, na justiça e no *modus operandi* das forças policiais que, ainda hoje, se utilizam de métodos autoritários desenvolvidos nas ditaduras. Negri e Cocco (2005, p. 90) propõem, ainda, que, para a análise dos Estados na América Latina, se utilize o conceito de êxodo, em vez de fronteiras. Para esses autores, há uma relação entre a disponibilidade de terras e a questão étnica na região: "a verdadeira fronteira na América Latina é imediatamente biopolítica e, por isso mesmo, é uma fronteira desenhada por fluxos de sangue" (Negri; Cocco, 2005, p. 90).

Retomando os problemas dos regimes de exceção e da tortura sobre as populações latino-americanas e suas consequências, Eduardo Galeano (2010, p. 635-636) coloca a América Latina em dura perspectiva internacional:

Nos países do sul da América Latina, os centuriões ocuparam o poder devido a uma necessidade do sistema, e o terrorismo de Estado começa a funcionar quando as classes dominantes já não podem realizar seus negócios por outros meios. Em nossos países não existiria a tortura se ela não fosse eficaz; e a democracia formal teria continuidade se se pudesse garantir que não escaparia ao controle dos donos do poder. Em tempos difíceis, a democracia se torna um crime contra a segurança nacional – ou seja, contra a segurança dos privilégios internos e dos investimentos estrangeiros. Nossas máquinas de moer carne humana integram uma engrenagem internacional. A sociedade inteira se militariza, o Estado de exceção adquire permanência e o aparato da repressão torna-se hegemônico, tudo a partir de um aperto no parafuso lá nos centros do sistema imperialista. Quando a sombra da crise espreita, é preciso aumentar o saque aos países pobres para garantir o pleno emprego, as liberdades públicas e as altas taxas de desenvolvimento nos países ricos.

Seyla Benhabib (2006, p. 28-29) entende que os direitos humanos seriam caracterizados, fundamentalmente, por três tipos de "negação": 1) crimes contra a humanidade; 2) genocídio; e 3) crimes de guerra. Contudo, no contexto atual, prevalece a interpretação de que todas as regulações contra esses crimes não se restringem só a um regime internacional de direitos humanos. Antes, se aplicam também a crimes cometidos dentro dos Estados-nação por oficiais ou cidadãos, mesmo em tempos de paz. Nesse sentido, a América Latina se constitui um continente de constantes violações de direitos humanos, em que populações e minorias são sujeitas a ameaças e negações desses direitos.

Perguntas & respostas

Quais são os três grandes problemas em relação aos direitos humanos na América Latina?

O genocídio dos povos indígenas na região; as relações entre acumulação de terras, capital e produção agrícola; e o enfrentamento da tradição de governos autoritários e antidemocráticos historicamente instalados na região.

Mãos à obra!

Observe a imagem a seguir, do assassinato do jornalista Vladmir Herzog, durante a última ditadura militar brasileira, e leia a tradução de trecho do poema de Chris van Wyk, poeta sul-africano que denunciou as 67 mortes de prisioneiros na cadeia durante o regime do Apartheid na África do Sul. Elabore um texto dissertativo entre 10 e 30 linhas para uma postagem em *blog* e divulgação em suas redes sociais, relacionando a imagem ao poema e propondo maneiras de pensar sobre o passado e atualizar o presente dos direitos humanos no Brasil.

Figura 6.5 – Imagem do jornalista Vladimir Herzog no DOI-CODI de São Paulo

Acervo Iconographia

Trecho de *Detenção*, de Chris van Wyk

Ele caiu do nono andar

Ele se enforcou

Ele escorregou num pedaço de sabão enquanto se lavava

Ele se enforcou

Ele escorregou num pedaço de sabão enquanto se lavava

Ele caiu do nono andar

Ele se enforcou enquanto se lavava

Ele caiu de um pedaço de sabão enquanto escorregava

(Isaacson, 2014, tradução nossa)

Luz, câmera, reflexão!

Assista aos dois filmes listados a seguir e produza um texto ou uma imagem (fotografia ou arte) sobre as ditaduras latino-americanas e a impunidade dos crimes contra defensores de direitos humanos na América Latina ainda hoje:

- O SEGREDO dos Seus Olhos. Direção: Juan José Campanella. AG: Europa Filmes, 2009. 129 min.
- O QUE É ISSO, companheiro? Direção: Bruno Barreto. Brasil: Columbia Tristar Filmes do Brasil, 1997. 110 min.

Síntese

As teorias contemporâneas sobre os diretos humanos convergem, em alguns pontos, com as teorias do Estado de exceção. Contudo, essa correspondência não é óbvia nem obrigatória – e muito menos constitutiva. Há pontos de inflexão em ambas as teorias, que precisam ser explorados. Embora compartilhem das mesmas origens cronológicas e históricas, as perspectivas segundo a qual autores favorecem uma ou outra teoria são, na maior parte, divergentes.

No entanto, no contexto latino-americano, essa correspondência é mais forte, diante do histórico fundacional do próprio continente. Trata-se de um ponto de encontro entre a política e o direito: se os direitos humanos podem ser considerados como o "direito a ter direitos", o Estado de exceção é exatamente a decisão sobre a possibilidade de retirar, de algo ou alguém, todos os seus direitos. Essa perspectiva coloca em questão se a vida humana vale mais do que ela mesma (atrelada a alguma noção extramaterial, transcendental, de direito) ou se ela é o único valor de que dispomos diante do poder. As perspectivas do Estado de exceção e do biocontrole expressam, por meio da negação dos direitos humanos, uma realidade de poder do direito sobre a vida. Essas perspectivas são negativistas, mas condizentes com a realidade da exclusão social e das guerras civis não declaradas que se instauram, a cada dia, contra minorias étnicas e identitárias na América Latina. Os casos de genocídio indígena no continente e a negação dos crimes praticados pelas últimas ditaduras militares são apenas duas das situações que articulam presente e passado nas violações de direitos humanos. Sobre esses casos que nos debruçamos ao escrever este capítulo, é importante ressaltar que a nossa lista não é exaustiva: há, infelizmente, incontáveis casos de violações desses direitos na América Latina.

Há também muitos outros temas de violações de direitos humanos na América Latina que precisam ser discutidos, no encontro entre as teorias aqui brevemente expostas. Dentre eles, podemos citar: o racismo institucional; o preconceito contra populações LGBTT (Lésbicas, Gays, Bissexuais, Travestis, Transexuais e Transgêneros); o feminicídio; as ameaças à liberdade de expressão (discutidas no Capítulo 7); a escravidão contemporânea; o tráfico de pessoas; a fome e a miséria que persistem. Mesmo essa lista também não é exaustiva de situações e problemas que nos fazem questionar se ainda faz sentido falar em *Estado de exceção*, ou se a exceção, definitivamente, virou a regra.

Questões para revisão

1. Segundo o conhecimento adquirido neste capítulo, qual a melhor explicação para a relação entre direitos humanos e Estado de exceção?

2. Explique, em linhas gerais, o que foi e como se deu o genocídio indígena na América Latina.

3. A respeito do Relatório Figueiredo e das violações de direitos humanos nas ditaduras militares no Brasil, assinale a afirmativa incorreta:

   a) Trata-se de um dos primeiros casos de acobertamento de crimes de direitos humanos no Brasil do qual se tem registro.

   b) Os povos indígenas continuaram a ser brutalmente exterminados durante todo o século XX, primeiro pelo Serviço de Proteção ao Índio (SPI), depois pela expansão desenvolvimentista do país nas regiões Norte e Centro-Oeste.

   c) A impunidade de crimes cometidos por agentes do Estado na ditadura segue o mesmo padrão do Relatório Figueiredo: acobertamento, negação, desaparecimento de provas e anistia.

   d) Não há nenhuma relação entre o Relatório Figueiredo e os crimes da ditadura militar no Brasil ou em outros países da América Latina.

4. Praticamente todos os regimes militares da América Latina seguiram um padrão. Assinale a única alternativa incorreta a respeito desses regimes:

a) Com o apoio dos EUA na Guerra Fria, as ditaduras militares latino-americanas tinham a preocupação de, muitas vezes, construir uma aparência de legalidade e constitucionalidade de seus regimes. Esse tipo de situação ocorreu no Brasil e no Chile, mas não na Argentina.

b) O tema da memória e da verdade é polêmico, mas também importante para a criação de um compromisso cultural com a democracia, capaz de terminar com as dores causadas pelas violações de direitos humanos e pela violência estatal.

c) Todas as comissões da verdade foram apenas estratégias para punir os vencedores da história e contar apenas um lado do que ocorreu na América Latina.

d) O problema de não se punir, ou ao menos recordar, os crimes cometidos por agentes do Estado contra a própria população é que a impunidade cria uma cultura criminosa nas instituições policiais, o que pode ocasionar a repetição dessas práticas.

5. Assinale verdadeiro (V) ou falso (F) para as assertivas a seguir.

( ) O Estado de exceção na América Latina tem como foco não apenas a suspensão dos direitos da população em geral, mas também o extermínio de minorias específicas.

( ) A relação entre Estado de exceção e direitos humanos na América Latina ocorre porque essa foi a única região do mundo em que, apesar das altas taxas de crescimento econômico, as desigualdades sociais não diminuíram.

( ) A mestiçagem é fruto de uma colaboração pacífica e harmoniosa, complementar, entre raças, devendo ser valorizada sempre, e não tida como uma tática de guerra e violência.

( ) A história dos extermínios indígenas é um mito fundador dos direitos humanos, não tendo correspondência nem na realidade dos países da América Latina, nem nas concepções teóricas do problema.

Agora, assinale a alternativa que apresenta a sequência correta:

a) V, F, V, V.

b) F, F, F, V.

c) V, V, F, F.

d) V, V, V, F.

Questões para reflexão

1. Realize uma pesquisa na internet e responda: De que maneira seria possível entender a polêmica da luta pela terra dos índios Guarani-Kaiowá, que tomou conta das redes sociais e da imprensa na segunda década do século XX no Brasil, como uma questão diretamente ligada aos direitos humanos?

2. Seria possível promover políticas públicas capazes de enfrentar as violações de direitos humanos na América Latina? Que tipo de medidas deveriam ser tomadas?

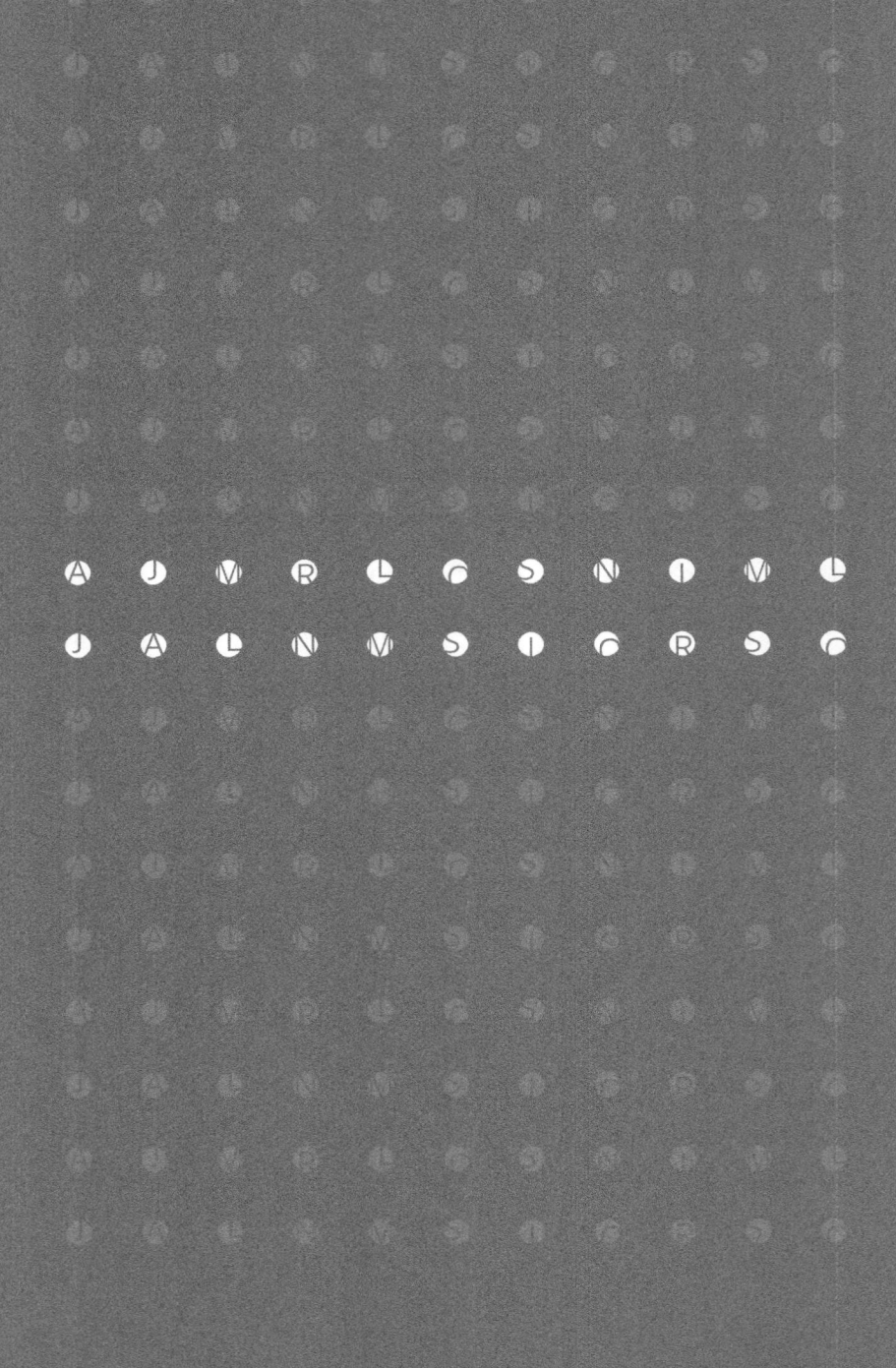

Parte 04

Comunicação e direitos humanos na América Latina

Marília Alves Gonçalves

Priscila Vieira-Souza

Marcus V. A. B. de Matos

Conteúdos do capítulo:

- Este capítulo investiga a relação entre direito e comunicação, nas perspectivas dos direitos humanos e da comunicação comunitária. Trata-se de observar, de um lado, o direito à comunicação, expresso nas garantias constitucionais básicas da liberdade de opinião, expressão, e de imprensa – direitos que se veem ameaçados em vários países da América Latina. Por outro lado, busca-se observar a comunicação como um direito, analisando as dimensões institucionais e sociais da produção e da distribuição de conteúdo midiático, além da grande concentração de propriedade dos meios de comunicação na América Latina. O capítulo fundamenta esses argumentos com base em três fontes: 1) documentos produzidos na Organização das Nações Unidas (ONU) sobre a situação dos meios de comunicação na América Latina; 2) pesquisas atuais sobre os investimentos empresariais norte-americanos e europeus na região; e 3) dados referentes a investigações e processos judiciais sobre a perseguição e o assassinato de jornalistas na região. Finalizamos o texto com um estudo de caso sobre a experiência da comunicação comunitária em produzir, defender e ressignificar direitos em uma favela brasileira: a Cidade de Deus.

Após o estudo deste capítulo, você será capaz de:

1. compreender a relação entre comunicação e direitos humanos;
2. reconhecer o direito à comunicação como um direito fundamental, que abarca tanto a liberdade de expressão quanto o direito à representação adequada, na mídia, de minorias e grupos sociais marginalizados;
3. entender como os ataques à integridade e as ameaças à vida de jornalistas representam uma grave violação aos direitos humanos;
4. pensar o papel da comunicação comunitária como alternativa à grande mídia e resistência à concentração dos meios de comunicação na América Latina.

7.1
Comunicação como um direito fundamental

A relação entre comunicação e direitos humanos teve ao menos três fases distintas, que correspondem aos diferentes marcos normativos e políticos desses direitos, discutidos no Capítulo 5. Fruto das revoluções liberais, a Declaração dos Direitos do Homem e do

Cidadão (USP, 1789), e a 1ª Emenda à Constituição dos Estados Unidos da América, de 1791 (USA, 2020a), garantiam aos cidadãos a liberdade de expressão e opinião. Em 1948, a Declaração Universal dos Direitos Humanos (ONU, 1948) reafirmou esses direitos, incluindo a liberdade de procurar, receber e transmitir informações e ideias independentemente das fronteiras estatais. Mais à frente, em 1969, o francês Jean D'arcy, diretor de programas de televisão, inaugurou a ideia de que existe um direito humano maior, mais amplo e geral do que o direito à informação: o direito do homem se comunicar (Harms; Richstad; Kie, 1977).

No mesmo ano, em 1969, no âmbito da Organização dos Estados Americanos (OEA), foi assinado o Pacto de San José da Costa Rica, introduzindo e definindo diversos aspectos da relação entre comunicação e direitos humanos. Segundo Renan Schlup Xavier (2015, p. 108), esse documento:

clarifica diversos elementos, como o direito à resposta e à retificação de informações, e a responsabilização profissional quanto à divulgação de mensagens. Também, a atuação do Estado no campo da comunicação é ampliada, com definições sobre a possibilidade de censura e sobre a necessidade de classificação de espetáculos, tendo em vista a proteção de direitos de infância e adolescência. Ainda, veda-se que o Estado venha a restringir recursos para atores do campo (públicos ou privados), relativos à radiofrequência, papel para impressão ou aquisição de equipamentos, visando a tratamentos não isonômicos.

Sete anos depois, a Organização das Nações Unidas para a Educação, a Ciência e a Cultura (Unesco) instituiu uma Comissão Internacional para o Estudo dos Problemas da Comunicação, que produziu o documento *Um mundo, muitas vozes* (MacBride, 1988, tradução nossa). Esse relatório, produzido no contexto da Guerra Fria, foi inovador em sua produção no sentido da influência do pensamento comunicacional latino-americano.

Traduzindo os anseios democráticos e políticos da época, as angústias de povos e organizações submetidos a regimes autoritários, o relatório deu espaço significativo às demandas por democratização dos meios de comunicação. Por essa mesma razão, sofreu ataques tanto da diplomacia dos países do bloco capitalista, sob liderança dos EUA, quanto daqueles que integravam o bloco socialista, sob liderança da União das Repúblicas Socialistas Soviéticas – URSS (Melo, 2008).

O relatório MacBride (1988) introduziu de forma clara e definida, talvez pela primeira vez na história, a ideia de que o direito à comunicação pode ser compreendido como parte integral dos direitos humanos. Em sociedades em desenvolvimento, em que as relações econômicas e sociais passam por constante tensão e redefinição, seria possível avaliar a implementação desse direito à comunicação em diversas **dimensões**. José Marques de Melo (2008) identifica essas dimensões no relatório como compostas de quatro "etapas" a serem cumpridas e avaliadas nos seus diferentes graus de efetivação. Essas etapas correspondem, de certa maneira, aos tópicos deste capítulo para o enfrentamento dos problemas que já eram apontados no relatório MacBride. São elas:

1. Fortalecimento do direito de resposta e de crítica, estimulando a retroinformação, no sentido de permitir que os responsáveis pelos meios de comunicação venham a captar os anseios do público;

2. Incremento da participação de "leigos" na produção e emissão de programas, utilizando "ativamente" as fontes de informação;

3. Fomento da comunicação "alternativa", geralmente de caráter local;

4. Estímulo à participação da coletividade na "gestão" midiática, culminando até mesmo com sua forma mais radical, a "autogestão". (Melo, 2008, p. 51-52)

Para além dos documentos internacionais, no entanto, é importante lembrar que os direitos humanos precisam ser "positivados", recepcionados, em cada ordenamento jurídico dos países signatários dos acordos. Embora não exista um padrão para essa incorporação dos direitos humanos internacionais no âmbito da legislação doméstica, é possível observá-la em diferentes graus de implementação. Alguns autores recorrem à estratégia de tentar mapear esses direitos à comunicação – ou à comunicação como direito – observando sua ocorrência nas constituições dos países analisados. Há, entretanto, uma grande dificuldade metodológica a ser enfrentada por pesquisa nesses moldes: as constituições não seguem um padrão obrigatório de redação. Como consequência, em cada país, as constituições podem agrupar os mesmos direitos, ou direitos semelhantes, em partes diferentes do texto.

A Constituição Federal Brasileira, de 5 de outubro de 1988 (Brasil, 1988), por exemplo, garante, no seu Capítulo I, no art. 5º: os direitos de liberdade de pensamento (inciso IV) e de expressão (inciso IX); o direito de resposta e à indenização pelo dano à moral ou à imagem (inciso V); o direito ao sigilo nas correspondências (inciso XII); o acesso à informação, resguardado o sigilo de fonte (inciso XIV). Esses direitos são classificados no texto constitucional como "Direitos e Garantias Fundamentais" (Brasil, 1988). No entanto, a regulação dos meios de comunicação e do acesso a eles só aparece em um outro capítulo, especificamente sobre a comunicação social, mas que trabalha essa comunicação como parte dos **direitos sociais**, em seus art. 220 a 224. Para superar essa dificuldade, alguns autores propõem mapear o conjunto de **direitos à comunicação** nas constituições de diferentes países, dividindo esses direitos em **dimensões**.

Essa é a estratégia adotada pelo jornalista Renan Schlup Xavier (2015, p. 110-113), que propõe a análise do **direito à comunicação** nas constituições dos países da América do Sul, observando a recepção constitucional desses direitos em cinco dimensões:

- **Básica** – Liberdade de expressão, de imprensa, de opinião, de inviolabilidade de correspondência.
- **Individual** – Direito à informação, honra e reputação.
- **Especializada** – Direito à resposta, de autor, *habeas data* (direito à ser esquecido e ter sua privacidade protegida), sigilo profissional do jornalista.
- **Institucional** – Direito à informação pública, caráter dos meios e regulação do sistema comunicacional.
- **Social** – Direito à comunicação, debates contemporâneos e locais.

Em sua pesquisa, Xavier (2015) analisa a presença de cada um desses direitos nas constituições dos países da América do Sul e estabelece um quadro analítico, sistematizando os dados para os 12 países.

Quadro 7.1 – Presenças dos direitos nas constituições de países da América do Sul

Tabela: Países por dimensão	Dimensão Básica – Liberdade de Expressão, de Imprensa, de Opinião, e Inviolabilidade de Correspondência	Dimensão Individual – Direito a Informação, Honra e Reputação	Dimensão Especializada – Direito à Resposta, de Autor, Habeas Data, Sigilo Profissional do Jornalista	Dimensão Institucional – Direito a Informação Pública, caráter dos meios e regulação do sistema comunicacional	Dimensão Social – Direito à Comunicação, Debates contemporâneos e locais
Guiana	Sim	Sim	Não	Parcial	Não
Suriname	Sim	Sim	Não	Parcial	Não
Argentina	Sim	Sim	Parcial	Parcial	Não
Uruguai	Sim	Sim	Parcial	Não	Não
Chile	Sim	Sim	Parcial	Parcial	Não
Colômbia	Sim	Sim	Parcial	Parcial	Não
Brasil	Sim	Sim	Sim	Parcial	Não
Peru	Sim	Sim	Sim	Parcial	Não
Venezuela	Sim	Sim	Sim	Parcial	Não
Paraguai	Sim	Sim	Sim	Parcial	Não

(continua)

(Quadro 7.1 – conclusão)

Tabela: Países por dimensão	Dimensão Básica – Liberdade de Expressão, de Imprensa, de Opinião, e Inviolabilidade de Correspondência	Dimensão Individual – Direito a Informação, Honra e Reputação	Dimensão Especializada – Direito à Resposta, de Autor, Habeas Data, Sigilo Profissional do Jornalista	Dimensão Institucional – Direito a Informação Pública, caráter dos meios e regulação do sistema comunicacional	Dimensão Social – Direito à Comunicação, Debates contemporâneos e locais
Equador	Sim	Sim	Sim	Sim	Sim
Bolívia	Sim	Sim	Sim	Sim	Sim

Fonte: Xavier, 2015, p. 112, grifo do original.

No entanto, é importante ressaltar, como faz o próprio autor, que os textos constitucionais são apenas parte do arcabouço legislativo de cada país. Nem sempre a Constituição "será o reflexo do cenário normativo de cada país" no que diz respeito ao Direito à Comunicação, embora ela certamente contribua "à construção desta percepção" (Xavier, 2015, p. 118). Ainda que as constituições de países da América Latina incorporem as normas de direito internacional, além dos direitos humanos, essa incorporação formal não se dá, necessariamente, de forma tranquila. Frequentemente os sistemas jurídicos e as constituições desses países são obrigados a sofrer modificações por força de decisões judiciais no âmbito internacional. Na América Latina, isso acontece quando algum cidadão de um país membro da OEA decide recorrer à Comissão Interamericana de Direitos Humanos (CIDH), alegando que o Poder Judiciário de seu país ignorou violações a esses direitos.

Soma-se a esse fato o problema de que algumas constituições em vigor na América Latina são ainda resquício de regimes autoritários e ditaduras do século XX[1]. Esse foi o caso do Chile quando, em 1997, a Suprema Corte daquele país (responsável pelos julgamentos de inconstitucionalidade em última instância) decidiu manter a proibição da exibição do filme *A Última Tentação de Cristo* (1988), de Martin Scorsese, fundamentando a decisão numa norma jurídica da época da ditadura de Augusto Pinochet. Quatro anos depois, essa disputa jurídica chegou à CIDH, que decidiu que a censura sobre o filme exercida no Chile violava as obrigações internacionais daquele país no que diz respeito à liberdade de pensamento e expressão. A decisão ia além: o filme não poderia ser censurado e a Constituição chilena deveria ser modificada imediatamente, para que problemas semelhantes não fossem repetidos no futuro (Marino; Camilleri, 2011).

7.2
A liberdade de expressão e de imprensa na América Latina

O caso do Chile, citado na seção anterior, pode ser considerado uma exceção, já que a maioria dos países da América Latina passou por processos de democratização nas décadas de 1980 e 1990, marcados pela adoção de constituições que protegem direitos humanos fundamentais. Entretanto, o caso específico do direito à liberdade de expressão e de imprensa – considerado um direito à comunicação de dimensão básica – ainda encontra desafios complicados. Isso ocorre porque os sistemas legais (ou ordenamentos jurídicos) de

• • • • •

1   Conforme discutido no Capítulo 6.

cada país são formados não apenas por constituições, mas também pelas chamadas *normas infraconstitucionais* – uma nomenclatura ampla, na qual se encaixam desde as leis ordinárias comuns até legislações específicas, como códigos penais, leis de imprensa etc.

Figura 7.1 – Día Internacional de las Víctimas de Desapariciones Forzadas – 30 de agosto de 2017

Benedicte Desrus/Alamy/Fotoarena

Marino e Camilleri (2011) apontam pelo menos cinco desafios a serem superados na América Latina em relação à liberdade de expressão e de imprensa. O primeiro são as leis autoritárias, remanescentes de governos ditatoriais e que ainda não foram declaradas inconstitucionais em seus respectivos países. É o caso de leis penais que instituem o crime de "desacato", prevendo pena de prisão para quem expressa opiniões que desafiam ou criticam duramente autoridades oficiais do Estado e suas instituições. Leis desse tipo devem ser questionadas diante das Cortes Supremas de seus países e, caso não seja suficiente, levadas diante da Corte Interamericana de Direitos Humanos para que sejam declaradas inconstitucionais e incompatíveis com o direito internacional.

Preste atenção!

Como exemplos bem-sucedidos desse controle da legislação em defesa da liberdade de expressão e em prol da comunicação como um direito humano, é possível citar alguns casos relevantes. Na Costa Rica, o jornalista Mauricio Herrera Ulloa foi condenado criminalmente por difamação, devido a uma reportagem sobre a corrupção naquele país. A CIDH reverteu essa decisão, colocando-o em liberdade. No Peru, um caso semelhante: o dono de um canal de televisão foi condenado por "traição à pátria" (Marino; Camilleri, 2011, p. 21, tradução nossa) e expropriado, tanto de sua nacionalidade quanto de seu canal televisivo, por veicular matérias sobre corrupção e abusos de autoridade, violações de direitos humanos. Do mesmo modo, a CIDH obrigou o Peru a restaurar os direitos do delator. Em relação à transformação da legislação, com base em precedentes (decisões da CIDH), há diversos outros exemplos mais recentes. No Uruguai e na Argentina, promoveu-se a descriminalização do discurso sobre assuntos de interesse público; no Brasil, o Supremo Tribunal Federal (STF) declarou inconstitucional a Lei de Imprensa do país, originária da época da última ditadura, que impunha censura e duras penalidades por crimes de difamação; a Corte Constitucional da Colômbia garantiu o direito ao sigilo e à confidencialidade de fontes jornalísticas; a Suprema Corte do México derrubou uma legislação vaga e ampla que protegia a honra de autoridades e oficiais de Estado (Marino; Camilleri, 2011).

....

Para além de mudanças legislativas e decisões judiciais favoráveis à liberdade de expressão e imprensa, há outros desafios mais difíceis de serem enfrentados. O segundo desafio destacado por Marino e Camilleri (2011) é o número alarmante de jornalistas assassinados na América Latina e a impunidade no combate a esses homicídios. Uma pesquisa produzida em 2008 pela Relatoria Especial para Liberdade de Expressão da OEA revelou que, entre 1995 e 2005, teriam sido assassinados 157 jornalistas, em razão da atuação profissional deles, em 19 países latino-americanos. A impunidade seria relacionada à demora extrema nas investigações, que seriam infestadas de falhas processuais. Desses crimes, apenas 32 teriam sido investigados e punidos. A incapacidade dos Estados latino-americanos em combater, investigar e punir esses crimes levou ao inevitável aumento da violência contra jornalistas: em 2010, 27 jornalistas foram assassinados na região, sendo 9 em Honduras e 13 no México (Marino; Camilleri, 2011).

O terceiro desafio apontado por Marino e Camilleri (2011, p. 22, tradução nossa) é a maneira como vários países da América Latina permitem que suas forças policiais se utilizem de leis de "desacato a autoridades" para reprimir o livre discurso e as vozes de oposição, permitindo a prisão de jornalistas em passeatas e manifestações públicas. O quarto grave problema para a liberdade de expressão é o uso de recursos públicos para propaganda governamental, e sua realocação, como subsídio, para veículos de comunicação favoráveis aos governos. O quinto desafio elencado pelos autores, é a falta de leis que garantam o acesso à informação pública, uma vez que muitos países ainda não aprovaram leis nesse sentido – de garantir o direito humano ao acesso a qualquer informação produzida pelo Estado, sem que seja necessário provar um interesse especial ou específico sobre aquela informação.

Um relatório mais recente sobre a liberdade de expressão e de imprensa no mundo (Abramovitz, 2017) aponta que a América Latina, em 2016, sofreu em três frentes distintas: 1) o aumento da violência contra jornalistas; 2) o crescimento do número de processos contra jornalistas; e 3) a interferência política na mídia. Na Bolívia, dois jornalistas acusaram o Presidente Evo Morales de perseguição e deixaram o país supostamente para evitar serem processados e presos. Em Cuba, *websites* de notícias críticas ao governo, que surgiram em 2016, foram fechados, com apreensão de material e detenção de jornalistas. Brasil, Colômbia, Honduras e México estão entre os lugares mais perigosos do mundo para jornalistas, devido a inúmeras falhas investigativas e processuais que levam à impunidade de crimes contra esses profissionais. No México, onde esses números cresceram significativamente, repórteres e jornalistas mais atingidos são aqueles que cobrem casos de abuso e violência policial, tráfico de drogas e corrupção governamental. Em El Salvador, um país com índices tradicionalmente baixos de violência contra jornalistas, apesar de sua alta taxa de homicídios, cresceram casos de intimidação e ameaças a jornalistas. No Brasil, finaliza o relatório de Michal J. Abramowitz (2017), houve um caso preocupante que pode levar à criação de um ambiente de intimidação ao livre discurso: mais de 50 processos foram abertos contra 5 repórteres que trabalharam em matérias revelando suspeição sobre os altos salários de membros do Poder Judiciário no Estado do Paraná. Os processos utilizavam linguagem similar e parecem ter sido coordenados, sendo dispersos geograficamente com o objetivo de aumentar os custos judiciais dos jornalistas acusados – levados a viajar enormes distâncias para se defender.

Finalmente, apontam Marino e Camilleri (2011), o debate público na América Latina frequentemente sofre com a falta de participação de grupos sociais que são excluídos por descriminação ou marginalização. Esses grupos têm pouco ou nenhum acesso aos canais institucionais, públicos ou privados, e são lesados no exercício do seu direito de liberdade de expressão: suas ideias raramente são veiculadas de maneira séria, consistente e capaz de pautar seus reais interesses e problemas. Dessa forma, a sociedade como um todo perde, pois é privada de conhecer os interesses, os costumes, as necessidades e as opiniões desses grupos excluídos. A única maneira de enfrentar esse fenômeno, apontam os autores Marino e Camilleri (2011), é o combate à excessiva concentração da propriedade dos meios de comunicação. Os Estados, sugerem, deveriam intervir e propor "ações afirmativas" para facilitar a participação de grupos historicamente marginalizados nos meios de comunicação, bem como garantir a operação de mídias comunitárias. Esses são alguns dos assuntos que trataremos a seguir.

7.3
Receptores e produtores: o direito à participação nos meios de comunicação

As intersecções entre direitos humanos e comunicação são muitas. Podem ser compreendidas em pelo menos seis dimensões – segundo propõe o estudo de Renan Schlup Xavier (2015) – e podem se desenvolver em ao menos quatro etapas, conforme a interpretação que José Marques de Melo (2008) defende sobre o Relatório MacBride (1988). Até a seção anterior, discutimos questões voltadas às dimensões básica, individual, especializada e sobre parte da dimensão institucional. Nesta seção e nas seguintes, vamos tratar da dimensão institucional e de parte da dimensão social propostas por Xavier (2015). Trataremos de questões que dizem respeito ao caráter e à regulação do sistema comunicacional, bem como ao direito à comunicação em si, o direito de participar de debates públicos. Trata-se da compreensão de que todo ser humano, além de ter o direito fundamental de receber informações – por meio dos jornais impressos ou televisivos, por exemplo –, seja também assegurado no seu direito de produzir informações, de ser um produtor. Que tenha garantido o direito de produzir sua própria mensagem, de se comunicar, de não ser apenas um receptor.

Além da garantia da liberdade de expressão e de imprensa (e dos seus direitos correlatos), é preciso garantir que essa liberdade possa ser praticada a despeito das diferenças sociais e econômicas, que fazem com que o acesso aos meios difusores seja desigual. Nesse contexto de desigualdade, deter os meios para fazer as informações chegarem a um número maior de pessoas configura um poder. Dessa forma, é necessária a intervenção legal que democratize esse acesso, retirando o domínio desse poder do controle meramente do mercado:

> Portanto, defender a comunicação como um direito [humano] é ir além da liberdade de expressão, propagado pela ideologia dominante como um direito individual, e reivindicá-la como um direito **coletivo**. [...] O direito humano à comunicação também não pode ser restringido ao direito a uma informação de qualidade, como defendem até os mais bem intencionados jornalistas. Homens e mulheres olham a realidade de formas diferentes e nenhum destes olhares pode ser secundarizado. [...] Por isso, não basta apenas garantir a disponibilização e circulação de informações, é preciso ter como premissa além do direito de ter acesso à informação o direito de produzi-la e veiculá-la. (Intervozes, 2016, grifo nosso)

A concentração do poder de criar mensagens nas mãos de poucas pessoas cria também um problema de representação: poucas pessoas detém o poder de produzir representações sobre muitas pessoas, mesmo que não se tenha todos os elementos para isso. Se não existe diversidade no grupo de pessoas que produzem informações, certamente elas – que são também representações de outros grupos – serão pouco fiéis. Aqueles que detêm os meios de comunicação têm o poder de decidir que espécie de representações farão dos outros e como nomeá-los – o que lhes confere ainda mais poder sobre os outros, sobre os representados. É o domínio, a propriedade, sobre os meios de comunicação que garante a validade de interpretações e representações da realidade, como aponta Eduardo Coutinho (2008, p. 61): "Não importa se Humpty Dumpty pode (tem o direito de) significar a realidade a seu bel-prazer; importa é que ele tem o poder (força) para fazer valer a sua interpretação, sua representação do real, sua visão de mundo, com seus universais abstratos, petrificados, monovalentes".

A concentração dos meios de comunicação nas mãos de poucos produtores de conteúdo é um problema complexo, que deve ser enfrentado em diversas frentes. Na América Latina, o problema da concentração afeta quase todos os países, e parte desse problema se deve à falta de transparência das empresas detentoras dos meios de comunicação. Conforme Mioli (2015), um estudo produzido pela organização Poderopedia, do Chile, entre 2014 e 2015, resultou em um Mapa de Meios, uma base de dados em que é possível observar a concentração dos meios de comunicação no Chile e na Colômbia. Segundo esses dados:

- No Chile, os grupos de meios El Mercurio e Copesa "concentram mais de 90% dos jornais e dos leitores" e "dominam a indústria de meios digitais". Quatro grupos concentram 70% do mercado de rádio.

- Dos 509 meios de comunicação que estão na base de dados do Chile, a maioria (216) é classificada como meio digital. Seguido por meios impressos (133), radiofônicos (115) e televisivos (45).

- A maior parte da produção informativa na Colômbia, com cobertura nacional e com altos níveis de recepção, "está nas mãos de grandes conglomerados econômicos que têm interesses em infraestrutura, indústria de alimentos e bebidas, bancos, serviços públicos, moradia, entre outros", segundo Mónica Ventura, chefe de investigação de Poderopedia.

- Só 13 dos 220 meios de comunicação na Colômbia que foram consultados sobre seus proprietários, seus lucros e dados de sua audiência, responderam. A investigação sobre estes temas foi mais difícil pela falta de registros acessíveis. Os investigadores reuniram informação para o projeto de bases de dados públicas, de organismos regulatórios, associações sindicais de meios, publicações de imprensa e acadêmicas, páginas *web* das empresas, pedidos de informação aos meios de comunicação e entrevistas e encontros com acadêmicos, especialistas, jornalistas e programadores, informou a organização. (Mioli, 2015)

Nesse sentido, a pesquisa de Dênis de Moraes (2009a) sobre a relação entre grupos políticos e o domínio hegemônico dos meios de comunicação na América Latina merece destaque. Moraes (2009a, p. 110) aponta as décadas de 1980 e 1990 como o momento de expansão e concentração dos meios de comunicação, como resultado da aquisição desses meios por empresas estrangeiras – fruto de políticas neoliberais de privatização. Os resultados da concentração

foram sensíveis e revelaram, também, uma nova forma de colonização da América Latina, baseada nas dimensões econômicas de
sua internacionalização transnacional:

> *Players* como News Corporation, Viacom, Time Warner, Disney,
> Bertelsamann e Sony sedimentaram alianças com grupos mul-
> timídias regionais pertencentes a dinastias familiares. Entre as
> famílias que controlam parte expressiva dos meios de comuni-
> cação na América Latina estão Marinho, Civita, Frias, Mesquita,
> Sirotsky, Saad, Sarney (Brasil), Cisneros e Zuloga (Venezuela),
> Noble, Saguier, Mitre, Fontevecchia e Mosciatti (Chile), Rivero,
> Monastérios, Daher e Carrasco (Bolívia), Ardila Lulle e Santos
> (Colômbia). As diretrizes de regionalização traduziram-se em
> coleções de aquisições, fusões, repartições acionárias e acor-
> dos operacionais. Grupos norte-americanos, espanhóis, bri-
> tânicos e alemães engoliram editoras e redes livreiras. [...] Os
> filmes nacionais retêm somente 10% das bilheterias no Brasil
> e 9% na Argentina, enquanto as produções norte-americanas
> respondem, respectivamente, por 79,4% e 82,1%. (Moraes,
> 2009a, p. 110)

Moraes (2009a) sugere que a efetiva democratização dos meios
de comunicação precisa ir além da mera ampliação de velhos oligopólios da comunicação. A democratização precisa fazer parte de
um processo de "revigoramento da esfera pública e do papel regu-
lador e ativo do Estado na vida socioeconômica e cultural" (Moraes,
2009a). Para isso, é necessário que esse processo esteja atrelado a:

políticas consistentes de promoção social e educação, formas de defesa e ampliação dos direitos de cidadania, gestão participativa na tomada de decisões, controle do capital especulativo, políticas externas independentes, redistribuição e elevação de renda e geração de empregos. (Moraes, 2009a)

A democratização e a diversificação dos meios de comunicação, portanto, não se concretizam diante da mera ampliação do número de proprietários dos meios, se esses novos "donos" forem apenas uma nova capa para os mesmos conteúdos. Nesse caso, estaríamos diante do mesmo poder hegemônico que produz representações daqueles que não detém o acesso à produção de conteúdo dos meios de comunicação. A verdadeira diversidade dos meios, atesta **Moraes (2009a, p. 89), seria outra:**

Diversidade pressupõe revitalizar manifestações do contraditório, confrontar pontos de vista e estimular trocas horizontais entre as culturas de povos, cidades e países. Diversidade se assegura, principalmente, com políticas públicas que valorizem os direitos da cidadania e mecanismos democráticos de regulação, de universalização de acessos, de proteção do patrimônio cultural intangível e de apoio a usos comunitários e educativos das tecnologias. Diversidade se alcança também com acesso do conjunto da sociedade a múltiplas abordagens sobre os acontecimentos. Diversidade não se esgota nos acréscimos de opções de consumo; é fortalecida por expressões criativas, dinâmicas relacionais e práticas culturais e interculturais.

Dessa forma, compreende-se, hoje, a comunicação como um direito humano que se expressa em várias dimensões e desenvolve-se em diferentes etapas. A comunicação, de uma forma ampla, inclui o direito de receber e produzir informações, além de garantias como: a criação de instrumentos de controle público dos veículos de comunicação; a expressão da diversidade cultural; a participação popular na formulação, na definição e no acompanhamento de políticas públicas; o acesso equitativo a tecnologias da informação e da comunicação; a diversidade e a pluralidade de meios e conteúdos; e a existência de um regime equilibrado de gestão do conhecimento, com regras flexíveis de propriedade intelectual. Passaremos agora àquela última tarefa, das quatro etapas apontadas por José Marques de Melo (2008) em sua avaliação do Relatório McBride (1988). Essa etapa corresponde à **dimensão social** da relação entre direitos humanos e comunicação: a gestão compartilhada e a autogestão na comunicação. Faremos isso examinando o conceito e a experiência da comunicação comunitária.

Perguntas & respostas

O que se quer dizer com a perspectiva do direito à comunicação e da comunicação como direito?

O direito à comunicação seria aquilo que é expresso nas garantias constitucionais básicas da liberdade de opinião, de expressão e de imprensa – direitos que se veem ameaçados em vários países da América Latina. Já a comunicação como um direito refere-se às dimensões institucionais e sociais da produção e distribuição de conteúdo midiático, além da grande concentração de propriedade dos meios de comunicação na América Latina.

7.4
Comunicação comunitária: contra-hegemonia e resistência

O direito à comunicação nem sempre é garantido no contexto político dos países latino-americanos. A comunicação comunitária é um movimento que se organiza com o objetivo de reivindicar esse direito. Não se trata, necessariamente, de um movimento social institucionalizado, embora exista também nesse sentido, mas do movimento que se faz, muitas vezes de forma difusa e espraiada, em direção à criação de pontos difusores de informação que sejam alternativos aos pontos hegemônicos, ou seja, às grandes empresas de comunicação, que, normalmente, concentram a produção e a audiência. A comunicação comunitária é, portanto, um movimento político, não apenas de acordo com a natureza da informação que produz, mas em sua intenção primária.

Espera-se dos veículos de comunicação comunitários que apresentem, em primeiro lugar, um vínculo com o local em que são produzidos. Esse vínculo se dá, especialmente, com base em três características principais. A principal delas é que eles sejam produzidos por moradores ou pessoas que tenham uma ligação orgânica com a "comunidade" em questão. Essa característica facilita – mas não garante – os outros dois elementos fundamentais dos veículos comunitários, que são a produção **para** e **com** a comunidade. Dessa forma, podemos considerar como principais características de um veículo comunitários a produção *pela*, *para* e *com* a comunidade em questão.

Os veículos impressos e as rádios são as mídias tradicionalmente mais utilizadas para a criação de meios de comunicação comunitários, devido à maior facilidade de domínio das tecnologias, embora haja também muitas experiências de veículos audiovisuais (especialmente as TVs comunitárias). A experiência das rádios comunitárias nas revoluções em países da América Latina é marcante, como mostra Cicília Peruzzo (1998). Alguns exemplos são a salvadorenha Rádio Venceremos, a nicaraguense Rádio Sandino e a cubana Rádio Rebelde. Esta última, por exemplo, foi a rádio que permitiu a comunicação entre os combatentes, dando informações sobre o resultado das batalhas durante a Revolução Cubana.

No Brasil, as rádios também foram importante instrumento de comunicação popular na época da ditadura militar[2]. Esse papel se manteve no período da democratização do país, mas não conseguiu conquistar espaços maiores na Constituição Federal, como aponta Peruzzo (1998, p. 238):

> As rádios livres, mesmo que algumas possam ter sido decorrência de aventuras sem maiores pretensões políticas, são, no conjunto, um protesto contra a forma de acesso aos instrumentos massivos e uma tentativa de conquistar a liberdade de

• • • • •

2   Veja, a esse respeito, os Capítulos 3, 5 e 6.

expressão a qualquer preço. Elas contribuíram para o debate sobre a estrutura dos meios de comunicação no Brasil, que também teria lugar na Assembleia Constituinte, mas nunca veio a empolgar setores representativos da sociedade nem conseguiu grandes avanços no texto da nova Lei Magna promulgada em 1988.

Com o desenvolvimento das novas tecnologias de informação e comunicação, cresce exponencialmente a capacidade de produção, multiplicando o número de difusores de informação. Por meio da expansão e da popularização do sistema global de rede de computadores, a internet, fica a cada dia mais acessível – financeiramente e em termos de infraestrutura – a tecnologia para se tornar um produtor de informação. Embora esse movimento já ocorra desde a década de 1990, a concentração da audiência nas informações produzidas pelos veículos comerciais – aqueles desenvolvidos pelas grandes empresas de comunicação – ainda é um entrave à democratização. Assim como, especialmente no contexto político da América Latina, ainda ocorre com o acesso à tecnologia, que fica mais difícil nas camadas mais pobres.

O aumento dos pontos difusores faz aumentar também o questionamento sobre o que é um veículo de comunicação comunitária. Para Peruzzo (1998), não basta estar circunscrito a um determinado local sobre o qual se fala. Existem, por exemplo, muitos pequenos veículos comerciais nessa situação, inclusive pertencentes a grandes empresas. A autora acredita que a comunicação comunitária deve se basear em princípios públicos e ser um canal de manifestação da comunidade em suas demandas.

Gonçalves (2010) faz uma abordagem crítica de sete características de meios de comunicação comunitários listadas por Peruzzo (1998), que são: 1) a ausência de fins lucrativos; 2) a programação comunitária; 3) a gestão e a propriedade coletiva; 4) a interatividade; 5) a valorização da cultura local; 6) o compromisso com a cidadania; e 7) o agir para a democratização da comunicação. Comentamos a seguir algumas delas, a partir dessa perspectiva.

A ausência de fins lucrativos é um instrumento de diferenciação dos veículos comerciais. Na prática, visar ao lucro impede que os veículos comunitários pratiquem outras características, como o compromisso com a cidadania ou a valorização da cultura local, uma vez que ficam diretamente dependentes dos números de mercado. A principal forma de arrecadação dos meios de comunicação comerciais é a publicidade. Quando um jornal vende espaço para uma empresa e passa a depender dessa venda para existir, o conteúdo desse veículo fica atrelado aos interesses dessa empresa. Cria-se, portanto, uma dependência editorial que não é benéfica à produção de conteúdo crítico. Por outro lado, a publicidade também pode ser uma importante fonte de renda para os veículos comunitários, o que torna a questão mais complexa na prática. Além disso, o funcionamento de um meio de comunicação exige grande dedicação das pessoas envolvidas em sua produção. Muitas vezes, essas pessoas trabalham voluntariamente nesses veículos ou recebem remuneração muito abaixo do valor de mercado, mas a compensação financeira dessa dedicação não deve ser imediatamente relacionada a um interesse lucrativo do meio (Gonçalves, 2010).

Por propriedade coletiva, Peruzzo (1998) afirma que o veículo não deve pertencer a apenas um membro da comunidade em questão, mas a um conjunto de pessoas. A gestão coletiva, modo como a autora sugere a organização desse modelo de propriedade, pressupõe a "participação direta da comunidade, por meio de órgãos deliberativos como os conselhos e a assembleia" (Peruzzo, 1998, p. 257), aproximando-se de princípios de uma democracia participativa. Poderíamos considerar, nesse caso, o que é compreendido como *comunidade*. Gonçalves (2010) toma como exemplo o contexto da cidade do Rio de Janeiro, em que os veículos comunitários são majoritariamente produzidos em favelas.

Neste caso, é preciso direcionar o olhar para a prática e analisar a possibilidade de efetivação dessas características. Tomemos como exemplo o jornal O Cidadão, produzido há 11 anos por moradores do conjunto de favelas da Maré, no Rio de Janeiro. A Maré está localizada à margem da Avenida Brasil – estrada que liga a Zona Oeste ao Centro da cidade – e tem, segundo informações do próprio jornal, uma população de 130 mil habitantes. O jornal em questão é produzido por um grupo de jovens moradores da favela – o número exato de jovens envolvidos variou ao longo dos 11 anos, então para fins de exemplificação consideraremos o número fictício de 10 jovens. Seria provavelmente bastante difícil que esses jovens realizassem assembleias abertas a todos os habitantes da Maré, ou permitissem que qualquer um deles, indistintamente, fizesse parte de seu conselho editorial. Deve-se considerar não só as dificuldades logísticas, mas também sobre responsabilidades (ética, jurídica, social). (Gonçalves, 2010, p. 45)

Nesta seção, resgatamos algumas reflexões que foram feitas no âmbito acadêmico sobre o conceito da comunicação comunitária. Apesar disso, as práticas da comunicação comunitária se mostram diversas e peculiares. Gonçalves (2010) defende que não existe uma lista de tarefas que um veículo de comunicação deva cumprir para se tornar um veículo comunitário. Estes são tão complexos quanto os contextos sociais em que são produzidos. No entanto, conforme aponta Malerba (2008), a busca por essas características nas práticas de comunicação pode gerar desconfiança quanto à legitimidade de algum veículo. O estudo de caso a seguir demonstra como essas questões conceituais podem ser enfrentadas na prática.

Estudo de caso

Comunicação comunitária como direito: casos na Cidade de Deus

O objetivo deste estudo de caso é conhecer uma experiência em comunicação comunitária no contexto do Rio de Janeiro dos anos 2000. Com esse relato, pretendemos expor algumas das questões da prática da comunicação como um direito humano na América Latina. Falar da América Latina como unidade a partir do Brasil é um desafio, uma vez que o contexto socioeconômico de cada país se desenvolveu de uma forma peculiar. O caso do Brasil é ainda distinto porque passou por um processo de colonização diferente dos outros países, fala uma outra língua e resiste, como nação, a se ver pertencente a uma identidade latina. É necessário, portanto, localizar o contexto dessa experiência.

A Cidade de Deus é uma favela localizada na zona oeste do Rio de Janeiro, área mais pobre da cidade. Apesar disso, ela fica no bairro de Jacarepaguá, próximo à Barra da Tijuca, que se tornou uma área nobre nas últimas décadas. Dados do Censo 2000, realizado pelo Instituto Brasileiro de Geografia e Estatística (IBGE, 2000), mostram que a Cidade de Deus tem uma população de 38.016 pessoas. Porém, um levantamento feito pelos próprios moradores indica o total populacional de 65 mil. A favela se formou em 1966, quando muitas famílias de outras favelas localizadas na zona sul (Praia do Pinto, na Lagoa, e Rocinha, em São Conrado), área mais rica da cidade, foram removidas e levadas ao conjunto habitacional Cidade de Deus. Alguns moradores que foram viver na Cidade de Deus nessa ocasião relatam terem sido levados ao local em caminhões de lixo (Gonçalves, 2010).

A favela tornou-se internacionalmente conhecida após o filme *Cidade de Deus*, dirigido por Fernando Meirelles (Cidade de Deus, 2002). O longa-metragem é um dos poucos filmes brasileiros indicados ao Oscar, o mais reconhecido prêmio do cinema mundial. Baseado em romance de Paulo Lins, o filme conta uma história sobre o tráfico de drogas na Cidade de Deus. Segundo Ivana Bentes (2002, p. 93), em comentário sobre o filme:

As cenas de violência são espetaculares e siderantes, com uma quantidade de assassinatos e violência marcantes. Vinganças pessoais, massacres estratégicos de um bando pelo outro, violência gratuita, violência institucional, todos são encorajados a alimentar esse ciclo vicioso. A favela é mostrada de forma totalmente isolada do resto da cidade, como um território autônomo. Em momento algum se pode supor que o tráfico de drogas se sustenta e desenvolve (arma, dinheiro, proteção policial) porque tem uma base fora da favela. Esse fora não existe no filme.

Por esses motivos, segundo Gonçalves (2010), o filme causou rejeição em muitos moradores. No contexto brasileiro, uma série de pesquisas vêm mostrando há décadas a forma como o estigma do "favelado" é criado a partir da representação de moradores de favelas como violentos, sujos, incivilizados e uma série de características pejorativas. Essa ideia é construída desde o surgimento das favelas na cidade, espaços ocupados principalmente por negros. O processo dessa criação tem participação intensa da mídia comercial, em que a favela é sempre noticiada como um lugar extremamente perigoso e violento (Gonçalves, 2017).

Esse estigma influencia diretamente o cotidiano dos moradores de favelas. Em relatos, moradores da Cidade de Deus contam que ficou muito mais difícil arrumar um emprego tendo a favela como endereço após o sucesso do filme de Meirelles. Dessa forma, a criação de outras representações sobre a favela se faz urgente e é uma forma de resistência política. Os moradores de favelas passam a criar os próprios jornais, rádios, TVs e *sites* como instrumentos de luta contra o estigma do favelado e as políticas públicas que são baseadas nesse estigma – sempre relacionadas à violência e ao crime e, finalmente, a estratégias de eliminação da favela. A seguir, observaremos duas experiências de comunicação comunitária realizadas na Cidade de Deus a partir de 2009.

O Portal Comunitário da Cidade de Deus é um *site* criado por Organizações Sociais de Base Comunitária (OSBCs)[3] em parceria com pesquisadores da Universidade Federal do Rio de Janeiro (UFRJ), por meio de um projeto de extensão universitária. A partir de uma pesquisa de mestrado, um estudante de engenharia eletrônica desenvolveu o projeto para criar um *site* participativo a ser compartilhado por diversas organizações. Toda a construção e a gestão do *site* é feita de forma participativa entre representantes das organizações, baseada em princípios da autogestão (Gonçalves, 2011). Essa característica corresponde à listada por Peruzzo (1998) como "gestão e propriedade coletiva". Embora não sejam realizadas assembleias comunitárias que decidam as pautas trabalhadas no portal, os temas são decididos em reuniões de todos os representantes – que são, por sua vez, membros de organizações coletivas. Vemos, com isso, de que forma as características de um meio de comunicação comunitária podem ser avaliadas em seus casos específicos, e não como imposições externas estáticas (Gonçalves, 2010).

- - - - -

3   As OSBCs são pequenas Organizações Não Governamentais (ONGs) que têm atuação local, trabalham principalmente para o desenvolvimento local.

Em 2010, o portal comunitário realizou, em parceria com o Núcleo de Solidariedade Técnica da UFRJ (Soltec/UFRJ), um curso de extensão no tema *Análise crítica dos meios de comunicação*, direcionado a moradores da favela. Desse curso nasceu outra experiência de comunicação comunitária, o jornal *A notícia por quem vive*. Trata-se de um jornal impresso produzido por um grupo de moradores que controlam todas as etapas da produção (decisão das pautas, produção de matérias, fotos, revisão e diagramação). A primeira edição do jornal tinha como princípio ser uma publicação feita pela comunidade, com a comunidade e para a comunidade (Gonçalves, 2010).

Dada a realidade de estigmatização do favelado, é comum que os veículos de comunicação comunitária criem representações positivas, mostrando o que a mídia comercial não mostra, valorizando a favela em suas riquezas. Em seu regimento interno, criado em 2011, o jornal *A notícia por quem vive* afirma que seu objetivo principal é "formar os moradores da CDD [Cidade de Deus] para um olhar crítico da comunidade e do mundo e informá-los sobre o que acontece na CDD, contemplando aspectos positivos nos âmbitos cultural, social, educativo, político e econômico, dedicando especial atenção à valorização da cultura local" (Gonçalves et al., 2015).

Perguntas & respostas

Quais são as caraterísticas essenciais para um veículo de comunicação ser considerado de comunicação comunitária?
Não existem tais características. Um meio de comunicação comunitária pode ser avaliado a partir de casos específicos, mas não com base em imposições externas estáticas. É possível observar, em linhas gerais, a questão da propriedade coletiva – o veículo não deve pertencer a apenas um membro da comunidade em questão, mas a um conjunto de membros – e também a gestão coletiva, de modo que a organização desse modelo de propriedade se aproxime de princípios de uma democracia participativa.

Mãos à obra!

Produção de um estudo etnográfico e reportagem
Visite uma favela, bairro ou comunidade pobre do seu município. Procure entrevistar ao menos três moradores e investigue se eles se sentem adequadamente representados pela mídia. Antes de realizar a reportagem, procure matérias sobre o local em veículos de comunicação da "grande mídia" (jornais, TV, *web* e rádio). Faça anotações de todas as suas impressões durante a visita ao local e descubra se existe ali algum veículo de comunicação comunitária, listando as principais características desse meio de comunicação (comercial, informativo, coletivo ou individual etc.).

Síntese

Neste capítulo, sustentamos a tese de que há relações intrínsecas entre os temas da *comunicação* e dos *direitos humanos*. Essa relação se modifica ao longo do tempo e encontra correspondência nos dois marcos de fundação dos direitos humanos, discutidos no Capítulo 5. Atualmente, ela se dá em pelo menos cinco (5) dimensões, expressas na maioria dos textos constitucionais dos países da América Latina: 1) básica; 2) individual; 3) especializada; 4) institucional; e 5) social. Mas pensar a comunicação como um direito e efetivá-la como parte dos direitos humanos requer um desenvolvimento político que passa por ao menos quatro etapas: 1) fortalecer o direito de resposta e a crítica; 2) ampliar a participação dos receptores, tornando-os também produtores de conteúdo; 3) diversificar e democratizar o acesso aos meios de comunicação; e 4) proporcionar experiências de gestão coletiva e autogestão da comunicação.

Com base em pesquisas atuais, podemos avaliar como as diferentes dimensões do direito à comunicação e as etapas de efetivação da comunicação como direito se encontram nos países da América Latina. Propusemos, então, os métodos desenvolvidos no âmbito da comunicação comunitária como uma resposta concreta, conceitual e prática para o exercício desses direitos. No contexto latino-americano, de profundas desigualdades econômicas, a comunicação comunitária permite desenvolver as dimensões institucionais e sociais do direito à comunicação, cumprindo três das quatro etapas do Relatório MacBride (1988).

Ainda assim, os avanços em direção à uma verdadeira diversidade dos meios de comunicação na América Latina parecem distantes, uma vez que empresas conseguem formar verdadeiros conglomerados è oligopólios concentradores de poder. Essa hegemonia coloca em risco, por vez, os direitos mais fundamentais, as dimensões mais básicas da relação entre comunicação e direitos humanos: o direito à liberdade de opinião, de expressão e de imprensa. Observamos, ainda, a maneira como os direitos humanos podem servir como contraponto a esses projetos hegemônicos, destacando alguns casos concretos de disputas judiciais nas Cortes Superiores (Constitucionais) em países da América Latina, bem como no Sistema Interamericano de Proteção aos Direitos Humanos[4].

Questões para revisão

1. Qual das opções a seguir apresenta apenas direitos de comunicação em sua dimensão básica?

   a) Direito à informação, direito à comunicação, direito à honra e reputação.

   b) Direito à resposta, de autor, *habeas data* (direito a ser esquecido e ter sua privacidade protegida), sigilo profissional do jornalista.

• • • • •

4   O Sistema Interamericano de Proteção dos Direitos Humanos (SIPDH) é formado pela Comissão Interamericana de Direitos Humanos (Comissão ou CIDH) e pela Corte Interamericana, órgãos especializados da Organização dos Estados Americanos (OEA), com atribuições fixadas pela Parte II da Convenção Americana de Direitos Humanos.

c) Direito à informação pública, caráter dos meios e regulação do sistema comunicacional

d) Direito à liberdade de expressão, de imprensa, de opinião, de inviolabilidade de correspondência.

2. O que é um veículo de comunicação comunitária?

3. Assinale a alternativa que **não** corresponde a uma das etapas propostas pelo Relatório MacBride (1988) para o enfrentamentos dos problemas da comunicação na América Latina:

a) Fortalecimento do direito de resposta e de crítica, estimulando a retroinformação, no sentido de permitir que os responsáveis pelos meios de comunicação venham a captar os anseios do público.

b) Privatização dos meios de comunicação estatais, permitindo um aumento da diversidade de empresas estrangeiras que atuam na gestão corporativa dos meios de comunicação.

c) Incremento da participação de "leigos" na produção e emissão de programas, utilizando ativamente as fontes de informação.

d) Estímulo à participação da coletividade na "gestão" midiática, culminando até mesmo em sua forma mais radical, a autogestão.

4. Assinale a alternativa que apresenta uma solução para os problemas da concentração dos meios de comunicação na América Latina:

a) Garantir, no Chile, os direitos de propriedade dos grupos de meios El Mercurio e Copesa, que concentram mais de 90% dos jornais e dos leitores e dominam a indústria de meios digitais, bem como dos quatro grupos que concentram 70% do mercado de rádio.

b) Assegurar que a maior parte da produção informativa na Colômbia, com cobertura nacional e altos níveis de recepção, permaneça nas mãos de grandes conglomerados econômicos, que têm interesses em infraestrutura, indústria de alimentos e bebidas, bancos, serviços públicos, moradia, entre outros.

c) Proteger a identidade e a privacidade dos proprietários dos meios de comunicação na Colômbia, onde 13 dos 220 meios de comunicação apresentam dados transparentes sobre quem são seus proprietários, quais são os seus lucros e os dados de sua audiência.

d) Promover políticas consistentes de promoção social e educação, formas de defesa e ampliação dos direitos de cidadania, gestão participativa na tomada de decisões, controle do capital especulativo, redistribuição e elevação de renda e geração de empregos.

5. Exemplifique de que forma o assassinato e as ameaças a jornalistas, por parte do Estado, de grupos paramilitares ou do crime organizado, representam grave ameaça à liberdade de expressão na América Latina.

Questões para reflexão

1. Por que a comunicação é considerada um direito humano?

2. Por que os meios de comunicação comunitários são uma forma prática de concretizar o direito humano à comunicação?

3. *Blogs* e *sites* cujos textos são de autoria de uma única pessoa podem ser considerados veículos de comunicação comunitária? E os *sites* que apresentam textos de autoria coletiva?

Os meios e os fins: a criação de massas e nações na América Latina

Priscila Vieira-Souza

André Souza Nascimento Macedo

Conteúdos do capítulo:

- Neste capítulo, veremos como a história da formação dos Estados nacionais modernos se sobrepõe à história dos meios de comunicação na América Latina. O eurocentrismo que marca teorias e perspectivas culturais também está presente na história dos meios de comunicação da América Latina. Contudo, como apresentado em capítulo anterior em relação à cultura, a história e o uso dos meios de comunicação na América Latina são singulares, tecendo suas próprias dinâmicas de desenvolvimento, com características peculiares. Assim, o objetivo deste capítulo é sintetizar o surgimento do cinema, da rádiofusão, da televisão e da internet, trazendo, também, dados atuais sobre esses meios de comunicação. Discutiremos ainda a contribuição teórica do conceito de *mediação* (Martín-Barbero, 2006), que é um importante marco para a compreensão das dinâmicas comunicacionais da América Latina.

Após o estudo deste capítulo, você será capaz de:

1. identificar os marcos históricos do desenvolvimento das mídias – rádio, cinema, televisão e internet – na América Latina;
2. compreender a participação das mídias na formação dos Estados nacionais;
3. analisar as relações comunicacionais e midiáticas a partir do conceito de mediação.

Preste atenção!

Na Figura 8.1, vemos o selo comemorativo do centenário de Carmem Miranda. Antes do sucesso internacional, seu reconhecimento no Brasil acompanhou o crescimento da radiodifusão no país. Carmem Miranda foi a primeira mulher a assinar contrato com uma emissora de rádio no Brasil, em 1933, e a primeira artista latino-americana com uma estrela na Calçada da Fama. O escritor Ruy Castro, autor de biografia sobre a cantora e atriz, analisa: "Carmem Miranda foi o grande motor de popularização do rádio e dos meios de comunicação" (Rádio Câmara, 2009; Moutinho, 2019).

Figura 8.1 – Selo comemorativo do centenário de nascimento de Carmem Miranta

8.1

Escritores e iletrados no século XIX

A história dos meios de comunicação de massa na América Latina sobrepõe-se à própria história da formação dos Estados nacionais modernos na região. Na Europa, o século XIX encerrou grandes campanhas de alfabetização da população. Os números de jornais e das tiragens multiplicaram-se exponencialmente. No Velho Continente, a imprensa protagonizou papel importante na formação das nações modernas, com uma produção intelectual que alimentava os debates na esfera pública, que se consolidava com o aumento do número de leitores (Wolton, 2004; Stephens, 2007).

Na América Latina, no entanto, os programas de alfabetização em massa chegaram apenas em meados do século XX. Assim, o século XIX foi marcado por uma produção intelectual da elite e para a elite letrada. Textos que procuravam retratar ou construir de alguma forma, idealmente, o que seria o popular. Havia uma preocupação com a "incorporação do povo" (Costa, 2011, p. 63) nos ensaios e nas narrativas. Mas a repercussão era tão restrita que mesmo as histórias de folhetim podem ser consideradas "obras de alta cultura", conforme analisa Albano (Costa, 2011, p. 63). O quadro a seguir traz exemplos de obras desse contexto, publicadas em jornais no Brasil e no México.

Quadro 8.1 – Histórias de folhetim famosas no Brasil e no México

Brasil		
A Moreninha	Joaquim Manuel de Macedo	1844
O Guarani	José de Alencar	1857
México		
El Peirquillo Samiento	José Joaquín Fernández de Lizardi	1816
Un año en el hospital de San Lázaro	Justo Sierra O'Reilly	1841 ou 1845-46
Los bandidos de Rio Frio	Manuel Payno	1892 e 1893

Fonte: Elaborado com base em Costa, 2011.

A escrita no século XIX teve caráter político: as obras do romantismo compunham o projeto nacionalista, a construção de identidades locais e a busca de uma origem imaginária que desse sentido ao presente e embasasse o futuro. Houve, em toda a América Latina, uma profusão organizada da imprensa, financiada por grupos políticos. Mesmo havendo proporcionalmente poucos leitores, havia uma preocupação em "inscrever proposições políticas" (Costa, 2011, p. 64).

Esse quadro se alterou no início do século XX. Os países latino-americanos se distanciavam dos modelos centralizadores da Europa e cada vez mais se aproximavam dos Estados Unidos da América (EUA), apostando no capitalismo liberal. Assim, os meios de comunicação na América Latina desenvolveram-se mediante iniciativas privadas. A imprensa da região organizou-se em forma de empresas – em geral, familiares e com braços no Estado, mas por meio de iniciativas privadas (Costa, 2011).

Ensaios, literatura e imprensa fomentaram o debate público na virada do século XIX e nas primeiras décadas do século XX e influenciaram a formação dos Estados nacionais modernos na América Latina. No entanto, comparativamente, não é possível atribuir o mesmo peso que essas estratégias tiveram na Europa. Os temas apresentados e discutidos nas páginas de jornais e livros ficavam restritos a pequena parcela alfabetizada da população (Costa, 2011).

8.2
As nações na grande tela: cinema na América Latina

Preste atenção!

....

O filme do diretor colombiano P. P. Jambrina, *Garras de Oro*, foi lançado em 1926 e possui uma das mais intrigantes trajetórias da história do cinema. É, também, um exemplo de como a produção e o consumo de mídia na América Latina envolve tensões que transcendem os campos da cultura e da arte. O filme aborda a tomada do Panamá pelos norte-americanos, denunciando o fato como um roubo sofrido pela Colômbia. A diplomacia estadounidense persegue o filme e consegue a proibição de sua exibição, impetrada pelo governo colombiano em 1928. A película, então, desapareceu e foi reencontrada 60 anos depois, em Santiago de Cali. Ela foi, então, restaurada, e sua intrigante história foi retomada por pesquisadores e amantes do cinema (Suárez; Arbeláez, 2009).

Figura 8.2 – Cena do filme *Garras de oro*, do diretor Colombiano P. P. Jambrina (1926)

Em contexto de altos índices de analfabetismo, o apelo visual configurou-se como "instrumento político valioso, que os governantes e o capital estrangeiro dedicado à indústria do entretenimento souberam aproveitar" (Costa, 2011, p. 66). A visualidade e os meios eletrônicos foram os responsáveis pela constituição de sociedades de massa e pela inspiração de sentimentos e identidades nacionais no contexto latino-americano (Vieira-Souza, 2008).

....

É possível afirmar que o sucesso do cinema na região não se deu pelo caráter artístico ou industrial das produções cinematográficas, mas pela vontade de experimentar a visualização de códigos culturais, dos costumes cotidianos dramatizados na grande tela. Carlos Monsiváis (1976) chegou a afirmar que, na década de 1950, no México, o propósito de ir ao cinema era aprender a ser mexicano. O cinema, na época, era uma experiência popular urbana que se ligou à necessidade das massas de serem visíveis socialmente, criando assim uma identidade nacional.

De fato, o cinema foi o primeiro meio a conquistar espectadores de todas as classes sociais (Morin, 1969). Martín-Barbero (2006, p. 232) afirma que as pessoas vão ao cinema para se ver na tela, e, ao permitir que o povo tenha essa reação, o cinema se nacionaliza. Carlos Monsiváis (1976), um dos principais escritores contemporâneos do México, resume essa ideia em cinco verbos: o cinema é o lugar onde o povo se **reconhece**, um reconhecimento que não é passivo, mas o **transforma**. Para populações que passaram por algumas das diversas revoluções do século XX que aconteceram por toda a América Latina, essa transformação tem como grande significado "apaziguar-se, resignar-se e 'secretamente' ufanar-se'". (Martín-Barbero, 2006, p. 236)

Usando ainda o cinema mexicano como exemplo, Martín-Barbero (2006) afirma existirem três dispositivos diferentes que operam no que chama de ressentimento nacionalista que procura o cinema: teatralização, degradação e modernização. A teatralização traz o cinema como não apenas encenação, mas também legitimação de gestos, diferenças linguísticas e outros fatores, que ensinava o povo a "ser mexicano". A degradação traz a nacionalidade ao alcance do povo, enquanto na modernização, segundo o autor, "pelo menos frequentemente as imagens contradizem as mensagens, os mitos são atualizados, novos costumes e moralidades são introduzidos, novas rebeliões e novas linguagens tornam-se acessíveis" (Martín-Barbero, 2006, p. 236).

Quadro 8.2 – Chegada do cinema em países da América Latina

México	1895
Chile	1895
Brasil	1896
Argentina	1896
Venezuela	1897
Cuba	1897

Fonte: Elaborado com base em Costa, 2011; Martín-Barbero, 2006.

8.3
Experiências em ondas: a radiodifusão na América Latina

O primeiro meio eletrônico a atingir o grande público foi o rádio. Como os demais meios, a maior parte de sua difusão e criação de programas e canais se deu na iniciativa privada. O rádio marcou a história da América Latina em três dimensões: 1) a técnica; 2) a das massas; e 3) a alternativa ou comunitária.

Na dimensão técnica, é válido dizer que a radiodifusão foi tão importante para a América Latina quanto a América Latina foi importante para a história da radiodifusão. No final do século XIX, o brasileiro Roberto Landell de Moura se juntou à corrida internacional pelo aprimoramento da comunicação a longa distância. Em 1893, o cientista e padre se tornou um dos pioneiros na transmissão de som sem fio por meio de ondas de rádio. Embora sua contribuição seja pouco considerada internacionalmente, pelas dificuldades de registro de suas experiências, no Brasil ele figura entre os pioneiros nas tecnologias de comunicação (Klöckner; Cachafeiro, 2012).

Na dimensão da criação de sociedades de massa, a radiofusão é tanto pioneira quanto responsável pela consolidação das massas, do fomento de mercado consumidor e da difusão de ideais nacionalistas. A popularização da televisão ocorreu apenas em meados do século XX. Ainda assim, as regiões mais distantes dos centros urbanos foram alcançadas apenas nas últimas décadas do século passado, enquanto a radiodifusão estava presente nas localidades mais remotas, onde as novas tecnologias não chegavam. Martín-Barbero (2006, p. 270) reconhece a função do rádio em transformar as massas em povos, e os povos em nações, graças à facilidade de transmissão a longas distâncias, penetrando em regiões longínquas. O rádio foi "o veículo mais eficaz – até o surgimento da televisão em finais dos anos 1950 – para a transmissão de valores de classe e raça, bem como para a redução da cultura a *slogans*" (Martín-Barbero, 2006, p. 270).

Assim, o rádio foi o meio privilegiado para inspirar sentimentos de nacionalidade durante o início do século XX. Também foi estrategicamente utilizado pelos governos autoritários na América Latina que exerceram forte controle das políticas culturais (Calabre, 2013).

É importante ainda ressaltar que a radiodifusão marcou a história dos meios de comunicação na América Latina, a partir da década de 1950, pelas rotas alternativas da comunicação. De fato, o baixo custo fez com que o rádio fosse o primeiro meio eletrônico de comunicação de grande escala a chegar e se estabilizar na América Latina. Também pelo baixo custo e relativa simplicidade técnica de produção, o rádio foi o meio utilizado para as primeiras experiências do que mais tarde seria chamado de *comunicação comunitária*: as rádios livres surgiram na década de 1950 (Peruzzo, 2009). Esses canais foram importantes para fomentar a educação popular, a formação política e a resistência aos autoritarismos do século XX.

8.4
Televisão e identidades nacionais

Nas décadas de 1950 e 1960, a América Latina passou por dois momentos históricos: a chegada da televisão na região e a presença de regimes autoritários na grande maioria dos países latino-americanos. Essas décadas também foram marcadas pelo aumento populacional e o início da explosão das cidades, com a migração rural. Os níveis de analfabetismo eram alarmantes e a educação formal oferecida pelos Estados, insuficiente. Todos esses fatores colaboraram para que a televisão (TV) fosse percebida não apenas como um entretenimento ou um meio informativo, mas também educacional e político, de forma mais intensa do que a radiodifusão e o cinema.

É possível identificar três modelos de desenvolvimento da televisão: 1) comercial e privado, fortemente presente nos Estados Unidos; 2) público e pedagógico, surgido na Europa; e 3) governamental, implantado na União Soviética. Superficialmente, têm-se a impressão de que, nos primeiros passos da televisão latino-americana, os modelos dominantes foram tanto o comercial quanto o público.

Porém, é importante lembrar que houve televisões governamentais em diversos países, mesmo que apenas por períodos específicos. Em levantamento realizado durante os anos de 2016 e 2017, o projeto Obitel (Observatório Ibero-Americano de Ficção Televisiva)[1] identificou o fortalecimento da TV pública na região, apesar de retrocessos em alguns países, como os recentes cortes sofridos pela TV Brasil e a extinção da televisão universitário no Chile (Lopes; Gómez, 2017, p. 35). O quadro a seguir apresenta a quantidade de canais privados e públicos de países da América Latina (e do Brasil). Vale ressaltar que o número de canais é apenas um dos indicativos, já

· · · · ·

1   O Obitel realiza "monitoramento e análise de produção, audiência e repercussão sociocultural da ficção televisiva na América Latina e na Península Ibérica, por meio de publicações e seminários" (Lopes; Gómez, 2017, p. 9).

que a mera existência do canal não garante audiência e influência de fato no país.

Quadro 8.4 – Canais de televisão públicos e privados em países da América Latina em 2017

País	Canais Privados		Canais Públicos		Total
Argentina	América 2, Canal 9, Telefe, El Trece	4	Televisión Pública	1	5
Brasil	Globo, Record, SBT, Band, Rede TV!	5	TV Brasil	1	6
Chile	UCV TV, Canal 13, Telecanal, Red, Chilevisión, Mega	6	TVN	1	7
Colombia	RCN, Caracol, Canal Uno	3	Señal Colombia, Canal Institucional	2	5
Equador	Teleamazonas, RTS, Ecuavisa, Canal Uno, Televicentro	5	ECTV	1	6
México	Televisa, TV Azteca, Imagen Televisión	3	Once TV, Conaculta, TV Unam, Una Voz com Todos	4	7

(continua)

(Quadro 8.4 – conclusão)

País	Canais Privados		Canais Públicos		Total
Peru	Frecuencia Latina, América Televisión, Panamericana Televisión, ATV, Global TV	5	TV Perú	1	6
Uruguai	Montecarlo TV, Saeta TV, Teledoce	3	Televisión Nacional (TNU)	1	4
Venezuela	Canal I, Globovisión, La Tele, Meridiano, Televen, TV Familia, Vale TV, Venevisión, Tvespaço	9	ANTV, Tves, C.A. Telesur, VTV, Vive TV, Colombeia, Ávila TV, Conciencia TV	8	17
Totais		43		20	63

Fonte: Lopes; Gómez, 2017, p. 26-27, tradução nossa.

Assim como o rádio, a televisão também foi – e é – importante para a criação e a manutenção das identidades nacionais. Eduardo Armando de Barros Filho (2014, p. 6) dá o exemplo da televisão brasileira, dominada pela TV Globo: "No Brasil, a TV Globo foi responsável por 'certa atribuição tácita de inventariar e consolidar os aspectos constitutivos da nacionalidade nas esferas íntima, privada e pública', colaborando, a seu modo, para a constituição de uma identidade nacional" (Barros Filho, 2014, p. 6).

O texto clássico *O que é uma nação*, de Ernest Renan (2006), foi escrito, em 1882, pela preocupação do autor em compreender o que forma uma nação. Consenso, sentimento e vontade são alguns dos elementos destacados pelo pensador do fim do século XIX. O conteúdo televisivo atua exatamente nas emoções, na vontade, de modo a gerar consenso. Essa formação das nações empreendida no século XIX estava além da demarcação de territórios; a intenção era definir "um quadro simbólico que inspirasse lealdade e provocasse adesão" (Vieira-Souza, 2008, p. 6).

Essa construção, contudo, é dinâmica e prossegue. O consenso precisa constantemente ser reforçado, recriado. É necessário manter a adesão aos projetos nacionais. A televisão, atualmente somada a outras mídias, continua tendo peso relevante na constante formação das sociedades e suas identidades e pertencimento. Os produtos televisivos locais continuam elaborando a história, criando memórias[2] e apresentando versões sobre os dramas do presente. As telenovelas e minisséries brasileiras são exemplo evidentes dessas construções. O mesmo acontece com as telenovelas e séries mexicanas, que, inclusive, alimentam a identidade nacional da crescente população que migra daquele país para os EUA.

---

2   Veja o Capítulo 1.

8.5
Internet e difusão

Quando se trata da internet, a chegada desse meio de comunicação na América Latina é semelhante à história dele no Ocidente: foi nas universidades, no final dos anos 1980, que as primeiras conexões à rede foram feitas, com propósito exclusivamente acadêmico e conexões bastante limitadas, normalmente ligando as universidades a outras instituições. A distribuição comercial da internet na região começou na década de 1990, sendo que, no Brasil, a permissão para comercialização de serviços de internet foi liberada em 1994 (Antoun; Malini, 2013).

O crescimento do acesso à rede internacional de computadores foi explosivo. Em seu livro *La nueva alfombra mágica: usos y mitos de internet, la red de redes*, Raúl Trejo Delarbre (1996) apresenta dados que mostram que o acesso à rede na América Latina cresceu cerca de 36% apenas no trimestre entre 1º de julho e 1º de outubro de 1994.

Mesmo assim, o número de usuários latino-americanos conectados na década de 1990 era extremamente baixo ao ser comparado com a quantidade de usuários em regiões como Europa e Estados Unidos. Segundo a UNData (2020) – serviço de estatísticas das Nações Unidas –, no último ano da década de 2000, 3,9 a cada 100 pessoas na América Latina e no Caribe possuíam conexão à internet. Em comparação, 13,2 a cada 100 pessoas na Europa e na Ásia Central e 43,1 a cada 100 pessoas nos EUA possuíam acesso à rede.

O fosso entre a média de acesso nos EUA e na América Latina e Caribe tem diminuído ao longo dos anos. No entanto, a diferença ainda é expressiva: enquanto nos Estados Unidos a média de acesso à internet era de 74,6 em 2015, na região da América Latina e Caribe, a média era de 54,5, considerando o mesmo período de tempo. Os dados consideram a média de acesso a cada 100 pessoas (UNData, 2020).

A diferença no número de usuários atualiza antigas questões de centralização da produção da informação[3]. O fosso provavelmente é ainda maior se considerarmos os *uploads*. Com mais facilidade para aquisição de outras tecnologias – celulares, câmeras, computadores, *tablets* etc. – é provável que moradores de países mais ricos produzam maior quantidade de conteúdo e com melhor qualidade técnica.

Evidentemente, "a internet não tem o condão de reduzir o fosso entre os inforricos e os infopobres", alerta Denis de Moraes (2009a, p. 253). No entanto, como espaço acessível, tem sido um importante ambiente de novas formas de mobilização social. O mesmo autor afirma o potencial da internet ser convertida "em instrumento de democratização da informação – à condição de se saber utilizá-la e de interligá-la à luta mais ampla por uma comunicação antimonopólica e por uma cultura não mercantilizada" (Moraes, 2009a, p. 253).

Dois exemplos de iniciativas latino-americanas na internet que podem ser consideradas alternativas às grandes mídias são a Lavaca e a Alainet. A Lavaca (2020) é um coletivo argentino que se define como cooperativa e atua na internet desde 2002: "desde então até hoje **lavaca** se propõe a gerar ferramentas, informação, vínculos e saberes que potencializem a autonomia das pessoas e suas organizações sociais" (Lavaca, 2020, tradução nossa, grifo do original).

---

3   Veja o Capítulo 7.

A Agência Latino Americana de Informação (Alainet, 2020), com sede no Equador, já tem 40 anos de atuação. Um de seus principais objetivos é a edição e a difusão de informação. A organização se autodefine como "um organismo de comunicação, de caráter internacional, comprometido com a vigência plena dos direitos humanos, a igualdade de gênero e a participação cidadã no desenvolvimento e trabalho público da América Latina" (Alainet, 2020, tradução nossa).

A internet revelou, na última década, novas formas de interação com as ruas. Antoun e Malini (2013) discutem as relações entre a internet e os recentes protestos massivos, apontando como eles ocupam, simultaneamente, as redes sociais e as ruas, os espaços públicos das cidades: "e quanto mais os sujeitos estão juntos e imersos em um acontecimento de rua, mais intenso e emocional fica o compartilhamento das informações na Internet. A narrativa se multiplica e se alarga nas redes sociais" (Antoun; Malini, 2013, p. 249).

8.6
Martín-Barbero e os estudos da mediação

Jesús Martín-Barbero, teórico nascido na Europa e radicado na Colômbia, é um dos principais autores da área de comunicação e cultura, com fortes influências principalmente na América Latina.

Em sua clássica obra *Dos meios às mediações* (Martín-Barbero, 2006), publicada originalmente em 1987, afirma que os estudos da história dos meios de comunicação na América Latina costumam, em sua maioria, seguir uma linha de pensamento: dedicam-se a estudar a "estrutura econômica" ou o "conteúdo ideológico" deles, o que acaba deixando de lado as análises sobre as mediações "através das quais os meios adquiriram materialidade institucional e densidade cultural" (Martín-Barbero, 2006, p. 228). A abordagem predominante dos meios contribui com a percepção de que a mídia é controlada por um grupo pequeno de pessoas, que manipula o público, que recebe – passivamente – o conteúdo midiático.

Uma forte influência no que se refere a essa falta de reflexão sobre as mediações é o fato de que a maior parte da história escrita da América Latina despreza o espaço cultural e deixa como objeto principal de análise os registros cultos, como a arte e a literatura (Martín-Barbero, 2006). O autor explica que é necessário introduzir a análise do espaço cultural, não como um tema a mais em um espaço à parte – e sim "focalizar o lugar onde se articula o sentido que os processos econômicos e políticos têm para uma sociedade" (Martín-Barbero, 2006, p. 229).

Tendo essas premissas norteadoras, o autor afirma que é necessário distinguir duas etapas diferentes no processo latino-americano de implantação dos meios e da constituição do massivo na região. No primeiro momento, apontado pelo autor como entre os anos 1930 e 1950, o sentido social e a eficácia dos meios devem ser analisados a partir dos modos pelos quais as massas se apropriaram dos meios ao mesmo tempo que se reconheceram nos conteúdos produzidos. Ou seja, a apropriação do uso dos meios e o reconhecimento das massas nos programas de rádio e no cinema do período são mais relevantes do que os elementos econômicos e políticos envolvidos no estabelecimento da mídia na América Latina.

Isso não quer dizer que os fatores econômicos e ideológicos não já representassem dimensões-chave para que os meios de comunicação funcionassem. Porém, o autor afirma que "o sentido de sua estrutura econômica e da ideologia que eles difundem remete para além de si mesmas [sic], para o conflito que nesse momento histórico informa e dinamiza os movimentos sociais" (Martín-Barbero, 2006, p. 233). O papel desempenhado pelos meios de comunicação foi de porta-voz do discurso político populista, cujo objetivo era converter as massas sociais em povo, e esse povo, em nação.

Para transformar as massas em povos e fixar a ideia de Nações, foi preciso criar uma identificação com as demandas populares mais básicas e seus modos de expressão. Martín-Barbero (2006) explica que o cinema, em alguns países, e a radiodifusão, em praticamente todos países, foram responsáveis por proporcionar a moradores das mais diversas regiões uma primeira vivência cotidiana de nação. Um bom exemplo foi o que ocorreu na Colômbia: segundo Reynaldo Pareja (1984), o país era formado como uma espécie de quebra-cabeças, com regiões distintas e fechadas; assim, o que permitiu a criação de uma unidade nacional, uma identidade "cultural", foi exatamente a radiodifusão.

Com a chegada dos anos 1960, os meios de comunicação perderam força em sua função política direta, com a ampliação e o fortalecimento de empresas privadas controlando esses meios. Segundo Martín-Barbero (2006), nesse momento a ideologia dos meios finalmente se tornou informadora de um discurso de massa, com um objetivo: que os pobres tenham os mesmos sonhos dos ricos. Os meios participam, então, ativamente da formação e da consolidação de um forte mercado consumidor. Citando Eduardo Galeano, o autor afirma que há um processo de não apenas converter "a riqueza da terra na pobreza do homem, mas também quando transforma as carências e aspirações mais básicas do homem em desejo consumista" (Galeano, citado por Martín-Barbero, 2008, p. 231).

Segundo Luiz Signates (1998), o conceito de *mediação* tem como origem duas vertentes filosóficas. Uma delas é a idealista, que conta com origem cristã (mediação de Jesus Cristo entre Deus e o mundo) e a outra hegeliana e marxista. O autor explica que o significado mais comum para *mediação* é a ideia de "intermediário".

Porém, o sentido que Martín-Barbero (2006) constrói para o termo é mais complexo. O autor retomou a abordagem de *hegemonia*, associada às questões comunicacionais e aplicada à cultura. Essa abordagem influenciou o pensamento comunicacional e cultural em toda a América Latina, com repercussão até os dias atuais. Em tal pensamento, mediação não é meramente intermediação. Signates (1998, p. 7) explica que chamar instituições de comunicação, cuja "discutível 'função'" seria agir como intermediárias entre grupos e instituições sociais de meios de comunicação, não implica que elas sejam mediadoras, no sentido discutido por Mártin-Barbero. Signates (1998, p. 7) problematiza o uso do termo de forma simplista e explica: "trata-se de uma negação a um uso que, em português, seria comum, sem que se obtenha, em contrapartida, alguma afirmação que pareça suficientemente clara".

O grande clássico *Dos meios às mediações* busca transferir a preocupação existente com a análise dos meios de comunicação para a "investigação das culturas populares, os modos de comunicação desses setores e a relação entre o que se passa nos meios com o que se passa nos bairros, nas ruas" (Martín-Barbero, 2006, p. 21).

Maria Immacolata Vassalo de Lopes (2014, p. 68) oferece uma breve definição para o conceito de *mediação*. As mediações podem ser definidas como "lugares" em que podemos entender a relação entre o espaço de produção e o da recepção. Colocando de lado a ideia de massas como um aglomerado passivo e sem influência no que é produzido, Martín-Barbero (2006, p. 20) afirma que produções da mídia não respondem apenas a exigências da indústria cultural e estratégias comerciais, "mas também a exigências que vêm da trama cultural dos modos de ver".

Curiosidade!

O personagem Chaves[4], criado pelo ator e diretor Roberto Gómez Bolaños, talvez seja o maior exemplo de difusão dos meios televisivos na América Latina. A série de televisão infantil, lançada em 1973, alcançou enorme sucesso e popularidade na região. Contando a história de um menino órfão, em uma vila pobre do México, a narrativa conquistou a atenção de crianças e adultos ao tratar de temas comuns à América Latina por meio do humor. Leia mais sobre o famoso personagem em:

CHESPIRITO. Disponível em: <https://chespirito.com>. Acesso em: 25 ago. 2020.

---

4 Para saber mais sobre o personagem, acesse: <https://www.vecindadch.com/>. Acesso em: 12 nov. 2020.

Perguntas & respostas

Qual o principal meio de comunicação utilizado para formação das identidades nacionais na América Latina (décadas de 1950-1970)?

Na América Latina, a televisão cumpriu o papel de formação de identidades nacionais, assumindo função educacional e política.

Para saber mais

O livro amplamente citado nesse capítulo, *Dos meios às mediações*, é uma leitura essencial para entender não apenas o pensamento de Jesus Martín-Barbero (2006), mas também para entender mais sobre a América Latina. Pode ser facilmente encontrado em livrarias, bibliotecas e sebos. Leia e fiche o texto.

MARTÍN-BARBERO, J. M. **Dos meios às mediações**: comunicação, cultura e hegemonia. Tradução de Ronald Polito e Sérgio Alcides. 4. ed. Rio de Janeiro: Ed. da UFRJ, 2006.

Confira o seguinte texto, que explora os estudos de mediação na telenovela desenvolvidos pelo autor:

RIBEIRO, L. C.; TUZZO, S. A. Jesus Martín Barbero e seus estudos de mediação na telenovela. **Comunicação e Informação**, v. 16, n. 2, p. 39-49, jul./dez. 2013. Disponível em: <https://www.revistas.ufg.br/ci/article/view/29187/16310>. Acesso em: 20 abr. 2020.

Em 2002, Jésus Martín-Barbero participou do programa *Roda Viva*, produzido pela TV Cultura – não coincidentemente, uma das poucas redes de televisão pública do Brasil. Confira uma transcrição da entrevista:

MARTÍN-BARBERO, J. Jésus Martín-Barbero. Entrevista concedida a Paulo Markun. **Memória Roda Viva**, 3 fev. 2003. Disponível em: <http://www.rodaviva.fapesp.br/materia/62/entrevistados/jesus_martinbarbero_2003.htm>. Acesso em: 20 abr. 2020.

Para quem entende espanhol, vale a pena checar a entrevista a seguir com o autor:

JESUS Martín-Barbero: Conceptos Clave em Su obra. **Pensadores. co**, 27 set. 2014. Disponível em: <https://www.youtube.com/watch?v=NveV5ScaZHg>. Acesso em: 20 abr. 2020.
....

Preste atenção!
....

As telenovelas na América Latina

Segundo pesquisa realizada pelo Kantar Ibope Media (Kantar, 2015; Bezerra, 2017), novelas e *reality shows* dominam a audiência de televisão aberta por toda a América Latina. As telenovelas surgiram inicialmente no Brasil, no México e em Cuba, sendo que os dois primeiros países são os maiores produtores mundiais do gênero. Sucessoras das radionovelas, o gênero televisivo possui uma narrativa com tempo determinado e, assim como folhetins, podem sofrer mudanças de acordo com a recepção do público.

Comentários sobre novelas podem ser ouvidos em todos os lugares, desde pontos de ônibus até redes sociais. A influência desse gênero televisivo pode não ser a mesma de algumas décadas atrás, mas as novelas continuam sendo uma grande fonte de pesquisa para a área da comunicação.

Há muito se discute o papel social da novela – desde casais homoafetivos até representação de situações de violência de gênero –, visto que esse tipo de programa de televisão constantemente busca tratar de assuntos atuais e em pauta na política do país. Jesús Martín-Barbero não ignorou a importância da novela, citando esse gênero em diversos pontos de seu livro e em outros trabalhos.

Síntese

Este capítulo explorou brevemente a história dos meios de comunicação na América Latina, o que se trata de, indiretamente, também estudar a história da formação da América Latina. Desde a comunicação considerada de massa até aquela mais avançada e menos difundida, a construção da América Latina como continente e seus povos como latino-americanos só foi possível com a chegada de tais meios, junto com discursos verbais e não verbais para consolidar tais identidades.

É importante, também, que nós, latino-americanos, conheçamos teorias desenvolvidas a partir de nossa realidade, como é o caso da teoria das mediações. Desde a primeira publicação do livro *Dos meios às mediações*, o campo avançou muito, trabalhando em cima das ideias de Martín-Barbero (2006), seja para avançá-las, seja para criticá-las, seja ainda para refletir sobre o papel do pensamento do autor nos estudos latino-americanos de comunicação.

Questões para revisão

1. O desenvolvimento da televisão pelo mundo, geralmente, seguiu moldes inspirados em três modelos. Cada modelo foi inspirado nas políticas adotadas em determinadas regiões. Assinale a alternativa que apresenta o nome correto dos modelos e das regiões que os originaram:

   a) Comercial e privado – Estados Unidos; pública e pedagógica – Europa; governamental – União Soviética.

   b) Comercial e pedagógico – Estados Unidos; pública e comercial – Europa; governamental – União Soviética.

   c) Comercial – Europa; privado e pedagógico – América Latina; governamental – China.

   d) Comercial e pedagógico – América Latina; governamental e pública – Europa; privado – Inglaterra.

2. Sobre a internet na América Latina, assinale a afirmativa correta:

   a) Diferente do que ocorreu no Ocidente, a internet na América Latina foi primeiramente apresentada como um recurso de entretenimento, assim como a televisão.

   b) No ano de 2000, o número de usuários de internet na América Latina era menos de 10% da população total da região.

c) Na América Latina, o uso da internet na década de 1970 era exclusivamente acadêmico.

d) A distribuição comercial da internet na América Latina aconteceu assim que as primeiras conexões foram estabelecidas na região.

3. Qual foi o papel do rádio na formação cultural da América Latina?

4. Assinale verdadeiro (V) ou falso (F) para as assertivas a seguir:

( ) No cinema latino-americano, a teatralização serve não apenas como encenação, mas também como legitimação de traços culturais.

( ) O sucesso do cinema na América Latina deve-se à sede de tecnologia e às manifestações artísticas da população da região.

( ) Em alguns países da América Latina, o cinema ajudou a construir a ideia de nação.

( ) A degradação no cinema latino-americano tem como objetivo sofisticar a população, incentivando-a a perder costumes considerados chulos e a incorporar trejeitos europeus.

Assinale a alternativa que apresenta a sequência correta:

a) V, F, V, F.

b) F, F, F, V.

c) V, V, F, F.

d) V, V, V, F.

5. Quais vertentes filosóficas influenciaram o conceito de mediação?

Questões para reflexão

1. Os meios de comunicação estão presentes em diversos momentos da nossa vida. Em 2016, segundo pesquisa do IBGE, 97% dos domicílios brasileiros possuíam, no mínimo, uma televisão (Gandra, 2018). Muito fala-se da onipresença da internet nos dias de hoje, mas você já parou para pensar em quão presente a televisão está em nossa rotina? Mesmo quem não possui o costume de sentar-se em frente ao aparelho e assistir pode estar ligado à TV: por meio de seriados acessados em um computador, por comentários ouvidos em diversos lugares, pela revista de celebridades de novelas presente em consultórios médicos, entre outros espaços. Dedique um dia à observação e responda: Quantas telas de televisão você consegue enxergar nos lugares por que passa durante um dia?

2. É comum ouvir que os meios de comunicação, principalmente a televisão, "emburrecem" quem os usa. Essa ideia de que o povo é uma grande massa ininteligível não é nova, mas perdura sem grandes dificuldades. Você não considera ofensivo taxar toda uma população de *ignorante* e *manipulável*?

Considerações finais

Este livro se iniciou com dois objetivos principais: 1) investigar as inter-relações entre mídia, cultura e direitos humanos na América Latina a partir de uma perspectiva brasileira; e 2) apresentar os resultados dessa pesquisa para um público acadêmico, de maneira didática e crítica. O percurso exigiu que os autores enfrentassem, de imediato, a resistência que existe na própria cultura acadêmica nacional, em produzir obras semelhantes, generalistas, com objetos geográficos e históricos delimitados, porém extensos.

Essa dificuldade de encontrar material acadêmico semelhante tanto em língua portuguesa quanto em língua espanhola nos levou a buscar leituras produzidas em língua inglesa sobre a América Latina. No entanto, também nos despertou para o fato de que essa ausência, esse lugar inexistente de fala, de onde se possa ouvir (ou ler) sujeitos latino-americanos, talvez seja significativo. Talvez a questão do silêncio sobre esse lugar de fala originário e latino não seja simplesmente uma limitação de perspectiva acadêmica. É possível que a impermanência de um lugar de fala latino-ameri-cano encontre seus impasses tanto na história da constituição dos sujeitos latino-americanos (sujeitos hifenizados, complexos, fruto da exploração, da mestiçagem e da violência colonizadora) quanto na cultura que revela esses sujeitos, e que pode ser analisada como um "terceiro" nessa relação.

Como formar um sujeito constituído de intervenções e inde-finições quanto aos seus próprios limites – históricos, geográficos, constitucionais, culturais? Mídia, cultura, e direitos humanos – os três marcos abordados nesta obra – têm uma relação mais profunda entre si do que gostaríamos, do ponto de vista científico, acadêmico. É possível que a pequena quantidade de obras acadêmicas que lidem com a questão "latino-americana" de maneira generalista seja, em si, uma resposta: uma negação, uma recusa de falar de um lugar sobre o qual não se tem certeza de pertencimento e, principalmente, de apropriação comum. Se o que nos une é a tragédia histórica, por que fazer dela uma fundação, um marco constitutivo?

A fala a partir do lugar da dor, por outro lado, é também a única possibilidade do enfrentamento do trauma. Esse é um processo necessário, que passa pela construção da memória capaz de exorci-zar os fantasmas da colonização passada e estancar o sangramento das veias abertas pelo capitalismo imperialista. Esse processo, no entanto, torna-se mais difícil porque seus resultados são inconclu-sos. Como contar a história dos derrotados, cuja memória foi ofi-cialmente apagada? Como falar daqueles que ainda lutam pela con-quista do seu lugar de fala? Como produzir conhecimento histórico de lutas recentes cujo resultado ainda não se conhece? Cada uma dessas perguntas, que tivemos de enfrentar na produção deste livro, nos remete a um espaço vazio de direito, gerado pelo apagamento da memória, pela destruição de provas, pelo desaparecimento de corpos e pela inexistência de arquivos públicos.

As respostas que encontramos, ao contrário de desanimadoras, foram o combustível necessário para buscarmos, a cada momento, a superação teórica e a (des)apropriação metodológica das perspectivas científicas eurocêntricas. A história acontece no presente, mesmo a história das teorias e dos métodos. O pós-colonialismo, por exemplo, permite a atualização de projetos políticos e utópicos derrotados na história, porém vivos na identidade. O "terceiro mundismo", o pan-americanismo e seus congêneres, encontram novo folego na existência (e na resistência!) de um novo constitucionalismo latino-americano.

Resistência. Se o pós-colonialismo é a perspectiva crítica para discutir a modernidade como projeto civilizacional na América Latina, a *resistência* é a palavra-chave que dá sentido aos três tópicos principais deste livro: 1) mídia; 2) cultura; e 3) direitos humanos. Não é por coincidência que as dúvidas, o pertencimento condicionado e o olhar distante que o Brasil lançava sobre a América Latina se desfizeram nas ditaduras: a dor do exílio foi o catalizador que mostrou aos intelectuais brasileiros que a identidade deles com o continente era maior do que as diferenças. Quando essa nova perspectiva do Brasil para o continente emergiu (já não *América Latina*, mas *América do Sul*), o país não pôde assumir o papel de liderança de maneira semelhante aos colonizadores. Foi preciso trocar a imposição, o *Big Stick*, pela mediação, pela construção de interesses e espaços comuns.

Este livro aponta para uma "tarefa inacabada": aquela que sempre se constrói na resistência, na rearticulação de sujeitos periféricos e excluídos, nas propostas que, ainda que derrotadas, mantêm sua força utópica para renascer, ressuscitar ou, mesmo, se sobrepor para sobreviver. O vazio dos arquivos, o apagamento das memórias, o desaparecimento dos mortos, ocorrem há muito tempo. O pós-colonialismo rearticula não apenas os sujeitos e as identidades. Ele permite nascer na cultura a linguagem que resgata a saudade dos povos e das línguas extintas; faz brotar na política o direito de ter direitos, a liberdade de pensar, se expressar e criticar; possibilita a articulação de sujeitos coletivos e o resgate de propriedades comuns, vilipendiadas há séculos pelos exploradores.

As imagens desempenharam um papel crucial para os desafios enfrentados: aquilo que não pode ser dito em palavras, pode ser visto em imagens. Nesse sentido, a pesquisa iconográfica fez mais do que ilustrar este livro: ela integrou a construção do texto de maneira intensa. Para além da sua polissemia, as imagens, na condição de objeto, permitem ao sujeito interpretações múltiplas de sentido sobre o contexto. Mas, como sujeito, as imagens revelam-se como espelho constitutivo do mundo, da identidade, da história e do presente.

Tal qual os descobridores, esta obra nos permite conhecer um ao outro, o sujeito latino-americano na perspectiva dos brasileiros; porém, diferente dos exploradores, que dilapidaram os povos nativos destas terras, fez-nos descobrir a nós mesmos. O olhar do Brasil para América Latina é um olhar reflexivo no sentido mais primordial. Ele transforma o olhar para o outro em um olhar para si; e o olhar do outro, em encontro.

Referências

ABRAMOWITZ, M. J. Press Freedom's Dark Horizon. Freedom of the Press, 2017. Disponível em: <https://freedomhouse.org/report/freedom-press/freedom-press-2017>. Acesso em: 20 ago. 2020.

AGAMBEN, G. Estado de exceção. Tradução de Iraci D. Poleti. São Paulo: Boitempo, 2004a.

AGAMBEN, G. Homo Sacer: Sovereign Power and Bare Life. Translated by Daniel Heller-Roazen. Stanford: Stanford University Press, 1998.

AGAMBEN, G. Não à tatuagem biopolítica. Folha de S.Paulo, 18 jan. 2004b. Caderno Mundo. Disponível em: <https://www1.folha.uol.com.br/fsp/mundo/ft1801200404.htm>. Acesso em: 20 abr. 2020.

AGAMBEN, G. O que é o contemporâneo? e outros ensaios. Tradução de Vinicius Nicastro Honesco. Chapecó: Argos, 2009.

ALAINET – Agência Latino-Americana de Informação. Quiénes somos. Disponível em: <alainet.org/es/quiénes-somos>. Acesso em: 20 abr. 2020.

ALEXEYEVA, L. Soviet Dissent: Contemporary Movements for National, Religious, and Human Rights. Middletown, CT: Wesleyan University Press, 1987.

AMBOS, K.; JAPIASSÚ, C. E. A. (Org.). Tribunal penal internacional: possibilidades e desafios. Rio de Janeiro: Lumen Juris, 2005.

ANTOUN, H.; MALINI, F. A internet e a rua: ciberativismo e mobilização nas redes sociais. Porto Alegre: Sulina, 2013.

APARTHEID. Portal Geledés, 10 fev. 2017. Disponível em: <https://www.geledes.org.br/apartheid>. Acesso em: 20 ago. 2020.

ARENDT, H. A condição humana. Tradução de Roberto Raposo. 10. ed. Rio de Janeiro: Forense Universitária, 2007.

ARENDT, H. **As origens do totalitarismo**: anti-semitismo, instrumento de poder – uma análise dialética. Tradução de Roberto Raposo. São Paulo: Companhia das Letras, 2009.

ARENDT, H. **Eichmann em Jerusalém**: um relato sobre a banalidade do mal. Tradução de José Rubens Siqueira. São Paulo: Companhia das Letras, 1999.

ARMANI, C. H. Por uma escrita pós-colonial da história: uma introdução ao pensamento de Stuart Hall. **Historiae**, v. 2, n. 1, p. 25-36, 2011. Disponível em: <https://periodicos.furg.br/hist/article/view/2398>. Acesso em: 28 nov. 2020.

A ÚLTIMA tentação de Cristo. Direção: Martin Scorsese. EUA: Universal Studios, 1988. 164 min.

BALLESTRIN, L. América Latina e o giro decolonial. **Revista Brasileira de Ciência Política**, Brasília, n. 11, p. 89-117, maio/ago. 2013. Disponível em: <https://www.scielo.br/scielo.php?pid=s0103-33522013000200004&script=sci_abstract&tlng=pt>. Acesso em: 3 out. 2020.

BARBOSA, C. A. L. **Desafio inacabado**: a política externa de Jânio Quadros. São Paulo: Atheneu, 2007.

BARROS FILHO, E. A. de. A TV na América Latina: formação e desenvolvimento da televisão no Brasil e no México. In: CONGRESSO INTERNACIONAL DE HISTÓRIA, 4., 2014, Jataí. **Anais...** Goiânia: Universidade Federal de Goiás, 2014. Disponível em: <http://www. congressohistoriajatai.org/anais2014/Link%20(63).pdf>. Acesso em: 16 abr. 2020.

BEAUSANG, F. **Globalization and the BRICs**: Why the BRICs Will Not Rule the World For Long. London: Palgrave Macmillan, 2012.

BELLO, E. **A cidadania no constitucionalismo latino-americano**. Porto Alegre: Educs, 2012.

BELLO, E. O pensamento descolonial e o modelo de cidadania do novo constitucionalismo latino-americano. Revista de Estudos Constitucionais, Hermenêutica e Teoria do Direito, Porto Alegre, v. 7, n. 1, p. 49-61, jan./abr. 2015. Disponível em: <http://revistas.unisinos.br/index.php/RECHTD/article/viewFile/rechtd.2015.71.05/4547>. Acesso em: 20 ago. 2020.

BENHABIB, S. The Philosophical Foundations of Cosmopolitan Norms. In: BENHABIB, S. (Ed.). Another Cosmopolitanism. Oxford: Oxford University Press, 2006. p. 13-36.

BENTES, I. O copyright da miséria e os discursos sobre a exclusão. Lugar Comum, Rio de Janeiro, n. 17, p. 85-95, 2002. Disponível em: <http://uninomade.net/wp-content/files_mf/113003120942O%20copyright%20da%20mis%C3%83%C2%A9ria%20e%20os%20discursos%20sobre%20a%20exclus%C3%83%C2%A3o%20-%20Ivana%20Bentes.pdf>. Acesso em: 20 ago. 2020.

BETHELL, L. Brazil and Latin America. Journal of Latin American Studies, v. 42, n. 3, p. 457-485, Aug. 2010a.

BETHELL, L. Brazil and the Idea of Latin America in Historical Perspective. Estudos Históricos, Rio de Janeiro, v. 22, n. 44, p. 289-321, Dec. 2009.

BETHELL, L. Nabuco e o Brasil entre Europa, Estados Unidos e América Latina. Novos Estudos Cebrap, n. 88, p. 73-87, nov. 2010b. Disponível em: <https://www.scielo.br/scielo.php?script=sci_arttext&pid=S0101-33002010000300005>. Acesso em: 28 nov. 2020.

BETHELL, L. (Ed.). The Cambridge History of Latin America: From Independence to c.1870. Cambridge: Cambridge University Press, 1985. v. 3.

BEZERRA, N. Ibope divulga os gêneros mais vistos em cada país da América Latina. O Canal, 28 nov. 2017. Disponível em: <https://ocanal.com.br/ibope-divulga-os-generos-mais-vistos-em-cada-pais-da-america-latina>. Acesso em: 25 ago. 2020.

BICKEL, A. M. The Least Dangerous Branch: The Supreme Court at the Bar of Politics. New York: Literary Licensing LLC, 2011.

BILBAO, F. Iniciativa de la América: Idea de um Congreso Federal de las Repúblicas. In: ZEA, L. (Org.). Fuentes de la cultura latino-americana. Cidade do México: FCE, 1995. v. I.

BLAKEMORE, E. 30,000 People Were "Disappeared" in Argentina's Dirty War. These Women Never Stopped Looking. History, 7 mar. 2019. Disponível em: <https://www.history.com/news/mothers-plaza-de-mayo-disappea red-children-dirty-war-argentina>. Acesso em: 29 jul. 2020.

BOBBIO, N. Direita e esquerda: razões e significados de uma distinção política. Tradução de Marco Aurélio Nogueira. 2. ed. São Paulo: Ed. da Unesp, 2001.

BOCAIÚVA, Q.; MARINHO, J. S. Manifesto republicano de 1870. Edição de Carlos Eduardo de Almeida Barata. Rio de Janeiro, 3 dez. 1870. Disponível em: <http://www.cbg.org.br/wp-content/uploads/2012/07/ manifesto-republicano.pdf>. Acesso em: 16 ab. 2020.

BOND, P.; GARCIA, A. (Ed.). BRICS: an Anti-Capitalist Critique. London: Pluto Press, 2015.

BRASIL. Comissão Nacional da Verdade. Mortos e desaparecidos políticos. Brasília, 2014. v. III. Disponível em: <http://cnv.memoriasreveladas.gov. br/images/pdf/relatorio/volume_3_digital.pdf>. Acesso em: 16 abr. 2020.

BRASIL. Constituição (1988). Diário Oficial da União, Brasília, DF, 5 out. 1988. Disponível em: <http://www.planalto.gov.br/ccivil_03/constituicao/ constituicao.htm>. Acesso em: 28 nov. 2020.

BRASIL. Decreto n. 4.388, de 25 de setembro de 2002. Diário Oficial da União, Poder Executivo, Brasília, DF, 26 set. 2002. Disponível em: <http://www.planalto.gov.br/ccivil_03/decreto/2002/d4388.htm>. Acesso em: 20 abr. 2020.

BRASIL. Lei n. 2.889, de 1º de outubro de 1956. Diário Oficial da União, Poder Legislativo, Brasília, DF, 2 out. 1956. Disponível em: <http://www. planalto.gov.br/ccivil_03/leis/l2889.htm>. Acesso em: 20 ago. 2020.

BRASIL. Lei n. 9.868, de 10 de novembro de 1999. Diário Oficial da União, Poder Legislativo, Brasília, DF, 11 nov. 1999a. Disponível em: <https:// www.planalto.gov.br/ccivil_03/leis/l9868.htm>. Acesso em: 20 ago. 2020.

BRASIL. Lei n. 9.882, de 3 de dezembro de 1999. Diário Oficial da União, Poder Legislativo, Brasília, DF, 6 dez. 1999b. Disponível em: <https://www.planalto.gov.br/ccivil_03/leis/l9882.htm>. Acesso em: 20 ago. 2020.

BRAVO, E. W. The Concentration of Land Ownership in Latin America: An Approach to Current Problems. Annual Report of International Land Coalition, Jan. 2011.

BURGES, S. W. Without Sticks or Carrots: Brazilian Leadership in South America during the Cardoso Era, 1992-2003. Bulletin of Latin American Research, v. 25, n. 1, p. 23-42, 2006.

CALABRE, L. História das políticas culturais na América Latina: um estudo comparativo de Brasil, Argentina, México e Colômbia. Revista Escritos, Rio de Janeiro, n. 7, p. 323-345, 2013. Disponível em: <http://www.casaruibarbosa.gov.br/escritos/numero07/escritos%207_12_historia%20das%20politicas%20culturais.pdf>. Acesso em: 25 ago. 2020.

CAMPOS, A. C. Relatório da ONU aponta aumento do número de indígenas na América Latina. Agência Brasil, 22 set. 2014. Disponível: <http://agenciabrasil.ebc.com.br/internacional/noticia/2014-09/relatorio-da-onu-aponta-aumenta-do-numero-de-indigenas-na-america>. Acesso em: 16 abr. 2020.

CANOTILHO, J. J. G. Direito constitucional e teoria da Constituição. 7. ed. Lisboa: Almedina, 2003.

CÁRDENAS, S. Investigan amenaza de muerte contra Piedad Córdoba y 12 líderes sociales. El Colombiano, 29 jun. 2017. Disponível em: <https://www.elcolombiano.com/colombia/paz-y-derechos-humanos/investigan-amenaza-de-muerte-contra-piedad-cordoba-y-12-lideres-sociales-FK6815667>. Acesso em: 20 abr. 2020.

CARDOSO, F. H.; FALETTO, E. Dependência e desenvolvimento na América Latina: ensaio de interpretação sociológica. 8. ed. Rio de Janeiro: Civilização Brasileira, 2004.

CARNEIRO, J. D. Mulher, negra, favelada, Marielle Franco foi de "cria da Maré" a símbolo de novas luta políticas no Rio. BBC Brasil, 15 mar. 2018. Disponível em: <https://www.bbc.com/portuguese/brasil-43423055>. Acesso em: 16 abr. 2020.

CARR, B. Latin America: Changing political realities and trends. In: CARR, B.; MINNS, J. (Ed.). Australia and Latin America. Challenges and Opportunities in the New Millennium. Camberra: ANU Press, 2014. p. 1-24.

CARRILLO, F. R. Memória histórica: o papel da cultura nas transições. Revista Anistia – Política e Justiça de Transição, Brasília, v. 1, n. 2, p. 32-49, jul./dez. 2009. Disponível em: <https://www.justica.gov.br/central-de-conteudo_legado1/anistia/anexos/2010revistaanistia02.pdf>. Acesso em: 28 nov. 2020.

CARVALHO, B. S. de. Subalternidade e possibilidades de agência: uma crítica pós-colonialista. Estudos Políticos, n. 3, p. 65-69, 2011. Disponível em: <https://periodicos.uff.br/revista_estudos_politicos/article/view/38594>. Acesso em: 16 abr. 2020.

CASTRO-GÓMEZ, S.; MENDIETA, E. Teorías sin disciplina: latinoamericanismo, poscolonialidad y globalización em debate. México: Miguel Ángel Porrúa, 1998.

CAVANAGH, E.; VERACINI, L. (Ed.). The Routledge Handbook of the History of Settler Colonialism. Abingdon: Routledge, 2016.

CHESPIRITO. Disponível em: <https://chespirito.com>. Acesso em: 25 ago. 2020.

CICV – Comitê Internacional da Cruz Vermelha. As convenções de Genebra de 1949 e seus protocolos adicionais. 29 out. 2010. Disponível em: <https://www.icrc.org/pt/doc/war-and-law/treaties-customary-law/geneva-conventions/overview-geneva-conventions.htm>. Acesso em: 20 ago. 2020.

CIDADE de Deus. Direção: Fernando Meirelles. Brazil: Lumière Brasil, 2002. 130 min.

COLUMBIA UNIVERSITY. Gayatri Chakravorty Spivak. Disponível em: <https://globalcenters.columbia.edu/content/gayatri-chakravorty-spivak>. Acesso em: 25 set. 2020.

COMPARATO, F. C. Convenção de Genebra. Disponível em: <http://www.dhnet.org.br/educar/redeedh/anthist/gen1864.htm>. Acesso em: 20 ago. 2020.

COMUNIDAD ANDINA. Disponível em: <http://www.comunidadandina.org>. Acesso em: 20 abr. 2020.

CONAMI – Conselho Nacional de Mulheres Indígenas (Org.). Natyseño: a trajetória, luta e conquista das mulheres indígenas. Belo Horizonte: Faculdade de Letras da UFMG; Ed. da UFMG, 2006.

CONFERÊNCIA Nacional de Comunicação: um marco para a democracia no Brasil. Intervozes, 7 maio 2010. Disponível em: <http://intervozes.org.br/conferencia-nacional-de-comunicacao-um-marco-para-a-democracia-no-brasil>. Acesso em: 19 abr. 2020.

CONFERÊNCIAS direitos humanos: Brasil. DHNet. Disponível em: <http://www.dhnet.org.br/dados/conferencias/nacionais/index.html>. Acesso em: 19 abr. 2020.

COSIPLAN – Consejo Suramericano de Infraestructura y Planeamiento de Unasur. Foro Técnico IIRSA. Disponível em: <http://www.iirsa.org/Page/Detail?menuItemId=44>. Acesso em: 20 ago. 2020.

COSTA, S. Dois atlânticos: teoria social, antirracismo, cosmopolitismo. Belo Horizonte: Ed. da UFMG, 2006.

COSTA, S. G. A. Intertextos: ensaio, romance e mídia na modernidade latino-americana. Revista Interamericana de Comunicação Midiática, Santa Maria, v. 10, n. 19, p. 58-75, 2011. Disponível em: <https://periodicos.ufsm.br/animus/article/view/3039/2476>. Acesso em: 28 nov. 2020

COUTINHO, E. G. A comunicação do oprimido: malandragem, marginalidade e contra-hegemonia. In: PAIVA, R.; SANTOS, C. H. R. DOS (Org.). Comunidade e contra-hegemonia: rotas de comunicação alternativa. Rio de Janeiro: Mauad, 2008. p. 61-74.

COVARRUBIAS, A. Containing Brazil: Mexico's Response to the Rise of Brazil. Bulletin of Latin American Research, v. 35, n. 1, p. 49-63, Jan. 2016.

CUNHA, M. do N. A explosão gospel: um olhar das ciências humanas sobre o cenário evangélico no Brasil. Rio de Janeiro: Maud X; Instituto Mysterium, 2007.

DASSIN, J. (Ed.). Torture in Brazil: A Shocking Report on the Pervasive Use of Torture by Brazilian Military Governments, 1964-1979 – Secretly Prepared by the Archiodese of São Paulo. Austin: University of Texas Press, 1986.

DEAN, C. Inka Bodies and the Body of Christ: Corpus Christi in Colonial Cuzco, Peru. Durham: Duke University Press, 1999.

DE GIORGI, R. Direito, democracia e risco: vínculos com o futuro. Tradução de Juliana Neuenschwander e Menelick de Carvalho Netto. Porto Alegre: Sérgio Antônio Fabris Editor, 1998.

DELARBRE, R. T. La nueva alfombra mágica: usos y mitos de internet, la red de redes. Madri: Fundesco, 1996.

DE MATOS, M. V. A. B. Estado, Constituição e defesa de direitos: para compreender democracia, políticas públicas e participação. In: PRISCILA VIEIRA, S.; NOELLE, R. (Ed.). Comunicação e defesa de direitos: um olhar crítico para a mídia e para os direitos humanos. Rio de Janeiro: Iser, 2012. p. 8-14.

DERRIDA, J. Gramatologia. Tradução de Miriam Chnaiderman e Renato Janine Ribeiro. São Paulo: Perspectiva, 1973.

DERRIDA, J. Of Grammatology. Baltimore, Maryland: Johns Hopkins University Press, 1976.

DOMINGUES, J. M. A. Os movimentos sociais latino-americanos: características e potencialidades. Análise de Conjuntura OPSA, Rio de Janeiro, n. 2, fev. 2007. Disponível em: <http://bibliotecavirtual.clacso. org.ar/Brasil/iesp-uerj/20121203041718/domingues.pdf>. Acesso em: 28 nov. 2020.

DOMÍNGUEZ, N. Extermínio dos primeiros povos americanos é explicado pelo DNA. El País, 2 abr. 2016. Disponível em: <https://brasil.elpais. com/brasil/2016/03/31/ciencia/1459446271_454060.html>. Acesso em: 20 ago. 2020.

DOUZINAS, C. O "fim" dos direitos humanos. The Guardian, 10 Dec. 2008. Tradução de Daniel Carneiro Leão Romaguera. Disponível em: <http:// unisinos.br/blogs/ndh/2015/06/08/o-fim-dos-direitos-humanos/>. Acesso em: 25 set. 2020.

DOUZINAS, C. **O fim dos direitos humanos**. Tradução de Luzia Araújo. São Leopoldo: Unisinos, 2009.

EAGLETON, T. **A ideia de cultura**. Tradução de Sandra Castello Branco. 2. ed. São Paulo: Ed. da Unesp, 2011.

ESCOBAR, A. Mundos y conocimientos de otro modo: el programa de investigación de modernidad/colonialidad latino-americano. **Tabula Rasa**, Bogotá, n. 1, p. 51-86, enero/dic. 2003. Disponível em: <https://www.redalyc.org/pdf/396/39600104.pdf>. Acesso em: 20 ago. 2020.

FARRET, R. L.; PINTO, S. R. América Latina: da construção do nome à consolidação da ideia. **Topoi**, v. 12, n. 23, p. 30-42, jul./dez. 2011. Disponível em: <https://www.scielo.br/pdf/topoi/v12n23/1518-3319-topoi-12-23-00030.pdf>. Acesso em: 27 nov. 2020.

FGV – Fundação Getúlio Vargas. Centro de Pesquisa e Documentação História Contemporânea do Brasil. **Muller, Filinto**. Disponível em: <http://www.fgv.br/cpdoc/acervo/dicionarios/verbete-biografico/muller-filinto>. Acesso em: 16 abr. 2020.

FINNIS, J. Natural Law: The Classical Tradition. In: COLEMAN, J. L.; SHAPIRO, S. J. (Ed.). **The Oxford Handbook of Jurisprudence and Philosophy of Law**. Oxford: Oxford University Press, 2004. p. 1-26.

FIORI, J. L. **Estado do bem-estar social**: padrões e crises. Rio de Janeiro: Instituto de Economia Industrial da UFRJ, 1995.

FRADY, M. **Martin Luther King, Jr**: a Life. London: Penguin Group, 2005.

FRANCHINI NETO, H. A Política Externa Independente em ação: a Conferência de Punta del Este de 1962. **Revista Brasileira de Política Internacional**, v. 48, n. 2, p. 129-151, jul./dez. 2005. Disponível em: <https://www.scielo.br/pdf/rbpi/v48n2/a07v48n2.pdf>. Acesso em: 28 nov. 2020.

FURTADO, C. **Formação econômica da América Latina**. Rio de Janeiro: Lia, 1969.

FURTADO, C. **Subdesenvolvimento e estagnação na América Latina**. Rio de Janeiro: Civilização Brasileira, 1968.

GALEANO, E. **As veias abertas da América Latina**. Tradução de Sergio Faraco. São Paulo: L&PM, 2010.

GALEANO, E. Open Veins of Latin America: Five Centuries of the Pillage of a Continent. New York: Monthly Review Press, 1997.

GANDRA, A. Pesquisa diz que, de 69 milhões de casas, só 2,8 não tem TV no Brasil. Agência Brasil, 21 fev 2018. Disponível em: <https://agenciabrasil.ebc.com.br/economia/noticia/2018-02/uso-de-celular-e-acesso-internet-sao-tendencias-crescentes-no-brasil>. Acesso em: 25 ago. 2020.

GASPARI, E. (Org.). Arquivos da ditadura. Disponível em: <https://arquivosdaditadura.com.br>. Acesso em: 20 abr. 2020.

GASPARI, E. A ditadura derrotada. São Paulo: Companhia das Letras, 2003.

GASPARI, E. A ditadura encurralada. São Paulo: Companhia das Letras, 2004.

GASPARI, E. A ditadura envergonhada. São Paulo: Companhia das Letras, 2002a.

GASPARI, E. A ditadura escancarada. São Paulo: Companhia das Letras, 2002b.

GIDDENS, A. Sociologia. Tradução de Sandra Regina Netz. 4. ed. Porto Alegre: Artmed, 2005.

GMH – Grupo de Memória Histórica. ¡Basta ya! Colombia: memorias de guerra y dignidad. Bogotá: Imprenta Nacional, 2013. Disponível em: <https://www.centrodememoriahistorica.gov.co/descargas/informes2013/bastaYa/basta-ya-colombia-memorias-de-gue rra-y-dignidad-2016.pdf>. Acesso em: 27 mar. 2018.

GONÇALVES, M. A. Nós por nós: sentidos de um discurso favelado. 129 f. Dissertação (Mestrado em Ciências Sociais – PPCIS) – Universidade Estadual do Rio de Janeiro, Rio de Janeiro, 2017.

GONÇALVES, M. A. Outra comunicação: o caso do Portal Comunitário da Cidade de Deus. 106 f. Monografia (Graduação em Jornalismo) – Universidade Federal do Rio de Janeiro, Rio de Janeiro, 2010.

GONÇALVES, M. A. Propriedade coletiva na comunicação comunitária: Portal Comunitário da Cidade de Deus. In: CONGRESSO DE CIÊNCIAS DA COMUNICAÇÃO NA REGIÃO SUDESTE, 7., 2011, Rio de Janeiro, Anais... Rio de Janeiro: Intercom, 2011. Disponível em: <http://www.intercom. org.br/papers/regionais/sudeste2011/resumos/R24-1006-1.pdf>. Acesso em: 20 ago. 2020.

GONÇALVES, M. et al. Teoria e prática na comunicação comunitária: interseções no caso do jornal A Notícia por Quem Vive. In: ADDOR, F. (Org.). Extensão e políticas públicas: o agir integrado para o desenvolvimento social. Rio de Janeiro: Ed. da UFRJ; Faperj, 2015. p. 329-345.

GOÑI, U. The Real Odessa: Smuggling the Nazis to Peron's Argentina. New York; London: Granta Books, 2003.

GROTE, R. The Status and Rights of Indigenous People in Latin America. Heildelberg Journal of International Law, v. 1, n. 59, p. 497-528, 1999.

GRUZINSKI, S. Images at War: Mexico from Columbus to Blade Runner (1492-2019). Durham, NC: Duke University Press, 2001.

GUARDIOLA-RIVERA, O. Story of a Death Foretold: the Coup Against Salvador Allende, September 11, 1973. New York: Bloomsbury Press, 2013.

GUARDIOLA-RIVERA, O. What if Latin America Ruled the World? How the South Will Take the North Through the 21st. London: Bloomsbury Press, 2010.

HABERMAS, J. Era das transições. Tradução de Flávio Beno Siebeneichler. Rio de Janeiro: Tempo Brasileiro, 2003.

HALBWACHS, M. A memória coletiva. Tradução de Beatriz Sidou. São Paulo: Centauro, 2006.

HALL, S. A identidade cultural na pós-modernidade. Tradução de Tomaz Tadeu da Silva e Guaracira Lopes Louro. 10. ed. Rio de Janeiro: DP&A, 2005.

HARMS, L. S.; RICHSTAD, J.; KIE, K. A. (Ed.). Right to Communicate: Collected Papers. Honolulu: University Press of Hawaii, 1977.

HARRISSE, H. The Diplomatic History of America: Its First. London: B.F. Stevens, 1897.

HART, H. L. A. Positivism and the Separation of Law and Morals. The Harvard Law Review, v. 71, n. 4, p. 593-629, Feb. 1958.

HARVARD UNIVERSITY. Homi K. Bhabha. Disponível em: <https://complit.fas. harvard.edu/people/homi-k-bhabha>. Acesso em: 25 set. 2020.

HELLER, A. The Three Logics of Modernity and the Double Bind of the Modern Imagination. Thesis Eleven, v. 81, n. 1, p. 63-79, May 2005.

HORVATH, R. The Legacy of Soviet Dissent: Dissidents, Democratisation and Radical Nationalism in Russia. Abingdon: Routledge, 2013.

HUNT, L. A invenção dos direitos humanos: uma história. Tradução de Rosaura Eichenberg. São Paulo: Companhia das Letras, 2009.

IBGE – Instituto Brasileiro de Geografia e Estatística. Censo 2000: a divulgação dos resultados. Dez. 2000. Disponível em: <https://www. ibge.gov.br/censo/divulgacao.shtm>. Acesso em: 25 ago. 2020.

INTERNATIONAL CHURCHILL SOCIETY. The sinews of Peace: 'Iron Curtain Speech'. Disponível em: <https://winstonchurchill.org/resources/ speeches/1946-1963-elder-statesman/the-sinews-of-peace>. Acesso em: 20 ago. 2020.

INTERVOZES. Direito Humano à Comunicação. Direitos, 7 jun. 2016. Disponível em: <https://direitos.org.br/direito-humano-a-comunicacao>. Acesso em: 25 jan. 2018.

INZUNZA, A. S.; VEIRAS, J. L. P. Life Where the Murder Rate Is Sky-High. The New York Times, 15 Jul. 2017. Disponível em: <https://www.nytimes. com/2017/07/15/opinion/sunday/latin-america-murder-homicide.html>. Acesso em: 16 abr. 2020.

ISAACSON, M. Chris van Wyk: the Storyteller of Riverlea. Mail & Guardian, 7 Oct. 2014. Disponível em: <https://mg.co.za/article/2014-10-07-chris-van-wyk-the-storyteller-of-riverlea>. Acesso em: 4 abr. 2018.

JIM CROW LAWS. American Experience – PBS. Disponível em: <http://www.pbs.org/wgbh/americanexperience/features/ freedom-riders-jim-crow-laws>. Acesso em: 17 abr. 2020.

KANTAR. **Novela é programa mais assistido no Brasil, Uruguai, Paraguai e Panamá**. 2015. Disponível: <https://br.kantar.com/m%C3%ADdia/%C3%A1udio,-texto,-tv-e-v%C3%ADdeo/2015/novembro-novela-%C3%A9-programa-mais-assistido-no-brasil,-uruguai,-paraguai-e-panam%C3%A1>. Acesso em: 25 ago. 2020.

KLÖCKNER, L.; CACHAFEIRO, M. S. (Org.). **Por que o Pe. Roberto Landell de Moura foi inovador?** Conhecimento, fé e ciência (recurso eletrônico). Porto Alegre: EdiPUCRS, 2012.

KLÖCKNER, L.; PRATA, N. (Org.). **História da mídia sonora**: experiências, memórias e afetos de Norte a Sul do Brasil. Porto Alegre: EDIPUCRS, 2009.

KLUG, H. Transnational Human Rights: Exploring the Persistence and Globalization of Human Rights. **Annual Review of Law and Social Science**, v. 1, n. 1, p. 85-103, Dec. 2005.

LAS CASAS, B. de. **Brevíssima relação da destruição das Índias**. Tradução de Júlio Henriques. Lisboa: Antígona, 1997.

LAS CASAS, B. de. Princípios para defender a justiça dos índios. In: SOUZA FILHO, C. F. M. de. (Ed.). **Textos clássicos sobre o direito e os povos indígenas**. Curitiba: Juruá, 1992. p. 13-28.

LAVACA. **Qué es lavaca**. Disponível em: <https://www.lavaca.org/que-es-lavaca/>. Acesso em: 20 abr. 2020.

LEWIS, N. Genocide. **Sunday Times Magazine**, p. 35-55, Feb. 1969. Disponível em: <http://assets.survivalinternational.org/documents/1094/genocide-norman-lewis-1969.pdf>. Acesso em: 20 abr. 2020.

LIVINGSTONE, G. **America's Backyard**: The United States and Latin America from the Monroe Doctrine to the War on Terror. London: Zed Books, 2009.

LOPES, F. L. **Ser jornalista no Brasil**: identidade profissional e formação acadêmica. São Paulo: Paulus, 2013.

LOPES, M. I. V. de. Mediação e recepção: algumas conexões teóricas e metodológicas nos estudos latino-americanos de comunicação. Matrizes, v. 8, n. 1, p. 65-80, jan./jun. 2014. Disponível em: <https://revistas.ufpr.br/direito/article/view/30694/19812>. Acesso em: 28 nov. 2020.

LOPES, M. I. V. de; GÓMEZ, G. O. Uma década de ficção televisa na Ibero-América: análise de dez anos de Obitel (2007-2016). Porto Alegre: Sulina, 2017.

LUHMANN, N. El derecho de la sociedad. 2. ed. Ciudad de México: Herder; Universidad Iberoamericana, 2005.

LUHMANN, N. O direito da sociedade. Tradução de Saulo Krieger. São Paulo: Martins Fontes, 2016.

LUMBRERAS, E. (Coord.). La zarza rediviva: J. C. Orozco a contraluz. México: Fondo de Cultura Económica; Instituto Cultural Cabanãs, 2010.

MACBRIDE, S. et al. Un solo mundo, voces múltiples: comunicación e información en nuestro tiempo. Mexico: Fondo de Cultura Económica, 1988.

MAGALHÃES, J. N. A Formação do conceito de direitos humanos. Curitiba: Juruá, 2013. (Biblioteca História do Direito).

MAGALHÃES, J. N. et al. (Org.). Construindo memória: seminários direito e cinema. Rio de Janeiro: Faculdade Nacional de Direito, 2009.

MAGALHÃES, J. N. Los límites del multiculturalismo en las sociedades multiculturales: formas de inclusión y exclusión. Forum Historiae Iuris, v. 1, n. 1, 2014. Disponível em: <https://forhistiur.de/2014-08-neuenschwander-magalhaes>. Acesso em: 25 set. 2020.

MAGALHÃES, J. N. O paradoxo dos direitos humanos. Revista da Faculdade de Direito (UFPR), Curitiba, v. 52, p. 31-48, 2010. Disponível em: <https://revistas.ufpr.br/direito/article/view/30694/19812>. Acesso em: 28 nov. 2020.

MAGALHÃES, J. N., Os paradoxos do direito e da democracia. Revista da Faculdade Mineira de Direito, v. 22, n. 43, 2019. Disponível em: <http://periodicos.pucminas.br/index.php/Direito/article/view/20806>. Acesso em: 20 ago. 2020.

MALERBA, J. P. A comunicação comunitária no limite. In: PAIVA, R.; SANTOS, C. H. R. dos (Org.). Comunidade e contra-hegemonia: rotas de comunicação alternativa. Rio de Janeiro: Mauad, 2008. p. 151-166.

MALTA, R. Latin América Military Dictatorships. Rise to Peace Blog, 2018. Disponível em: <https://www.risetopeace.org/2018/09/14/latin-americ an-military-dictatorships/rmalta>. Acesso em: 20 ago. 2020.

MARINO, C. B.; CAMILLERI, M. J. Freedom of Expression in Latin America. Harvard Review of Latin America, Journalism of the Americas. v. 10, n. 2, p. 21-22, 2011.

MARTÍN-BARBERO, J. Dos meios às mediações: comunicação, cultura e hegemonia. Tradução de Ronald Polito e Sérgio Alcides. 4. ed. Rio de Janeiro: Ed. da UFRJ, 2006.

MARTÍN-BARBERO, J. Jésus Martín-Barbero. Entrevista concedida a Paulo Markun. Memória Roda Viva, 3 fev. 2003. Disponível em: <http://www.rodaviva.fapesp.br/materia/62/entrevistados/jesus_ martinbarbero_2003.htm>. Acesso em: 20 abr. 2020.

MARTINS, A. F. et al. É possível conhecer a estória toda? Variações do documental e do tribunal nas imagens contemporâneas. In: FURTADO, B. (Org.). Imagem Contemporânea: cinema, tv, documentário, fotografia, videoarte, games... São Paulo: Hedra, 2009. v. 2. p. 215-233.

MARTINS, L. Photography and Documentary Film in the Making of Modern Brazil. Manchester: Manchester University Press, 2013.

MCLUHAN, M. Os meios e comunicação como extensões do homem. Tradução de Décio Pignatari. 16.ed. São Paulo: Cultrix, 2007.

MCSHERRY, J. P. Tracking the Origins of a State Terror Network: Operation Condor. Latin American Perspectives, v. 29, n. 1, p. 38-60, 2002.

MECCARELLI, M.; PALCHETTI, P.; SOTIS, C. (Org.). Il lato oscuro dei Diritti umani: esigenze emancipatorie e logiche di domínio nella tutela giuridica dell'individuo. Madrid: Dykinson, 2014.

MELO, J. M. de. MacBride, a Nomic e a participação latino-americana na concepção de teses sobre a democratização da comunicação. Logos, v. 15, n. 1, p. 42-59, jan./jun. 2008. Disponível em: <https:// www.e-publicacoes.uerj.br/index.php/logos/article/view/12486/9676>. Acesso em: 28 nov. 2020.

MENA, F. Uso de acessório afro causa polêmica sobre apropriação cultural. Folha de S.Paulo, 23 fev. 2017. Disponível em: <http://www1.folha.uol. com.br/cotidiano/2017/02/1861267-polemica-sobre-uso-de-turbante-suscita-debate-sobre-apropriacao-cultural.shtml>. Acesso em: 16 abr. 2020.

MERCOSUR. Disponível em: <https://www.mercosur.int>. Acesso em: 20 abr. 2020.

MERTENS, T. Nazism, Legal Positivism and Radbruch's Thesis on Statutory Injustice. Law and Critique, v. 14, n. 3, p. 277-295, Oct. 2003.

MIGNOLO, W. D. La Opción decolonial: desprendimento y apertura – um manifesto y um caso. Tabula Rasa, Bogotá, n. 8, 243-281, enero/jun. 2008. Disponível em: <http://www.revistatabularasa.org/numero-8/mignolo1.pdf>. Acesso em: 28 nov. 2020.

MIGNOLO, W. D. The Idea of Latin America. Malden, MA; Oxford: Wiley-Blackwell, 2005.

MILITARY REGIME. This is Chile, 11 mar. 2014. Disponível em: <https://www.thisischile.cl/history/institutional-breakdown/>. Acesso em: 29 jul. 2020

MILLS, K. Idolatry and the Body of Christ: Corpus Christi in Colonial Cuzco, Peru. Duham: Duke University Press, 1999.

MINELLA, J. L. S. Pan-Americanismo no Brasil: uma abordagem conceitual a partir do Estado Novo. 241 f. Dissertação (Mestrado em História) – Universidade Federal de Santa Catarina, Florianópolis, 2013. Disponível em: <https://repositorio.ufsc.br/xmlui/handle/123456789/123061>. Acesso em: 28 nov. 2020.

MIOLI, T. "Mapa de Meios" revela concentração da propriedade dos meios de comunicação no Chile e na Colômbia. Jornalism in the America, 17 Set. 2015.

MONSIVÁIS, C. Literatura latinoamericana e industria cultural. In: CANCLINI, N. G. (Org.). Cultura y pospolítica: el debate sobre la modernidad en América Latina. México: Consejo Nacional para la Cultura y las Artes, 1995.

MONSIVÁIS, C. Notas sobre la cultura mexicana en el siglo X. In: MARTÍNEZ, B. G. et al. Historia general de México. México: El Colegio de Mexico, 1976. v. 4.

MORAES, D. de. A batalha da mídia na América Latina. Vermelho, 16 jun. 2009a. Disponível em: <https://vermelho.org.br/2009/06/16/denis-de-m oraes-a-batalha-da-midia-na-america-latina>. Acesso em: 20 ago. 2020.

MORAES, D. de. A batalha da mídia: governos progressistas e políticas de comunicação na América Latina e outros ensaios. Rio de Janeiro: Pão e Rosas, 2009b.

MORGAN, D. The sacred gaze: Religious Visual Culture in Theory and Practice. California: University of California Press, 2005.

MORIN, E. Cultura de massas no século XX. Tradução de Maura Ribeiro Sardinha. Rio de Janeiro: Forense, 1969.

MORLEY, D.; SCHWARZ, B. Stuart Hall Obituary. The Guardian, 10 Feb. 2014. Disponível em: <https://www.theguardian.com/politics/2014/feb/10/ stuart-hall>. Acesso em: 25 ago. 2020.

MOUTINHO, S. De Carmen Miranda à Bossa Nova: a trajetória do rádio no Brasil. Agência UFRJ de Notícias, 16 abr. 2009. Disponível em: <https:// ufrj.br/noticia/2015/10/22/de-carmen-miranda-bossa-nova-trajet-ria- do-r-dio-no-brasil>. Acesso em: 25 fev. 2020.

MOYA, N. V. Piedad Cordoba, a Political Biography. Colombia Politics, 24 abr. 2013. Disponível em: <http://www.colombia-politics.com/piedad-cordo ba-a-political-biography>. Acesso em: 25 abr. 2020.

MOYN, S. The Last Utopia: Human Rights in History. Cambridge: Harvard University Press, 2010.

NAÇÕES UNIDAS. Centro de Informação das Nações Unidas. Declaração das Nações Unidas sobre os Direitos dos Povos Indígenas. Rio de Janeiro, 2008. Disponível em: <https://www.acnur.org/fileadmin/ Documentos/portugues/BDL/Declaracao_das_Nacoes_Unidas_sobre_ os_Direitos_dos_Povos_Indigenas.pdf>. Acesso em: 20 ago. 2020.

NEGRI, A.; COCCO, G. Glob(AL): biopoder e luta em uma América Latina globalizada. Tradução de Eliana Aguiar. Rio de Janeiro: Record, 2005.

OJEA, V. Latin America Accounts for More than 30% of the World's Homicides. The World Bank, 5 mar. 2014. Disponível em: <http://www.worldbank. org/en/news/feature/2014/02/11/en-america-latina-sufre-mas-del-30-de-los-homicidios-mundiales>. Acesso em: 16 abr. 2020.

OLIVEIRA, T. O uso de turbante por pessoas brancas é apropriação cultural? Carta Capital, 18 fev. 2017. Disponível em: <https://www.cartacapital. com.br/sociedade/turbantes-e-apropriacao-cultural>. Acesso em: 16 abr. 2020.

OLSEN, T. D.; PAYNE, L. A.; REITER, A. G. Equilibrando julgamentos e anistias na América Latina: perspectivas comparativa e teórica. Revista Anistia – Política e Justiça de Transição, v. 1, n. 2, p. 152-175, jul. 2009.

ONU – Organização das Nações Unidas. Declaração Universal dos Direitos Humanos. 1948. Disponível em: <https://brasil.un.org/sites/default/ files/2020-09/por.pdf>. Acesso em: 20 ago. 2020.

ORWELL, G. You and the Atomic Bomb. Disponível em: <http://orwell.ru/ library/articles/ABomb/english/e_abomb>. Acesso em: 16 abr. 2020.

PAREJA, R. Historia de la radio em Colombia: 1929-1980. Bogotá: Servicio Colombiano de Comunicación Social, 1984.

PENTEADO, C. J. A. The Brazilian Participation in World War II. 60 f. Thesis (Master of Military Art and Science) – Faculty of the U.S. Army Command and General Staff College, Fort Leavenworth, Kansas, 2006. Disponível em: <https://edisciplinas.usp.br/pluginfile.php/4306787/mod_resource/ content/1/IAP%20PenteadonBrazilandWorld%20War%20II.pdf>. Acesso em: 20 ago. 2020.

PERUZZO, C. M. K. Comunicação nos movimentos populares: a participação na construção da cidadania. Petrópolis: Vozes, 1998.

PERUZZO, C. M. K.. Radios livres e comunitárias, legislação e educomunicação. Revista de Economía Política de las Tecnologias de Información y Comunicación, v. 11, n. 3, p. 5-11, sep./dic. 2009.

PILATTI, A. A Constituição de 1988 ainda não esgotou seu potencial de liberação da vida e de promoção da igualdade. IHU On-line, 23 set. 2013. Entrevista. Disponível em: <http://www.ihu.unisinos.br/entrevistas/ 523915-os-desafios-e-os-avancos-durante-a-assembleia-constituinte>. Acesso em: 19 abr. 2020.

PILATTI, A. A Constituinte de 1987-1988: progressistas, conservadores, ordem econômica e regras do jogo. Rio de Janeiro: Lúmen Júris, 2008.

PINTO, S. R. O pensamento social e político latino-americano: etapas de seu desenvolvimento. Sociedade e Estado, Brasília, v. 27, n. 2, p. 337-359, maio/ago. 2012. Disponível em: <https://www.scielo.br/scielo.php?script=sci_arttext&pid=S0102-69922012000200007>. Acesso em: 28 nov. 2020.

POLLAK, M. Memória e identidade social. Estudos Históricos, Rio de Janeiro, v. 5, n. 10, p. 200-212, 1992. Disponível em: <http://www.pgedf.ufpr.br/memoria%20e%20identidadesocial%20A%20capraro%202.pdf>. Acesso em: 28 nov. 2020.

POLLAK, M. Memória, esquecimento, silêncio. Estudos Históricos, Rio de Janeiro, v. 2, n. 3, p. 3-15, 1989. Disponível em: <http://www.uel.br/cch/cdph/arqtxt/Memoria_esquecimento_silencio.pdf>. Acesso em: 28 nov. 2020.

POLYNÉ, M. From Douglass to Duvalier: U.S. African Americans, Haiti, and Pan Americanism, 1870-1964. Gainesville: University Press of Florida, 2010.

POSADA, J. G. Emiliano Zapata's supporters attacking a train, scene from the Mexican Revolution. 1911. Metal-plate engraving: 8.5 × 15.5 cm. Gift of Jean Charlot, 1930.

POWERS, S.; ROTHMAN, S. The Least Dangerous Branch? Consequences of Judicial Activism. Westport: Praeger, 2002.

POZZATTI JUNIOR, A.; KENDRA, V. Do conflito ao consenso: a mediação e o seu papel de democratizar o direito. Revista Eletrônica do Curso de Direito da UFSM, v. 10, n. 2, dez. 2015. Disponível em: <https://periodicos.ufsm.br/revistadireito/article/view/19760/pdf>. Acesso em: 16 abr. 2020.

PRADO, E. A ilusão americana. São Paulo: Livraria e Oficinas Magalhães, 1917.

PRADO, E. Fastos da Ditadura Militar no Brasil. [S.l.]: ebooksBrasil, 2015.

PROTESTO marca 500 anos do Descobrimento. Memorial da Democracia, 22 abr. 2000. Disponível em: <http://memorialdademocracia.com.br/card/protesto-marca-500-anos-do-descobrimento>. Acesso em: 17 abr. 2020.

QUIJANO, A. Colonialidade do poder, eurocentrismo e América Latina. Buenos Aires: Clacso, 2005. Disponível em: <http://bibliotecavirtual.clacso.org.ar/clacso/sur-sur/20100624103322/12_Quijano.pdf> Acesso em: 16 abr. 2020.

RÁDIO CAMARA. A música do dia: aniversário 110 anos de nascimento de Carmen Miranda. 9 fev. 2019. Disponível em: <https://www.camara.leg.br/radio/programas/551283-aniversario-110-anos-de-nascimento-de-carmen-miranda>. Acesso em: 25 ago. 2020.

RENAN, E. O que é uma nação? Conferência realizada na Sorbonne, em 11 de março de 1882. Tradução de Glaydson José da Silva. Revista Aulas – Unicamp, v. 1, n. 1, p. 87-102, 2006.

RIBEIRO, D. América Latina: a pátria grande. Rio de Janeiro: Fundação Darcy Ribeiro, 2014.

RIBEIRO, D. As Américas e a civilização: processo de formação e causas do desenvolvimento desigual dos povos americanos. São Paulo: Companhia das Letras, 2007.

RIBEIRO, L. C.; TUZZO, S. A. Jesus Martín Barbero e seus estudos de mediação na telenovela. Comunicação e Informação, v. 16, n. 2, p. 39-49, jul./dez. 2013. Disponível em: <https://www.revistas.ufg.br/ci/article/view/29187/16310>. Acesso em: 20 abr. 2020.

RIBEIRO, P. J.; STROZENBERG, P. (Org.). Balcão de direitos: resoluções de conflitos em favelas do Rio de Janeiro – imagens e linguagens. Rio de Janeiro: Mauad, 2001.

ROBERTS, S. Albert Memmi, a 'Jewish Arab' Intellectual, Dies at 99. The New York Times, 15 jun. 2020. Disponível em: <https://www.nytimes.com/2020/06/10/books/albert-memmi-a-jewish-arab-intellectual-dies-at-99.html>. Acesso em: 25 set. 2020.

ROLAND, P. Os julgamentos de Nuremberg: os nazistas e seus crimes contra a humanidade. Tradução de Marisa Rocha Motta. São Paulo: M. Books, 2013.

RUGE, B. Indigenous Rights in Latin America: The Gap between Doctrine and Reality. Human Rights & Human Welfare, Denver, 2009. Disponível em: <https://www.semanticscholar.org/paper/Indigenous-Rights-in-Latin-America-%3A-The-Gap-and-Ruge/7a3cf6df57f93103e330c6b1a01414e3cb98f3da>. Acesso em: 20 ago. 2020.

RUTHVEN, M. Edward Said. The Guardian, 26 Sep. 2003. Disponível em: <https://www.theguardian.com/news/2003/sep/26/guardianobituaries.highereducation>. Acesso em: 25 ago. 2020.

SHARMA, K. Guru, Mother India, and the 'Dutiful' Son: Exploring Legal Subjectivity in India. 296 f. Tese (PhD in Law) – School of Law, Birkbeck College, University of London, London, 2015.

SIGNATES, L. Estudo sobre o conceito de mediação e sua validade como categoria de análise para os estudos de comunicação. Revista Novos Olhares, São Paulo, ano 1, n. 2, p. 37-49, 1998.

SOUZA FILHO, C. F. M. de (Ed.). Textos clássicos sobre o direito e os povos indígenas. Curitiba: Juruá, 1992.

SOUZA, J. M. e. Parlamento aprova pesar pelo assassinato de Marielle Franco e Anderson Gomes. TSF Rádio Notícias, 16 mar. 2018. Disponível em: <https://www.tsf.pt/politica/interior/parlamento-aprova-pesar-pelo-assassinato-de-marielle-franco-e-anderson-gomes-9191989.html>. Acesso em: 18 abr. 2020.

SPIVAK, G. C. Pode o subalterno falar? Tradução de Sandra Regina Goulart Almeida, Marcos Pereira Feitosa e André Pereira Feitosa. Belo Horizonte: Ed. da UFMG, 2010.

STANFORD Encyclopedia of Philosophy. Frantz Fanon. Disponível em: <https://plato.stanford.edu/entries/frantz-fanon>. Acesso em: 25 set. 2020.

STEPHENS, M. A History of News. 3. ed. New York: Oxford University Press, 2007.

SUÀREZ, J.; ARBELÁEZ, R. Garras De Oro: The Dawn of Justice – Alborada De Justicia. The Moving Image, v. 9, n. 1, p. 54-82, Mar. 2009.

SUBRAHMANYAM, S. Prefácio. In: CHATTERJEE, P. Colonialismo, modernidade e política. Tradução de Fábio Baqueiro Figueiredo. Salvador: Edufba, 2004.

SUGANAMI, H. Understanding Sovereignty Through Kelsen/Schmitt. Review of International Studies, v. 33, n. 3, p. 511–530, 2007.

SURVIVAL INTERNATIONAL. "Lost" Report Exposes Brazilian Indian Genocide. 25 abr. 2013. Disponível em: <https://www.survivalinternational.org/news/9191>. Acesso em: 18 abr. 2020.

TODOROV, T. Los abusos de la memoria. Barcelona: Paidós, 2000.

TOMLINSON, B. R. What Was the Third World? Journal of Contemporary History, v. 38, n. 2, p. 307-321, Apr. 2003.

TRIMEL, S. Faculty Profile: Edward Said. Record, v. 23, n. 22, Apr. 1998. Disponível em: <http://www.columbia.edu/cu/record/23/22/22.html>. Acesso em: 25 set. 2020.

UNDATA. United Children's Fund. Disponível em: <http://data.un.org/Data. aspx?d=SOWC&f=inID:72&c=1,2,3,4,5,6&s=crEngName:asc,sgvEngName :asc,timeEngName:desc&v=1#SOWC>. Acesso em: 25 ago. 2020.

UNITED NATIONS. Office on Genocide Prevention and the Responsibility to Protect. Convention on the Prevention and Punishment of the Crime of Genocide. 1948. Disponível em: <https://www.un.org/en/genocideprevention/documents/atrocity-crimes/Doc.1_Convention%20on%20the%20Prevention%20and%20Punishment%20of%20the%20Crime%20of%20Genocide.pdf>. Acesso em: 20 ago. 2020.

UNITED NATIONS. Rome Statute of the International Criminal Court. Rome, 17 July 1998. Disponível em: <https://treaties.un.org/pages/ViewDetails.aspx?src=IND&mtdsg_no=XVIII-10&chapter=18&lang=en>. Acesso em: 25 set. 2020.

UNIVERSITIY OF BIRMINGHAM. The Birmingham Centre for Contemporary Cultural Studies Project. Disponível em: <https://www.birmingham.ac.uk/schools/historycultures/departments/history/research/projects/cccs/index.aspx>. Acesso em: 16 abr. 2020.

UNIVERSITY OF BIRMINGHAM. Stuart Hall. Disponível em: <https://www.birmingham.ac.uk/research/perspective/stuart-hall-hilton-and-connell.aspx>. Acesso em: 25 set. 2020.

UNODC – United Nations Office on Drugs and Crime. Global Study on Homicide 2013: Trends, Contexts, Data. Viena: UNODC, 2014.

US – University of Sussex. History. Disponível em: <http://www.sussex.ac.uk/history/research>. Acesso em: 25 set. 2020.

USA – United States of America. Constitution of the United States: First Amendment Annotated. Disponível em: <https://constitution.congress.gov/constitution/amendment-1>. Acesso em: 25 ago. 2020a.

USA – United States of America. Library of Congress. Nazi Conspiration and Aggression. Disponível em: <https://www.loc.gov/rr/frd/Military_Law/NT_Nazi-conspiracy.html#top>. Acesso em: 20 abr. 2020b.

USP – Universidade de São Paulo. Biblioteca Virtual de Direitos Humanos. Declaração de Direitos do Homem e do Cidadão. França, 26 ago. 1789. Disponível em: <http://www.direitoshumanos.usp.br/index.php/Documentos-anteriores-%C3%A0-cria%C3%A7%C3%A3o-da-Sociedade-das-Na%C3%A7%C3%B5es-at%C3%A9-1919/declaracao-de-direitos-do-homem-e-do-cidadao-1789.html>. Acesso em: 25 ago. 2020.

VASCONCELOS, J. Antología del Pensamiento Político, Social y Económico de América Latina. Madrid: Instituto de Cooperación Iberoamericana, Ediciones de Cultura Hispánica, 1989.

VERGÈS, F. Aimé Césaire. Portal Gelédes, 18 abr. 2009. Disponível em: <https://www.geledes.org.br/aime-cesaire>. Acesso em: 25 set. 2020.

VIEIRA-SOUZA, P. A minissérie 'A Muralha' e a construção da nacionalidade brasileira no século XXI. CONGRESSO DE ESTUDANTES DE PÓS-GRADUAÇÃO EM COMUNICAÇÃO (CONECO), 3., 2008, Rio de Janeiro. Anais... 1 CD-ROM.

VIEIRA-SOUZA, P. Mídia Ucraína no Paraná: Construção de Capital Simbólico a partir da Identidade Étnica. In: CONGRESSO DE CIÊNCIAS DA COMUNICAÇÃO NA REGIÃO SUDESTE, 14., 2009, Rio de Janeiro. Anais... Rio de Janeiro: Intercom, 2009. Disponível em: <http://www.intercom. org.br/papers/regionais/sudeste2009/resumos/R14-0808-1.pdf>. Acesso em: 20 ago. 2020.

VIEIRA-SOUZA, P.; DE MATOS, M. V. A. B. "Colorir o passado com o presente": proposta de construção e apropriação de memória no projeto Juventude, política e religião – diálogos intergeracionais. Sociedade e Cultura, Goiânia, v. 16, n. 1, p. 171-182, jan./jun. 2013. Disponível em: <https://www.revistas.ufg.br/fcs/article/view/28219/16064>. Acesso em: 28 nov. 2020.

VIVEIROS DE CASTRO, E. A inconstância da alma selvagem: e outros ensaios de antropologia. São Paulo: Cosac Naify, 2002.

WARAT, L. A. Surfando na pororoca: o ofício do mediador. Florianópolis: Fundação Boiteux, 2004.

WDL – World Digital Library. Mapas da Ilhas Hispaniola e Porto Rico. Santo Domingo, passado e presente, com um relance no Haiti. Disponível em: <https://www.wdl.org/pt/item/339/#q=hispaniola&qla=pt>. Acesso em: 20 ago. 2020a.

WDL – World Digital Library. Santo Domingo, passado e presente, com um relance no Haiti. Disponível em: <https://www.wdl.org/pt/ item/339/#q=hispaniola&qla=pt>. Acesso em: 20 ago. 2020b.

WOLTON, D. Pensar a comunicação. Tradução de Zélia Leal Adghirni. Brasília: Ed. da UnB, 2004.

XAVIER, R. S. O direito à comunicação nas constituições sul-americanas: interface entre a conclamação e o reconhecimento de direitos relacionados à comunicação. Revista Eptic, v. 17, n. 2, p. 103-119, jun. 2015.

X, M.; HALEY, A. **The Autobiography of Malcolm X**. Logan, IA: Perfection
   Learning Corporation, 1987.
ZOBEL, G. The Brazilian Ranch Where Nazis Kept Slaves. BBC News,
   21 jan. 2014. Disponível em: <https://www.bbc.com/news/
   magazine-25815796>. Acesso em: 16 abr. 2020.

Bibliografia comentada

Durante o texto deste livro, citamos direta ou indiretamente referências que contribuem para o aprofundamento das questões abordadas. Destacamos a seguir algumas delas como referências complementares. Fique atento!

DOUZINAS, C. **O fim dos direitos humanos**. Tradução de Luzia Araújo. São Leopoldo: Unisinos, 2009.

> *O fim dos direitos humanos* questiona tanto a finalidade quanto os limites desses direitos diante dos dilemas globais contemporâneos. A obra do jurista, filósofo e ex-presidente da Comissão de Relações Internacionais do Parlamento Grego, Costas Douzinas, percorre uma caminhada que parte da filosofia para a teoria crítica do direito, passando pelo pensamento pós-moderno, a psicanálise e a arte. Esse livro cumpre a tarefa de partir de uma análise da história das ideias que inspiraram a criação desses direitos, expondo seus graves problemas atuais.

GASPARI, E. **A ditadura derrotada**. São Paulo: Companhia das Letras, 2003.

> A série de cinco livros sobre a Ditadura Militar brasileira, do jornalista Elio Gaspari, compõe uma obra seminal. Escrita com base em depoimentos e documentos de oficiais militares brasileiros entregues ao autor, e em uma vastíssima pesquisa em fontes primárias, constitui, talvez, a fonte mais completa e concisa de acesso ao passado histórico recente do país – e suas complexas conexões com a América Latina. Trata-se de

um trabalho exemplar de jornalismo investigativo. No último livro dessa vasta coleção, o autor nos mostra como as ideias de liberdade, democracia e direitos humanos foram centrais para a mobilização da sociedade civil e setores militares que construíram a derrocada do regime autoritário.

GUARDIOLA-RIVERA, O. **What if Latin America Ruled the World?**: How the South Will Take the North Through the 21st. London: Bloomsbury Press, 2010.

Esse inspirador livro do professor Oscar Guardiola-Rivera, pensador e jurista colombiano radicado no Reino Unido, nos desafia a pensar o mundo a partir da América Latina – recuperando e construindo novas concepções teóricas, econômicas e políticas. O continente, relegado a ser alvo apenas de interesses econômicos, culturais e turísticos por parte dos países ricos, é, nessa obra, o ponto de partida para imaginar como o mundo poderia ser diferente se os valores, os atores e as concepções políticas da América Latina pudessem pautar os poderes globais. Mediação, não dominação e pluralidade são algumas marcas da força do pensamento subalterno, produzido por aqueles que foram colonizados (e também colonizadores) e que atestam sua capacidade para transformar a agenda das relações de poderes internacionais contemporâneos.

HALL, S. **A identidade cultural na pós-modernidade**. Tradução de Tomaz Tadeu da Silva e Guaracira Lopes Louro. 10. ed. Rio de Janeiro: DP&A, 2005.

O livro de Stuart Hall sobre identidade cultural traz um texto claro e de fácil acesso, contribuindo para a construção de uma compreensão sobre o tema da identidade. É um texto muito útil tanto para a formação pessoal e acadêmica quanto para a relação com outros textos na construção de trabalhos e artigos. A obra do autor apresenta o conceito de raça como uma categoria construída política e socialmente dentro de discursos organizados em um sistema de poder, exploração e exclusão: o racismo. Nesse livro, Hall debate como a identidade cultural se relaciona com os sistemas de poder socioeconômicos.

MAGALHÃES, J. N. **A Formação do conceito de direitos humanos**. Curitiba: Juruá, 2013. (Biblioteca História do Direito).

A inclusão da exclusão social parece ser a marca dos direitos humanos que, se reivindicados pelos excluídos do capitalismo neoliberal global, guardam também a possibilidade de reentrada da igualdade no sistema social atual. Nessa obra, a autora, professora titular de Teoria do Direito da Universidade Federal do Rio de Janeiro (UFRJ), nos brinda com uma investigação sobre a criação da ideia de humano, passando pela história, pela sociologia e pela filosofia do direito, a partir de uma perspectiva própria – que é brasileira e latino-americana. Sua concepção de *direitos humanos* aponta para o paradoxo de um direito que inclui todos os seres humanos igualmente, mas inclui também as desigualdades entre eles. Trata-se de processos muitas vezes paradoxais, em que o avanço conceitual requer um salto de autocriação dos sistemas sociais.

MARTINS, L. **Photography and Documentary Film in the Making of Modern Brazil**. Manchester: Manchester University Press, 2013.

A pesquisadora brasileira Luciana Martins reúne um conjunto diverso de imagens do Brasil produzidas no início do século XX, provenientes de arquivos no Reino Unido, nos Estados Unidos e no Brasil. Ela apresenta como o país foi visibilizado por meio dessas imagens nesse período em que a modernização dos países, em especial os periféricos, era uma questão relevante. O livro oferece reflexões fundamentais sobre processos modernizadores no Brasil enquanto enriquece o repertório dos leitores sobre filmes e fotografias que retratam o país ao longo do tempo.

SPIVAK, G. C. **Pode o subalterno falar?** Tradução de Sandra Regina Goulart Almeida, Marcos Pereira Feitosa e André Pereira Feitosa. Belo Horizonte: Ed. da UFMG, 2010.

O texto da indiana Gayatrick G. Spivak, um clássico do pensamento pós-colonial, questiona a universalidade europeia a partir do (não) lugar destinado à mulher. Defende que o intelectual é responsável em recusar-se a falar pelo subalterno, bem como em criar mecanismos que permitam ao subalterno falar e ser ouvido. Nesse sentido, propõe que o silêncio, por vezes, é resistência.

Respostas

Capítulo 1

Questões para revisão

1. O fato, histórico, de que os países latino-americanos emergiram como nações sob o domínio (e, em geral, em conflito com) dos colonizadores; a compreensão do pós-colonialismo como perspectiva teórica e metodológica, possibilitando a crítica ao pensamento eurocêntrico; e, consequentemente, a adaptação desse pensamento a realidades específicas.
2. a
3. c
4. d
5. O *giro decolonial* é, ao mesmo tempo, uma perspectiva teórica e uma prática de pesquisa. Implica um posicionamento político pela pluralidade, tanto no ambiente acadêmico quanto nas culturas e sociedades do mundo global. A palavra *giro* compõe a expressão para chamar a atenção ao movimento de resistência ao par modernidade/colonialidade, enfatizando o posicionamento crítico em relação aos processos modernizadores eurocêntricos.

Capítulo 2

Questões para revisão

1. A interdição da memória pode ser compreendida como um desvio: na impossibilidade de abordar diretamente um fato do passado, opera-se a substituição ou a negação. A memória interditada é sempre fruto de processos coercitivos, que impedem a abordagem direta de fatos passados. Os efeitos da interdição da memória são perigosos porque, em geral, envolvem abusos a minorias sociais e a deformação de memórias.

2. a

3. A seleção de livros didáticos e o currículo unificado do ensino fundamental e do ensino médio são incapazes de contribuir com a construção da memória; assim, a memória oficial dos países se forma também por meio da educação formal, mas com a contribuição de outros elementos, como: os espaços culturais; a mídia – compreendendo a imprensa e outras formas de conteúdo midiático; os monumentos e os museus.

4. d

5. d

Capítulo 3

Questões para revisão

1. A expressão talvez tenha surgido como uma tentativa de justificar o imperialismo francês, e unificar os povos "latinos" contra os anglo-saxões – a Inglaterra e os EUA. A expressão *América Latina* nunca foi totalmente inclusiva e, até meados do século XX, raramente incluía o Brasil. Os intelectuais e governos do Brasil e da Argentina não se consideravam como parte da América Latina, por motivos distintos.

2. O sentido do pan-americanismo sempre foi alvo de disputas e, muitas vezes, tornou-se contraditório e paradoxal. A ideia foi criada por Simon Bolívar, em 1824, incluindo todos os países do continente americano, mas sofreu constantes alterações ao longo do tempo. A ideia de pan-americanismo teve uma versão defendida pelos EUA, como uma política de expansão e intervenção nos países do continente. O Império Brasileiro, durante o Segundo Reinado, foi um opositor da ideia original de uma identidade interarmericana, como o pan-americanismo inicialmente propunha.
3. b
4. d
5. a

Capítulo 4

Questões para revisão

1. A resposta poderia considerar pelo menos dois aspectos. Em primeiro lugar, destacam-se alterações nas próprias divisões geopolíticas internas da região. Passa a ser possível dividir a região em quatro blocos, ou sub-regiões: 1) o México e a América Central; 2) o Caribe (com países de língua inglesa, espanhola e francesa); 3) os Andes (Venezuela, Equador, Colômbia, Bolívia e Peru); 4) o Cone Sul (Chile, Argentina, Uruguai e Paraguai); e o Brasil. O Brasil passou a se interessar genuinamente pela região apenas no século XXI, procurando se consolidar como liderança da América do Sul – e não mais da América Latina como um todo. A estratégia brasileira para se estabelecer como liderança da região não foi semelhante à estratégia de dominação utilizada pelos EUA anteriormente – baseada em ameaças aos países mais fracos e garantia de investimentos financeiros naqueles países que o apoiassem –, mas da construção de diálogos que levassem à hegemonia. Finalmente, um dos mais significativos eventos na América

Latina desde a Segunda Guerra Mundial é a latinização dos EUA, ou seja, o aumento da população hispânica nesse país, que se tornou a maior minoria étnica daquele país em 2010, composta por mais de 50 milhões de pessoas, algo em torno de 16,3% da população dessa nação.

2. d

3. a

4. Trata-se de um movimento capaz de articular a participação política indígena na região de forma constituinte, com desdobramentos políticos e judiciais. Na Bolívia e no Equador, esse movimento garantiu representação política, autonomia de direitos e propriedade originária da terra aos povos indígenas desses países. Os povos indígenas que abraçaram tal movimento nem sempre se colocaram favoráveis aos governos de "esquerda", muitas vezes se tornando críticos desses grupos políticos. O novo constitucionalismo latino-americano tem muito em comum com o pensamento decolonial e as ideias do pós-colonialismo (discutidos nos Capítulos 1 e 2), como ficou manifesto nos textos que compõem os préambulos das Constituições dos países em que foi adotado.

5. c

Capítulo 5

Questões para revisão

1. b

2. c

3. d

4. O discurso sobre os direitos humanos na condição de reivindicação universal se estabelece como contrapartida do discurso da globalização. Como os direitos humanos são um discurso sobre a inclusão que não é capaz de incluir, sua principal função é expressar as formas toleráveis de exclusão social. Ainda assim, os direitos humanos podem ser vistos

como um corretivo para as desumanidades do mercado e para a desintegração social promovida pela lógica do capital.

5. Para Seyla Benhabib (2006), tanto a definição de crimes contra a humanidade quanto a ideia de *genocídio* se devem aos Tribunais de Nuremberg. Por outro lado, os direitos humanos não são nem meramente morais, nem apenas legais: seriam, na verdade, um ponto de intersecção entre o direito e a moral – uma moralidade da legalidade. Segundo Magalhães (2013), e ênfase atual nos direitos humanos se dá pela culpa: as sociedades modernas se sentem culpadas porque proclamaram uma universal inclusão de todos os homens, mas também praticaram uma forma universal de exclusão social. Além disso, de acordo com Jurgen Habermas (2003), os direitos humanos têm origem universal, embora se expressem em uma linguagem europeia que regularia normativamente as relações de intercâmbio global. Paradoxalmente, há, nos direitos humanos, um esforço de civilização que nem sempre levará as sociedades ao desenvolvimento humano.

Capítulo 6

Questões para revisão

1. Trata-se de um ponto de encontro entre a política e o direito: se os direitos humanos podem ser considerados como o "direito a ter direitos", o Estado de exceção é exatamente a decisão sobre a possibilidade de retirar, de algo ou de alguém, todos os direitos.

2. Com o início da colonização do continente americano, a primeira violação de direitos humanos na América Latina foi a tomada de terras dos povos indígenas que ali viviam. Apesar de a Igreja Católica romana frequentemente ter apoiado a colonização do continente, houve também religiosos que se colocaram contrários a tomada de terras dos povos indígenas. O genocídio indígena ocorreu desde o período imediatamente posterior à chegada dos portugueses e espanhóis na América

Latina, até suas formas ainda atuais. O isolamento dos povos indígenas, se pode preservar algo da cultura, também contribui para o extermínio desses povos, sujeitando-os à influência de empresas mineradoras e extrativistas.
3. d
4. c
5. c

Capítulo 7

Questões para revisão
1. d
2. É um veículo de comunicação criado por pessoas que possuem um vínculo orgânico com a comunidade em questão. É uma mídia que tem abordagem exclusivamente local, como um caderno de bairro, mas pode ser ou pertencer a uma empresa de comunicação. É um veículo que aborda a realidade local de forma crítica e, em geral, alternativa à narrativa dos meios de comunicação comerciais.
3. b
4. d
5. Há vários exemplos possíveis, discutidos no próprio capítulo. Em El Salvador, um país com índices tradicionalmente baixos de violência contra jornalistas, apesar de sua alta taxa de homicídios, cresceram casos de intimidação e ameaças a esses profissionais. No Brasil, mais de 50 processos foram abertos contra 5 repórteres que trabalharam em matérias revelando suspeição sobre os altos salários de membros do Poder Judiciário no Estado do Paraná. No México, os repórteres e os jornalistas mais atingidos por ameaças e vítimas de homicídio são aqueles que cobrem casos de abuso e violência policial, tráfico de drogas e corrupção governamental.

Capítulo 8

Questões para revisão

1. a
2. b
3. A radiodifusão foi o primeiro meio de comunicação eletrônico a chegar e se expandir na América Latina. Por seu grande alcance, a radiodifusão foi estratégica para a criação de identidades nacionais na América Latina – chegando a lugares que nenhum outro meio chegava. Seu papel na criação das nações latino-americanas foi maior do que o cinema.
4. a
5. Em linhas gerais, foram as vertentes idealista e hegeliana/marxista.

Sobre os autores

Priscila Vieira-Souza é doutora e mestre pela Escola de Comunicação da Universidade Federal do Rio de Janeiro (ECO/UFRJ) e graduada em Jornalismo pela Universidade Estadual de Ponta Grossa (UEPG). Foi pesquisadora visitante de pós-doutorado no Centre for Iberian and Latin American Visual Studies, na Universidade de Londres (2015/2016). Atualmente desenvolve pesquisa pós-doutoral no Laboratório de Estudos Avançados (Idea) na ECO/UFRJ, com bolsa da Capes (Coordenação de Aperfeiçoamento de Pessoal de Nível Superior) do Programa Nacional de Pós-Doutorado (PNPD), e leciona como professora substituta nessa mesma instituição. É membro do Royal Anthropological Institute (RAI), sediado em Londres, e da Brazilian Studies Association (Brasa), com sede itinerante (atualmente na Universidade de Tulane, Nova Orleans). Seus interesses de pesquisa são focados no tema da comunicação e da religião no Brasil e na América Latina. É jornalista e consultora, com atuação nas áreas de comunicação organizacional e produção editorial.

Marcus Vinicius Araújo Batista de Matos é doutor em Direito (PhD) pelo Birkbeck College, da University of London, mestre e bacharel em Direito pela Universidade Federal do Rio de Janeiro (UFRJ). Tem experiência como docente, pesquisador e servidor público, operando nas áreas de coordenação de ensino, gestão de políticas públicas e análise de projetos. Foi pesquisador de pós-doutorado na Faculdade

Nacional de Direito da UFRJ, com bolsa do CNPq (n. 150385/2020-0), e pesquisador associado da organização Paz y Esperanza, que atua na defesa e na promoção de direitos humanos na América Latina. Foi professor substituto de Filosofia e Teoria do Direito na London School of Economics (LSE) e no Birkbeck College. Ainda, foi chefe da Divisão de Ensino da Escola Judicial do Tribunal Regional do Trabalho da 1ª Região (TRT/RJ); assessor da Subsecretaria de Direitos Humanos do Rio de Janeiro (SEASDH); e superintendente de projetos e pesquisas na Secretaria de Estado de Vitimados (Sevit/RJ). É membro honorário do Instituto dos Advogados Brasileiros (IAB), primeiro-secretário (mandato 2018-2022) da Diretoria Nacional da Aliança Bíblica Universitária do Brasil (Abub/Ifes), assim como integrante da Association for the Studies of Law, Culture and Humanities (ASLCH) e da Brazilian Studies Association (Brasa). Atualmente, leciona Teoria do Direito na pós-graduação em Direito da Escola Superior de Advocacia Pública da Procuradoria Geral do Estado do Rio de Janeiro (PGE-RJ), bem como é professor efetivo (*lecturer*) no Department of Public and International Law da Brunel University, em Londres.

Impressão: Reproset
Agosto/2022